国家社科基金项目"近代以来中国城乡关系演进与新型城乡关系的形成研究"（14XJL013）资助

西北大学学术著作出版基金资助项目

陕西省高校"青年杰出人才支持计划"项目成果

西北大学"优秀青年学术骨干支持计划"项目成果

国家社科基金丛书
GUOJIA SHEKE JIJIN CONGSHU

近代以来中国城乡关系演进与新型城乡关系的形成研究

Research on the Evolution of Urban–Rural Relations in China since
Modern Times and the Formation of New Urban–Rural Relations

吴丰华 著

人民出版社

策划编辑：郑海燕
责任编辑：张　蕾
封面设计：石笑梦
版式设计：胡欣欣
责任校对：周晓东

图书在版编目（CIP）数据

近代以来中国城乡关系演进与新型城乡关系的形成研究/吴丰华 著. —北京：
　人民出版社,2022.7
ISBN 978－7－01－024666－6

Ⅰ.①近⋯　Ⅱ.①吴⋯　Ⅲ.①城乡关系-研究-中国-近现代　Ⅳ.①C912.8

中国版本图书馆 CIP 数据核字（2022）第 054339 号

近代以来中国城乡关系演进与新型城乡关系的形成研究
JINDAI YILAI ZHONGGUO CHENGXIANG GUANXI YANJIN YU
XINXING CHENGXIANG GUANXI DE XINGCHENG YANJIU

吴丰华　著

人民出版社 出版发行
（100706　北京市东城区隆福寺街 99 号）

中煤（北京）印务有限公司印刷　新华书店经销

2022 年 7 月第 1 版　2022 年 7 月北京第 1 次印刷
开本：710 毫米×1000 毫米 1/16　印张：17
字数：226 千字

ISBN 978－7－01－024666－6　定价：90.00 元

邮购地址　100706　北京市东城区隆福寺街 99 号
人民东方图书销售中心　电话（010）65250042　65289539

序

　　城乡关系是研究中国经济绕不过去的核心问题,这一问题又包含诸多议题。其中,城乡关系的历史演进和新型城乡关系的构建是两个重要而又紧密联系的议题。从鹰眼视角全景梳理中国城乡关系发展的历程,其意义绝不仅仅在于帮助我们了解中国城乡关系演进的阶段、动因、逻辑等,更在于帮助我们深刻认识中国城乡关系演进的特征、问题与成因,以及科学把握我们处理城乡关系的成功经验与教训,以便更好地指导我们构建迈向高质量融合发展的新型城乡关系。学术界对这两个议题的研究,多是从二元经济结构理论出发展开的,但这一理论脱胎于主流经济学的学理渊源,以及从西方国家的工业化历程为中国探寻工业化、城市化和城乡融合发展"药方"的做法,已经被中国实践证明是行不通的理论解法。本书就是运用马克思主义政治经济学和中国特色社会主义政治经济学的研究范式和话语体系,研究"中国近代城乡关系演进"以及正在构建的"新型城乡关系"的一次有益的学术尝试和努力。

　　本书按照"导入分析→提出与论证理论分析框架→城乡关系演进的历史梳理→城乡关系的现状刻画→构建新型城乡关系的对策研究"的逻辑展开研究。本书分析了人类社会城乡关系演变的一般规律,并在马克思主义政治经济学的视角下分三个阶段考察人类社会城乡关系的变迁。首先,构建了"生产力发展+发展战略+制度选择→城乡制度和政策安排→城乡居民行为和城乡关系"的分析框架,然后运用这一分析框架,分三大阶段——新中国成立前城乡关系演进阶段、改革开放前城乡关系演进阶段和改革开放后城乡关系演进阶段进行研究,每个阶段都从城乡关系演进过程、演进原因和城乡关系特点三个维度全面分析该阶段城乡关系的变迁历程和状态。其次,从全国和区域两个层面刻画中国城乡关系的现状,对中国省域城乡融合发展水平进行测度。最后,以清晰界定新型城乡关系的概念为基础,重点分析建设新型城乡关系应关注的六大关键问题——新型城乡关系建设的载体、空间重点、人群重点、抓手、难点和保障,并按照党的十九大提出的时间安排,给出构建新型城乡关系的相应战略安排。

本书是我所指导的硕士研究生和博士研究生吴丰华教授的第一部个人专著。从攻读硕士学位开始,他就深入参与我所主持的第一项国家社科基金重大项目"西部地区形成城乡经济社会一体化新格局的战略研究",再加上他在西北大学经济学基地班学习期间形成的知识基础和学术偏好,将研究方向确定为中国城乡关系,后来在攻读博士学位阶段进一步聚焦中国城乡关系史和城乡关系现状评价,特别是丰华在硕士和博士阶段给我做了四年多的学术研究助理和秘书,我们有了大量的时间就城乡关系演进与现状评价进行深入探讨,并进行长期合作。在整个研究过程中,丰华博士和我一共合作发表24篇学术论文。他还作为主要作者与我一起出版了《西部地区城乡经济社会一体化战略研究》(人民出版社2014年版)《中国城乡发展一体化:历史考察、理论演进与战略推进》(人民出版社2015年版)《后改革时代城乡发展一体化理论研究与实践》(科学出版社2014年版)等学术著作;同时,从2012年起,我们还一起出版了8部"中国城乡发展报告"。上述研究成果获得了陕西省第十四次哲学社会科学优秀成果一等奖(2019年)、陕西省第十三次哲学社会科学优秀成果三等奖(2018年)、西安市社会科学优秀成果一等奖(2017年)、陕西省教育厅人文社科优秀成果一等奖(2015年、2019年)等奖励。

2016年和2021年,随着中国城乡关系问题的研究深入和国家战略需要,包括丰华博士在内的我所领衔的研究团队又连续获得了关于扶贫问题的两项国家社科基金重大项目——"西部地区易地移民搬迁工程的精准扶贫机制、综合效益评价与政策创新研究"和"西部地区巩固拓展脱贫攻坚成果同乡村振兴有效衔接的路径及政策研究"。我们的城乡关系研究又进一步向中国农村贫困问题和乡村振兴领域深入拓展。

　　可以说,丰华既是学生,更是合作者、朋友和伙伴。看他一路走来,不断成长,我十分欣慰,希望他不忘研究城乡问题和贫困问题的初心——持续关注农民这一中国最弱势的群体,永远做促进社会公平正义的专家学者,坚持深挖中国城乡关系与反贫困这一研究领域,追踪国际国内学术前沿,用脚步丈量中国、深入了解中国实际,特别是中国西部地区的实际,不断推出有温度、有水平、能落地的研究成果,为中国城乡关系的健康发展与反贫困作出实实在在的贡献。

白永秀

2022 年 5 月 4 日

于永秀智库

目　　录

导　　论

作为农耕大国和人口大国,同时也作为较早形成城市并且发展出城市工商业文明和城市治理的大国,城乡关系一直在中国经济社会关系中居于重要甚至是核心的地位。近代以降,随着中国生产力的快速发展,以及剧烈的经济结构变迁和社会制度变革,城乡关系也相应快速发展并发生了数次重大变化。"历史是一个民族、一个国家形成发展及其盛衰兴亡的真实记录,是前人的'百科全书'。"①中国城乡关系的现状和问题,都是历史因素累积至今的外部呈现,包含着历史的基因和种子。所以,我们必须回望历史,了解并梳理近代以来中国城乡关系发展演进的过程并将其学理化,总结中国城乡发展的成功经验,寻找破解中国城乡关系问题的密码;还必须全面清晰地认识中国城乡关系的现状,以找准未来促进城乡关系发展的发力点。以此为基础,我们将以近代城乡关系发展的经验和教训指引新时代中国城乡关系发展之路,促进城乡高质量融合发展、形成新型城乡关系,并助推"两步走"的发展战略,实现中华民族的伟大复兴。在本章,我们将简述研究"近代以来城乡关系演进和新型城乡关系形成"的背景和意义,界定研究对象,并重点厘清诸如城乡关系、城乡关系演进、新型城乡关系和城乡高质量融合发展等核心概念的含义,扼要分

---

① 王学俭:《十八大以来党的治国理政思想研究》,人民出版社 2017 年版,第 290 页。

析研究思路和内容,并介绍研究方法和研究创新。

第一节　新中国城乡关系取得的巨大进步和尚存的问题

　　近代以来,中国经济发展走过了曲折历程,城乡关系发展也走过艰难的发展过程。新中国成立七十多年,中国从一个受西方压迫和封锁、生产力水平极低的国家成长为世界第二大经济体,创造了人类历史上前所未有的增长奇迹,中国城乡关系也随之发生巨大变化,取得了显著进步。首先,中国经济高速增长。1952—1978 年,中国 GDP 从仅为 679 亿元上升到 3700 亿元,到 2020 年,又进一步提高到 101.6 万亿元。1978—2020 年,中国经济增长速度虽有波动,但是总体保持了高速增长,42 年间名义平均增速高达 9.5%。中国的增长不仅极大地改变了中国,更剧烈地影响了世界。1950 年,中国 GDP 占世界 GDP 总量的 4.5%;1978 年,中国 GDP 占世界 GDP 总量的 4.9%[1];2020 年这一比重已达到约 17%。中国先后于 1999 年和 2010 年跨入下中等收入国家和上中等收入国家的行列[2],正在向高收入经济体迈进。其次,伴随着经济快速增长,城乡居民的获得感、幸福感显著提升。1978 年,中国人均 GDP 是 222 美元,排名世界倒数。[3] 2020 年,中国人均 GDP 提高至 10503.5 美元,上升至世界第 63 位。一方面,以城镇居民为主体,我国形成了世界上人口最多的中等收入群体。另一方面,截至 2020 年年底,现行标准下 9899 万农村贫困人口全部脱贫,832 个贫困县全部"摘帽",12.8 万个贫困村全部出列,区域性整体贫困得到解决,完成了消除绝对贫困的艰巨任务。[4] 最后,城镇化水平不断提高,城

---

①　[英]安格斯·麦迪森:《中国经济的长期表现:公元 960—2030 年》,伍晓鹰、马德斌译,上海人民出版社 2008 年版,第 1 页。
②　曲青山:《新中国六十九年的成就、经验及历史启示》,《中共党史研究》2018 年第 9 期。
③　周天勇:《三十年前我们为什么要选择改革开放》,《学习时报》2008 年 8 月 26 日。
④　习近平:《在全国脱贫攻坚总结表彰大会上的讲话》,人民出版社 2021 年版,第 1 页。

乡产业结构不断迭代升级。近代之初,中国城镇化水平不足 5%。新中国成立之后,城镇化水平有所提高,但也始终没有超过 20%,甚至在"三线"建设时期和"上山下乡"运动期间,我国还出现了"逆城市化"现象。改革开放之后,农村经济体制改革、城镇工业发展、城镇对外贸易发展等因素先后推动了城镇化发展,中国城镇化率由 1978 年的 17.92%上升到 2020 年的 60%以上。① 近代之初,中国产业极其落后,几乎没有任何现代工业,是典型的处于前工业化时代的农业国。1952 年,中国三次产业增加值占比为 50.5∶20.9∶28.6,是典型的农业国。1978 年,这一比例变化为 27.7∶47.7∶24.6,农业和工业之间的比例发生了明显的变化,中国的工业化进程迅速,但是服务业发展明显滞后。② 2020 年,中国三次产业增加值占比已经变化为 7.7∶37.8∶54.5。按照霍利斯·钱纳里(Hollis B.Chenery)的工业化阶段理论,中国已经进入了工业化后期阶段。

　　尽管中国城乡获得了巨大进步和发展,但是仍存在很多问题。第一,我国城乡发展仍存在较大差距。一是城乡居民收入和消费水平差距仍较大。改革开放后,城乡人均收入和消费差距不断扩大,近 10 年虽然有缩小趋势,但2020 年这一差距仍在 2 倍左右——城乡居民人均可支配收入比为 2.56∶1,人均消费比为 1.97∶1。二是城乡基础设施建设水平仍有很大差距。21 世纪以来,我国城镇固定资产投资由 23554 亿元上升至 624488 亿元,上涨 25 倍之多;农村固定资产投资则由 2904 亿元上升至 9554 亿元,涨幅仅有 2 倍多。城乡固定资产投资比从 2000 年的 8 倍扩大到 2020 年的 62 倍以上。此外,我国在城乡公共服务水平、文化发展、公平发展机会获得、权利拥有等方面存在较大改进空间。第二,我国尚有大量农业转移人口不能落户城市,形成了农民工问题。2020 年我国户籍人口城镇化率为 45.4%,远低于 63.9%的常住人口城

---

　　① 本段数据来自相应年份的《中国经济社会发展统计公报》。

　　② 1978 年,中国服务业占 GDP 比重为 24.6%,这一数值不仅低于世界代表性发达国家(美国、法国),也低于东亚模式的典型代表(日本、韩国、新加坡),而且还低于巴西、阿根廷、马来西亚、泰国等发展中国家。

镇化率,这个巨大的缺口正来自庞大的农民工群体——他们为我国经济发展和现代化建设作出了重要贡献,但由于二元户籍制度掣肘和城市落户限制,大部分农民工在工资水平、劳动条件、社保享受、公务资源获得等方面难以享受与城市居民同等的待遇,影响了农民工及其后代的人力资本接续发展,迟滞了中国城镇化、制约了经济整体发展。第三,工农业就业结构和劳动生产率水平仍有较大提升空间。长期以来,我国三次产业结构和劳动力就业结构存在较大偏差,农业就业比重明显高于农业产值比重,而工业和服务业则恰好相反。而且,工农业劳动生产率差距不断扩大,工农业劳动生产率差距从 20 世纪 90 年代之前的 2—3 倍增长至 2020 年的 5 倍。第四,我国区域间城乡发展不均衡。一是区域间城镇化水平有差距。2020 年,东部地区城镇化率约 73%,而中部地区和西部地区的城镇化率都低于全国平均水平,西部地区最低——只有约 56%。二是区域间产业结构差异较大。2017 年东部地区非农业产值是农业产值的近 16 倍,而中西部地区则不到 8 倍。三是区域间城乡收入和消费差距不同。东部地区城乡人均收入和消费差距最小,中部地区居中,西部地区差距最大。四是区域间城乡公共服务水平存在差异,西部地区水平远远落后于东部地区。

中国城乡关系的现状是历史过程累积和历史因素影响的结果,习近平总书记指出:"历史是最好的老师,它忠实记录下每一个国家走过的足迹,也给每一个国家未来的发展提供启示。"①所以,我们必须对中国城乡关系的历史与现状展开深入研究。

第二节　什么是新型城乡关系

一、研究对象界定

本书研究近代以来中国城乡关系演进与新型城乡关系的形成,显然这是

---

① 习近平:《习近平谈治国理政》第一卷,外文出版社 2018 年版,第 266 页。

一个双主题的研究课题。具体来说,中国近代以来的城乡关系演进是指中国进入近代之后(1840年鸦片战争爆发之后)直到当前的城乡关系演进,其中包括城乡关系演进的过程、演进的阶段、演进的原因(动力、机制和逻辑)和演进呈现的状态(城乡关系的特征)等要素与内容。新型城乡关系是指与近代以来中国曾经出现的旧式城乡关系不同的,在中国社会主义建设进入新时代背景下形成的新式城乡关系的状态。

二、核心概念界定

本书涉及城乡关系、城乡关系演进、新型城乡关系、城乡高质量融合发展四个核心概念,在展开研究之前,应首先明确界定上述核心概念的定义并厘清概念的边界。

(一)城乡关系

城乡关系是指城市和乡村之间相互作用、影响、制约和联系的互动关系,是在一定生产力水平、经济制度、社会条件和国家战略的影响下,城市与农村、市民群体与农民群体、城市产业部门与农村产业部门之间关系的集中反映。具体包括城乡经济关系、城乡社会关系、城乡政治关系、城乡文化关系和城乡生态环境关系五对城乡关系。

(二)城乡关系演进

城乡关系演进是指在生产力水平、经济制度、社会条件和国家战略等重要因素发生重大变化的情况下,城市和乡村之间的作用、影响、制约和联系的互动发生变化,而导致的城市与农村、市民群体与农民群体、城市产业部门与农村产业部门之间关系的持续变化过程。具体包括城乡经济关系演进、城乡社会关系演进、城乡政治关系演进、城乡文化关系演进和城乡生态环境关系演进五对城乡关系的演进。

（三）新型城乡关系

新时代以来,乡村振兴、城乡融合发展等概念和政策密集提出,在实践中也相互关联,所以,新型城乡关系这一概念应与城乡融合发展、乡村振兴等概念密切关联。在我们的研究中,新型城乡关系是实现城乡高质量融合发展的城乡关系。其具体含义可参考本书第六章。

（四）城乡高质量融合发展

城乡高质量融合发展是当工业化和城市化发展到一定阶段,在城乡共同高质量发展的前提下,打破城乡分割、建立城乡互动发展的体制机制,促进城乡生产要素自由流动、城乡公共资源均衡配置、城乡差距缩小到合理范围,实现城乡经济、政治、社会、文化、生态环境等在时间上同步发展、在内容上互相渗透、在过程中互相融汇的长期历史过程。显然,城乡高质量融合发展涵盖了五个维度的城乡高质量融合发展:城乡高质量经济融合发展、城乡高质量社会融合发展、城乡高质量政治融合发展、城乡高质量文化融合发展、城乡高质量生态环境融合发展。具体来说:

城乡高质量经济融合发展是要实现由城乡二元经济结构转化为城乡经济高质量协同发展。具体包括实现城乡经济主体协调发展、高质量城乡产业融合发展、城乡要素双向自由流动、城乡劳动力市场一体化、城乡商贸市场一体化等分目标。

城乡高质量社会融合发展是要实现由城乡二元社会结构转化为城乡社会高质量协同发展。具体包括实现城乡公共服务高水平、均等化的配置,城乡社会治理的现代化和一体化,城乡收入分配一体化等分目标。

城乡高质量政治融合发展是要实现由城乡二元政治结构转化为城乡政治高质量协同发展。具体包括实现城乡发展机会均等化、城乡户籍制度一体化、城乡就业制度一体化、城乡居民参与政治和诉求表达均等化等分目标。

城乡高质量文化融合发展是要实现由城乡二元文化结构转化为城乡文化高质量协同发展。将农村的自然经济文化、残留的计划经济文化和城市的低层次市场经济文化转化为现代市场经济文化,具体包括实现城乡理念观念一体化、城乡行为方式一致化、城乡生活方式相互融合等分目标。

城乡高质量生态环境融合发展是要实现由城乡二元生态环境转化为城乡生态环境高质量协同发展。具体包括实现城乡环境高水平保护一体化、城乡污染高水平治理一体化、城乡环境保护和污染治理标准协调化和一致化等分目标。

第三节　本书研究思路、研究内容与研究方法

一、研究思路和研究内容

本书聚焦"中国近代城乡关系演进"和"新型城乡关系形成"两大研究对象,沿着"导入分析→理论框架建构→历史梳理→现状刻画→对策研究"的思路展开。首先在"导入分析"中,我们将通过对城乡关系演进与新型城乡关系的研究进行综述,导入对研究问题的分析,并为分析框架的提出做充分准备。基于对文献的充分掌握,在"分析框架提出与论证"中,我们将提出一个可以贯通解释中国近代以来各个阶段城乡关系演变的政治经济学理论分析框架,并展开论述和初步应用我们提出的分析框架。其次,在"历史梳理"中,我们将应用提出的分析框架,深入历史的各个阶段,细致分析中国近代以来180年的城乡关系演变的过程、原因和特点。承接历史分析,在"现状刻画"中,我们将从中国整体、区域和省域三个方面分析刻画中国城乡关系发展的现状,并构建指标体系,科学评价中国省域城乡融合发展水平。最后,在历史梳理和现状刻画的基础上,我们将在"对策研究"中具体论证新时代下城乡关系的理想状

态——新型城乡关系,给出新型城乡关系的明确定义,提出构建新型城乡关系的总体思路、原则遵循和多维度的目标,重点分析构建新型城乡关系的五个关键问题,展望性提出从当前到2050年中国形成新型城乡关系的战略步骤(见图0-1)。

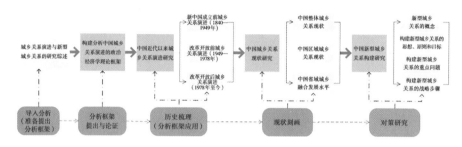

图 0-1　本书研究思路

本书紧紧围绕中国近代城乡关系演进和新型城乡关系形成两大主题,沿着"导入分析→提出与论证理论分析框架→中国城乡关系演进的历史梳理→中国城乡关系的现状刻画→构建新型城乡关系的对策研究"的思路展开,主要研究了以下问题。

第一,对涉及本书研究主题的文献进行有重点的系统综述。对城乡关系的关注最早可以追溯到古典政治经济学和马克思主义政治经济学。20世纪40年代,随着发展经济学的诞生和快速发展,发展中国家的农业农村发展、二元经济结构转化、农村减贫等城乡关系问题开始为主流经济学家所关注。新中国成立后,我国学者也更多关注并研究中国的工农、城乡关系问题,那时研究更多从马克思主义理论角度出发。改革开放之后,更多的研究视角和理论开始引入城乡关系演变的研究,同时关于我国城乡关系的发展目标和理想状态的研究也开始增多。在第一章,我们将首先梳理马克思主义经典作家和当代西方有关城乡关系演变的经典理论。在简要回顾经典理论的基础上,进一步对本书研究的两个核心主题——中国城乡关系演变与新型城乡关系相关文献进行综述,依次梳理研究中国近代城乡关系演变的文献、西方研究新型城乡关系的文献、研究中国新型城乡关系的文献,并进行文献计量分析。

第二,构建一个适用于分析中国城乡关系演进的政治经济学理论框架。马克思主义政治经济学为分析中国城乡关系演进提供了基本方法指导和核心概念与分析范式,中国特色社会主义政治经济学则为分析中国城乡关系演进提供了时代背景、特色概念与分析范式。在第二章,我们将首先构建这个"生产力发展+发展战略+制度选择→城乡制度和政策安排→城乡居民行为和城乡关系"的演进分析框架。进一步,将总体考察中国城乡关系演进过程,以此初步应用和验证我们提出并论证的分析框架,既包括对分析框架的展开分析,也包括对分析框架的扩展——中国城乡二元结构从经济一维到多维扩展的过程,还包括对分析框架的初步应用——概述中国城乡关系的演进。最后,将扼要阐述这个分析框架的一些特点和在学理、话语和实践方面的可能贡献。

第三,运用分析框架考察中国近代以来城乡关系演进历程。在第三章,按照分析框架,我们以中国经济社会制度和生产关系的重大变革为标准,将中国近代以来城乡关系的变迁划分为三大阶段——新中国成立前城乡关系演进阶段(1840—1949 年)、改革开放前城乡关系演进阶段(1949—1978 年)和改革开放后城乡关系演进阶段(1978 年至今)进行考察。具体到每个阶段,我们将分城乡关系演进的过程、城乡关系演进的原因和城乡关系的特点三个部分全面展示该阶段城乡关系的演变和状态。

第四,具体研判中国城乡关系的现状。在系统梳理中国近代以来城乡关系发展历史之后,我们将进一步刻画中国城乡关系的现状,为构建中国新型城乡关系提供坚实的现实图景。在第四章,首先从全国和区域两个方面刻画中国城乡关系的现状。进一步,对中国省域城乡融合发展水平进行测度,以更加精确全面地刻画我国城乡发展水平的现状。明确城乡融合发展的含义与主要内容,通过构建中国省域城乡融合发展水平评价的指标体系,确定科学的评价方法,总体评价 2017 年中国省域城乡融合发展水平,并考察 2006—2017 年中国各省份城乡融合发展水平的变化情况。

第五,详细分析中国新型城乡关系的概念、构建目标和关键性问题。在历史梳理和现状分析的基础上,将对本书的核心内容之一——要建设的城乡关系理想状态——"新型城乡关系"进行分析。在第五章,我们将首先界定新型城乡关系的概念,并厘清它和城乡融合发展、乡村振兴等概念之间的关系;其次,将分析建设新型城乡关系的指导思想、应当遵循的原则和多维度的目标;再次,将重点分析建设新型城乡关系应关注的六个方面关键性问题——新型城乡关系建设的载体、空间重点、人群重点、抓手、难点和保障;最后,将按照党的十九大提出的时间安排,给出新时代构建新型城乡关系的战略安排。

二、研究方法

我们以马克思历史唯物主义和辩证唯物法作为总方法论统领本书研究。坚持马克思历史唯物主义,体现在我们对人类城乡关系演进的一般规律和中国城乡关系演进过程的分析,都是从生产力发展、国家制度形态和发展战略选择等决定经济社会发展的根本性要素出发,考察根本性要素和制度变迁下的城乡关系演进,使研究获得历史感;也体现在我们尽可能多地收集历史数据、史料,深入具体历史情境,赋予研究更多历史真实感;还体现在对文献梳理和评述时,选取了自从古典经济学和西方经济学经典文献直到当代的国内外最新权威文献,并着重从马克思主义经济学出发,对文献进行了多维度、多视角的评述,力争反映学术界对相关问题认识的历史发展。坚持马克思历史唯物辩证法,既体现在我们对中国城乡关系发展的研究,充分运用了生产力与生产关系矛盾运动分析,国家制度和战略选择与城乡关系制度和政策选择之间相互作用的分析;还体现在对中国城乡关系整体一般与区域、省域特殊的辩证关系分析上。

具体研究方法层面,本书主要采取四个相结合的方法:

第一,历史归纳与历史统计相结合的方法。对中国近代以来城乡关系演进的研究,必须将这两种历史分析法相结合。成果以马克思历史主义分析为指导,运用政治经济学基本分析范式,结合对历史统计(包括历史史料、统计资料等)的整理,提炼出城乡关系演进的一般规律和特点。进一步,以更加丰富的中国近代城乡关系史料、统计资料和课题组的一手调研资料,分阶段细致梳理中国 1840 年以来的城乡关系演进。同时,进一步运用历史归纳方法,总结提炼出关于解释中国城乡关系特征性事实的理论。

第二,整体研究与分阶段研究相结合的方法。城乡关系演进是一个系统复杂的长期过程,对其研究既不能过于宏观导致无法看清历史细节;也不可过于微观,导致一叶障目而不见整个历史。所以,必须将历史的整体研究和分阶段研究相结合。对中国近代以来城乡关系的演进,我们既做总体考察,也分新中国成立前、改革开放前和改革开放后三个阶段具体考察。而且考虑到近代中国制度变迁和经济社会制度变化的频繁性,我们在三大阶段内又划分了一些小阶段以更准确探究我国城乡关系演变的轨迹和特征。

第三,理论研究和对策研究相结合的方法。对形成和构建新型城乡关系的研究,成果首先在理论层面提出新型城乡关系及其紧密相关的"城乡高质量融合发展"的概念,并在理论上分析了构建新型城乡关系的思路、原则和目标。依托理论研究,重点把握城乡高质量融合发展的载体、空间重点、人群重点、抓手、难点和保障六方面重点,分析了应如何发展农村产业、促进县域发展、解决相对贫困群体贫困、促进乡村振兴、进行制度创新和促进公共服务均等化等形成新型城乡关系的六大重点任务。同时,在构建新型城乡关系的政策研究中,吸纳我们提出的发展中国家城乡关系特殊性理论等核心要义,提出应考虑我国作为发展中国家在发达资本主义国家控制的世界体系下促进城乡关系发展的特殊性,以及通过制度建设和制度创新来解决"三农"问题等。

第四,描述性分析与统计分析相结合的方法。本书对人类社会和中国城乡关系演进过程的分析,对中国城乡关系整体和不同区域现状的研究,重点使用描述性分析的方法,整体刻画了相关研究对象城乡关系的历史发展过程和当下状态。为了进一步清晰认识中国城乡关系的现状,本书还对我国省域城乡融合发展水平进行了细致的统计分析和科学评价：选取了 38 个能够反映城乡空间、经济、社会、文化、生态环境五大维度融合发展的指标，构建了一个相对完善、科学的指标体系，并运用时序全局主成分分析方法，对中国省域的城乡融合发展水平进行了静态评价（2017 年水平）和动态分析（2006—2017 年的变化）。

第四节　本书的可能贡献

一、创新点和主要贡献

第一，构建并应用了一个分析中国城乡关系变化的政治经济学理论框架。借鉴并延伸高帆（2019）提出的分析框架，本书提出了分析城乡关系演进的"生产力发展+发展战略+制度选择→城乡制度和政策安排→城乡居民行为和城乡关系"的政治经济学理论分析框架。我们放弃了与中国作为发展中大国的实际不契合，也与近代以来中国不断发生制度转型体制转轨的历史情境不相契合，更与中国作为一个社会主义大国的制度背景不相契合的发展经济学二元经济结构理论，转而构建了一个富有历史感、能够逻辑自洽地分析中国近代城乡关系演进过程，又契合中国城乡本土化特征，并将马克思主义政治经济学和中国特色社会主义政治经济学相结合的理论分析框架。该分析框架具有以下优势：一是该框架立足于中国作为社会主义发展中大国如何走向城乡融合这个根本命题；二是以马克思主义生产力与生产关系相互运动和制度分析为根本分析方法；三是纳入了国家分析，涵盖了国家战略与制度设计、国家与市场等之间的相互作用对城乡关系的影响；四是考虑了中国城乡二元结构及其转变的多重性特征。进一步，应用这个分析框架，分析新中国成立前、改革开放前和改革开放后三大阶段，细致分析梳理了近代以来中国城乡关系变化的脉络和过程、分析了城乡关系演进的原因、总结了城乡关系的特点。

第二,构建了城乡融合发展水平评价指标体系并对中国省域城乡融合发展水平进行了科学评价。基于对城乡融合发展含义的科学分析,我们构建了包含城乡空间融合发展、城乡经济融合发展、城乡社会融合发展、城乡文化融合发展、城乡生态环境融合发展五方面融合发展维度、38个细分指标的"中国省域城乡融合发展水平评价指标体系",对中国省域城乡融合发展的整体水平进行了科学评价,并动态分析了2006—2017年中国省域城乡融合发展水平的变化情况和原因。

第三,细致全面地分析了中国新型城乡关系并提出了有针对性的对策建议。对于构建中国新型城乡关系这个重要议题,我们进行了全面深入的研究:首先,明确了构建新型城乡关系的核心含义——实现城乡高质量融合发展;其次,对中国城乡融合发展的现状进行了定量分析,测度、评价了中国省域城乡融合发展水平并进行了动态分析;最后,在政策层面提出了城乡高质量融合发展的指导思想、原则遵循、主要内容(关键性问题)和推进实施的战略步骤等内容。其中,深入分析了城乡高质量融合发展的六大关键性问题:城乡高质量融合发展的载体——产业发展、空间重点——县域发展、人群重点——相对贫困群体、工作抓手——乡村振兴、难点——制度创新、保障——公共服务均等化,以及从现在到2050年中国城乡高质量融合发展的"三步走"战略步骤。

二、学术价值

第一,全景刻画了近代以来中国城乡关系的发展脉络与演进历程。1840年中国进入近代以来,随着中国制度、经济和社会的数次重大变革,中国城乡关系也不断发生深刻变革。本书在整体考察中国城乡关系变迁的基础上,将中国近代以来城乡关系的变迁划分为三大阶段进行考察。具体到每个阶段,本书从中国城乡关系演进的过程、原因和特点三方面进行考察和梳理,而对第三方面——城乡关系的特点,又从城市、乡村和城乡关系三个角度,细致分析了每个阶段中国城乡关系的特点。

第二,对中国城乡关系开展了政治经济学的新叙事。对于中国城乡关系,已有研究或依循发展经济学二元结构理论来分析,或从历史、经济史角度出发开展论述,仍属于传统学术话语下的西方叙事或历史叙事。显然,鉴于中国近代以来经济社会、制度体制和城乡关系演变的特殊性,对中国城乡关系演进逻辑和演变历程的分析,呼唤着使用马克思主义政治经济学,特别是新时代中国特色社会主义政治经济学范式和话语的新研究。本书就在马克思历史唯物主义指导下,运用生产力与生产关系的矛盾运动、国家战略与制度设计影响下的城乡制度与政策、城乡制度和政策设计影响下的城乡微观主体行为和城乡关系状态等马克思主义政治经济学和新时代中国特色社会主义政治经济学的分析性概念和研究范式,用新时代的中国学术话语对中国城乡关系演变展开新叙事,凸显城乡关系研究的中国风格。

第三,提出的分析框架在学理和实践层面有较大价值。在学理层面,该框架为理解中国城乡关系演变和发展中大国的城乡关系提供了一个新视角,并在城乡关系的研究上形成了对马克思主义政治经济学和中国特色社会主义政治经济学的有力支撑。在实践层面,该框架反映中国经济发展阶段转型、发展理念升级、社会主要矛盾变化的时代特征,在厘清中国近代城乡关系演变之路、研判城乡关系发展现状的基础上,明确新时代下形成新型城乡关系、促进城乡高质量融合发展的内涵、路径和政策方案,对于中国未来城乡关系健康发展具有重要实践价值。

第一章　文献综述

对城乡关系的关注最早可以追溯到威廉·配第(William Petty)和亚当·斯密(Adam Smith)等创立的古典政治经济学,马克思主义政治经济学也涉及对工农、城乡关系的论述和研究。① 20世纪40年代,随着发展经济学的产生和发展,发展中国家的农业农村发展、二元经济结构转化、农村减贫等问题才真正进入主流经济学的视野。同时,新中国成立后,我国学者也开始关注和研究中国的工农、城乡关系问题,那时的研究更多的是从马克思主义理论角度展开的。改革开放之后,更多的研究视角开始引入城乡关系演变的研究,而且,关于我国城乡关系发展目标和理想状态的研究也开始增多。在本章,我们将首先梳理马克思主义经典作家和当代西方有关城乡关系演变的经典理论。在经典回顾的基础上,转入对本书研究的两个核心主题——中国城乡关系演变与新型城乡关系相关文献的综述,梳理研究中国近代城乡关系演变的文献和研究中国新型城乡关系的文献。

---

① 高帆:《从割裂到融合:中国城乡经济关系演变的政治经济学》,复旦大学出版社2019年版,第4页。

第一节　城乡关系及城乡关系演变的
经典理论

一、马克思主义经典作家关于城乡关系演变的思想观点

马克思(Karl Heinrich Marx)在《哲学的贫困》中就强调"城乡关系一改变,整个社会也跟着改变"①。马克思主义经典作家主要从社会分工切入,运用生产力和生产关系矛盾运动、阶级分析、所有制分析等方法来阐释人类社会城乡关系演进和变迁的原因。同时,马克思主义经典作家还分析了社会主义和共产主义社会的城乡关系应有的状态。

(一)马克思和恩格斯的城乡关系观点

第一,社会分工导致城乡分离。在《资本论》和《政治经济学批判》中,马克思已经分析了人类社会演进中的城乡对立,认为这是由于工场手工业发展和商人阶层的兴起导致的。马克思和恩格斯(Friedrich Engels)在《德意志意识形态》中进一步分析了城乡分离,"一个民族内部的分工,首先引起工商业劳动同农业劳动的分离,从而也引起城乡的分离和城乡利益的对立"②。"物质劳动和精神劳动的最大的一次分工,就是城市和乡村的分离。城乡之间的对立是随着野蛮向文明的过渡、部落制度向国家的过渡、地域局限性向民族的过渡而开始的,它贯穿着文明的全部历史直至现在。"③"城市已经表明了人口、生产工具、资本、享受和需求的集中这个事实;而在乡村则是完全相反的情况:隔绝和分散"④,并认为"城乡之间的对立只有在私有制的范围内才能存在。

---

① 《马克思恩格斯选集》第一卷,人民出版社2012年版,第237页。
② 《马克思恩格斯选集》第一卷,人民出版社2012年版,第147—148页。
③ 《马克思恩格斯选集》第一卷,人民出版社2012年版,第184页。
④ 《马克思恩格斯选集》第一卷,人民出版社2012年版,第184页。

城乡之间的对立是个人屈从于分工、屈从于他被迫从事的某种活动的最鲜明的反映,这种屈从把一部分人变为受局限的城市动物,把另一部分人变为受局限的乡村动物,并且每天都重新产生二者利益之间的对立"①。"城市和乡村的分离还可以看做是资本和地产的分离,看做是资本不依赖于地产而存在和发展的开始,也就是仅仅以劳动和交换为基础的所有制的开始。"②因此,在他们的分析中,社会分工正是导致城乡相对独立出现并分离的原因(徐勇,1991)。③

第二,城乡对立的直接原因是私有制、阶级和国家的产生。马克思曾论述,"物质劳动和精神劳动的最大的一次分工,就是城市和乡村的分离",它伴随着"野蛮向文明的过渡、部落制度向国家的过渡、地域局限性向民族的过渡而开始的,它贯穿着文明的全部历史直至现在……城市已经表明了人口、生产工具、资本、享受和需求的集中这个事实;而在乡村则是完全相反的情况:隔绝和分散。城乡之间的对立只有在私有制的范围内才能存在。城乡之间的对立是个人屈从于分工、屈从于他被迫从事的某种活动的最鲜明的反映"④。在私有制的经济制度和社会条件下,统治阶级为了保护他们的私有财产,往往利用暴力机构来镇压被统治阶级对统治阶级的反抗,为了实现这种目的,将人口、财富向城镇集中,就必然强化城市的政治和管制功能。"随着城市的出现,必然要有行政机关、警察、赋税等,一句话,必然要有公共机构,从而也就必然要有一般政治。在这里,居民第一次划分为两大阶级,这种划分直接以分工和生产工具为基础。"⑤

第三,人类城乡关系发展可以分为"城乡分立—城乡分离—城乡融合"三个阶段。马克思和恩格斯指出,城乡关系可划分为三个阶段:第一阶段——城乡分立;第二阶段——城乡分离;第三阶段——城乡融合。发生这种变化的原

---

① 《马克思恩格斯选集》第一卷,人民出版社2012年版,第184—185页。
② 《马克思恩格斯选集》第一卷,人民出版社2012年版,第184、185页。
③ 徐勇:《马克思恩格斯有关城乡关系问题的思想及其现实意义》,《社会主义研究》1991年第6期。
④ 《马克思恩格斯选集》第一卷,人民出版社2012年版,第184、185页。
⑤ 《马克思恩格斯选集》第一卷,人民出版社2012年版,第184页。

因就在于社会分工的发展,第一阶段,城市脱胎于农村,城乡之间开始分立发展,又因为城市产生于农村,所以后者是前者的载体,农村在城乡关系中居于主导位置。在第一阶段持续了很长时间之后,随着工业革命的爆发并逐渐扩展到全球,城乡关系进入第二阶段城乡加速分离的新阶段,随着城市生产力的几何级数的增长,城乡劳动生产率差距越来越大,城乡差距不断扩大。而且,这种劳动生产率拉大的直接经济后果就是城乡关系中主导权的逆转,由第一阶段中农村占主导,在工业化和城市化的快速发展下,变为了以城市为主导。同时,如前文所述,按照马克思和恩格斯的观点,在私有制下,城乡之间的差距只能越拉越大。第三阶段,城市化进程不断发展,城乡之间的经济社会联系不断提高、劳动生产率趋于相近、生活水平也逐渐接近,城乡逐步走向融合。

第四,城乡融合是发达社会主义的重要特征。他们认为实现真正城乡融合需要一个漫长的历史过程,待到社会主义国家出现时,城乡融合将成为其主要特征。"由社会全体成员组成的共同联合体来共同地和有计划地利用生产力;把生产发展到能够满足所有人的需要的规模;结束牺牲一些人的利益来满足另一些人的需要的状况;彻底消灭阶级和阶级对立;通过消除旧的分工,通过产业教育、变换工种、所有人共同享受大家创造出来的福利,通过城乡的融合,使社会全体成员的才能得到全面发展——这就是废除私有制的主要结果。"[1]恩格斯曾论述,"断定人们只有在消除城乡对立后才能从他们以往历史所铸造的枷锁中完全解放出来,这完全不是空想"[2]。

第五,生产力高度发达和消灭私有制是城乡融合的实现前提。遵循历史唯物主义分析方法,马克思和恩格斯认为,城乡对立不是城乡关系的永恒状态,其是可以被消灭的:"消灭城乡对立不是空想,不多不少正像消除资本家与雇佣工人的对立不是空想一样。消灭这种对立日益成为工业生产和农业生

---

① 《马克思恩格斯选集》第一卷,人民出版社 2012 年版,第 308—309 页。
② 《马克思恩格斯选集》第三卷,人民出版社 2012 年版,第 265 页。

产的实际要求。"①他们提出消灭城乡对立有三个必备条件:生产力的高度发达,"大工业在全国的尽可能均衡的分布是消灭城市和乡村分离的条件"②;"使工业生产和农业生产发生紧密的联系"③;消灭私有制。

(二)列宁的城乡关系演变思想

列宁(VladimirIlyich Ulyanov)对城乡关系及其演变的思想主要来源于其结合马克思主义生产力与生产关系矛盾运动理论和马克思城乡关系思想,对·俄国城乡关系变化的认识和分析。

第一,俄国产生城乡对立是历史的必然。19世纪末,俄国城乡关系矛盾突出。列宁指出,资本主义生产关系在俄国的不断发展,直至从工场手工业升级为资本主义机器大工业时,彻底导致俄国的工业与农业相分离,进而引致城市与乡村的对立。"资本主义建立了大生产,产生了竞争,随之而来的是土地的生产力受到掠夺。人口集中于城市,使土地无人耕种,并且造成了不正常的新陈代谢。土地的耕作没有得到改善,或者说没有得到应有的改善。"④对劳动者而言,机器大工业的技术"把工人束缚在一种专业上","一方面使他不适合于从事农业(体力孱弱等),另一方面要求他不间断地和长期地从事一种手艺"⑤。

第二,资本主义在俄国的进一步发展为消除城乡对立创造了条件。列宁也正面评价了资本主义促进俄国农村发展的积极作用,"在所有现代国家甚至在俄国,城市的发展要比农村快得多,城市是人民的经济、政治和精神生活的中心,是进步的主要动力"⑥。在此基础上,列宁还论证了资本主义在俄国的发展能够为城乡对立的消灭创造条件。"如果城市必然使自己处于特权地

① 《马克思恩格斯选集》第三卷,人民出版社2012年版,第264页。
② 《马克思恩格斯选集》第三卷,人民出版社2012年版,第684页。
③ 《马克思恩格斯选集》第三卷,人民出版社2012年版,第265页。
④ 《列宁全集》第七卷,人民出版社2013年版,第97—98页。
⑤ 《列宁全集》第三卷,人民出版社2013年版,第393页。
⑥ 《列宁全集》第二十三卷,人民出版社2017年版,第358页。

位,使乡村处于从属的、不发达的、无助的、闭塞的状态,那么,只有农村居民流入城市,只有农业人口和非农业人口混合和融合起来,才能使农村居民摆脱孤立无援的地位。因此,最新理论在回答浪漫主义者的反动的怨言和牢骚时指出,正是农业人口和非农业人口的生活条件接近才创造了消灭城乡对立的条件。"①列宁认为,消灭俄国城乡对立的前提一方面是农业与非农业人口的生活条件相接近;且俄国机器大工业创造了实现这种"相接近"的经济前提,"大机器工业在破坏宗法关系与小资产阶级关系时,另一方面却创造了使农业中的雇佣工人与工业中的雇佣工人相接近的条件:第一,大机器工业把最初在非农业中心所形成的工商业生活方式带到乡村中去;第二,大机器工业造成了人口的流动性以及雇佣农业工人与手工业工人的巨大市场;第三,大机器工业把机器应用于农业时,把具有最高生活水平的有技术的工业工人带到乡村"。②

资本主义在俄国的发展还促进了新兴工业中心的形成。列宁肯定了这些新的工业中心的积极作用,它使"居民的流动代替了昔日的定居与闭塞状态而成为经济生活的必要条件"③。这种现象的普遍性在于:"不仅在俄国,而且在一切国家,资本主义的发展都引起了未被正式列为城市的新工业中心的形成。"④同时,资本主义工业的发展也为农业提供了足够的科学技术支持:"为了发展农业技术,城市资本主义可以提供一切现代科学手段……"⑤当然,列宁并没有忘记俄国城乡发展的终极目标是要最终消灭城乡对立:"完全肯定资本主义社会大城市的进步性,丝毫不妨碍我们把消灭城乡对立当做我们的理想。"⑥

---

① 《列宁全集》第二卷,人民出版社 2013 年版,第 197 页。
② 《列宁全集》第三卷,人民出版社 2013 年版,第 497 页。
③ 《列宁全集》第三卷,人民出版社 2013 年版,第 481 页。
④ 《列宁全集》第三卷,人民出版社 2013 年版,第 521 页。
⑤ 《列宁全集》第四卷,人民出版社 2013 年版,第 126 页。
⑥ 《列宁全集》第五卷,人民出版社 2013 年版,第 132 页。

(三)斯大林的城乡结合发展理论

第一,"生产条件上的平等"是消除城乡对立的条件。斯大林(Joseph Vissarionovich Stalin)认为,只有工业和农业都实现了社会化,即"必须实行电气化计划,因为这是使农村接近城市和消灭城乡对立的手段"①,才能在城乡之间实现生产条件的均等,也只有这样,才能消除城乡对立。可见,斯大林十分强调科学技术在促进城乡关系和谐发展中的作用。

第二,"城市和乡村有同等的生活条件"是城乡一体化的标志。与恩格斯提出大城市会走向毁灭不同,斯大林则提出了相反的观点——"不仅大城市不会毁灭,并且还要出现新的大城市,它们是文化最发达的中心,它们不仅是大工业的中心,而且是农产品加工和一切食品工业部门强大发展的中心。这种情况将促进全国文化的繁荣,将使城市和乡村有同等的生活条件"②。而且,他还提出城乡对立的消失并不意味着城乡没有差别,"工业和农业之间本质差别的消灭,不能引导到它们之间任何差别的消灭"③,而是"城市和乡村有同等的生活条件"④。

(四)简要评述

马克思主义经典作家对城乡关系的分析是建立在历史唯物主义的基础上的,其核心观点和方法论有四点:一是运用生产力分析方法来研究城乡关系的变化,生产力及在生产力发展基础上的分工深化是城乡关系从分立(城乡极其有限的关联)到城乡对立再到城乡融合的动力。那么,在生产力高度发达的社会主义社会,城乡关系必须也必然是融合的。二是运用所有制和阶级分析方法来考察城乡关系之间的矛盾。城乡激烈对立是生产资料私有制下的经

---

① 《斯大林选集》上卷,人民出版社 1979 年版,第 355 页。
② 《斯大林选集》下卷,人民出版社 1979 年版,第 558 页。
③ 《斯大林选集》下卷,人民出版社 1979 年版,第 560 页。
④ 《斯大林选集》下卷,人民出版社 1979 年版,第 558 页。

济结果,而资本主义生产关系则更是将这种对立推到了极致。反之,社会主义生产关系下,生产资料实现了公有,阶级对立消失,城乡关系则趋向好转,直至共产主义下实现城乡融合。三是运用时代材料进行分析,马克思、恩格斯重点对以英国为代表的西欧,列宁、斯大林对苏联进行分析,又因为他们的研究时间跨度很长且研究材料的巨大差异性——如在所有制、生产关系上的巨大差异,既为我们提供了考察那一时期西欧和苏联城乡关系的宝贵素材,也为我们分析考察同一思想和学派在长的历史投射中的发展和变化提供了很好的素材和范例。四是马克思主义的城乡发展观和城乡关系理论为中国开展城乡关系研究奠定了基本的思想理论和方法论工具。当然,这些思想和方法工具的使用必须和中国实践相结合,对于当代中国该领域学者,更要思考其在解释和分析新时代中国特色社会主义城乡关系中如何继承、深化和发展。

二、二元经济结构理论与其当代发展

当代西方城乡关系研究以城乡之间的资源配置为切入视角,提出市场经济发展和社会分工深化是造成城乡在资源配置上扮演不同角色的根本原因。从研究对象来看,大部分研究以发展中国家为分析对象;从研究内容看,大部分研究涉及以下两方面内容,一是分析了要素在城乡之间分布的差距,以及城市现代化部门(工业部门)与农村相对落后部门(农业部门)的发展差异;二是研究了城乡二元向城乡一元的转化条件。由刘易斯(W.A.Lewis)所提出的二元经济结构模型经过拉尼斯(Gustav Ranis)、费景汉(John C.H.Fei)、乔根森(Dale W.Jorgenson)等的补充和完善,成为西方主流经济学在"发展"问题上的重要延伸,形成了"发展"的一般模型。"此后的发展经济学家将这个模式技术化、数量化,通过对发达国家发展经验的归纳总结,在工业化率和城市化率之间建立了一种数量上的对应关系。"①本节就简单梳理二元经济结构理论的

---

① 张慧鹏:《城乡关系:以人为本还是以资为本? ——毛泽东构建新型工农城乡关系的探索与启示》,《马克思主义与现实》2017 年第 6 期。

发展脉络。

刘易斯(1954)较早指出了发展中国家并存着农村中以传统生产方式为主的农业部门和城市中以制造业为主的现代化部门,提出农业剩余劳动力的非农化转移能够逐步削减二元经济结构。此后,费景汉、拉尼斯(1964)在考虑工农业两个部门平衡增长的基础上,完善了农业剩余劳动力转移的二元经济发展思想。至此,形成了刘易斯—费景汉—拉尼斯的二元经济问题的基础模型。哈里斯特(Harrist)和托达罗(Michacl P.Todro)等对刘易斯—费景汉—拉尼斯模型进行了反思,并拓展了发展中国家产业间的劳动力流动理论。上述理论模型强调城市在城乡关系中的主导地位,强调资源要素以城市为中心进行配置,城乡关系由此表现出"城市偏向",进而导致非均衡发展。正因为如此,要实现城乡融合发展,只有城市带动农村。除二元经济结构理论之外,增长极理论、"极化—涓滴效应"、"循环累积因果"和"中心—外围"理论虽各有差异,但基本上都是持类似的"城市偏向"的城乡非均衡发展思想。此外,另一派观点强调农村在城乡关系中的作用,相关典型理论如舒尔茨(Theodore W.Schultz)的改造传统农业理论和乔根森(1967)在新古典主义框架内探讨工业和农业部门发展问题的理论模型,都强调农业才是现代部门发展的基础,而不是相反。进一步,这一派观点所透露出的思想可以被称为强调"农村和农业偏向"的思想。同时,还有强调"城乡、工农之间全面均衡发展"的城乡平衡发展思想。持有这种思想的典型理论如"贫困恶性循环论"和"大推进"理论,既反对偏向城市的城乡非均衡理论观点,也反对过分重视农村、认为农村应该优先发展的非均衡理论,转而强调城市与农村、工业部门与农业部门之间的平衡发展。

除二元经济结构之外,学者从不同视角考察了其他二元结构。伯克(J.H Boeke)提出了社会二元结构论,认为在一个社会文化和经济制度存在巨大差别的两种经济形态所组成的社会中,推行单一的经济政策注定会失败。海尔格特(Folke Hilgert)和纲纳·缪达尔(Karl Gunnar Myrdal)从国际贸易的角度,探讨了发展中国家与发达国家国际经济不平等问题,提出了国际二元结构。本杰明·希金斯(Ben jamin Higgins)提出了技术二元结构论,描述了发展中国家的现代部门和传统部门的技术状况、技术性质以及技术结构特征。爱德华·肖(Edward S.Shaw)和罗纳德·麦金农(Ronald I.Mckinnon)提出了金融二元结构论,对发展中国家货币市场或资本市场的特征进行了描述。缪达尔提出了国内区域经济二元结构,说明了一国经济发展中地理二元经济结构形成的机制,并提出了克服这种二元结构的政策性建议。海拉·明特(Hyla Myint)首次使用"组织二元结构"概念系统分析了发展中国家组织或制度二元结构的特征和形成原因。

刘易斯—费景汉—拉尼斯模型假设发展中国家存在一个统一、有效的劳动力市场,但近年来许多学者注意到发展中国家事实上存在的却是二元、分割的劳动力市场。在考察发展中国家二元劳动力市场问题方面,高登·博斯(Gautarn Bose,1996)指出,发展中国家"二元经济"的确切含义是城乡劳动力市场的明显分割,因此理解二元经济结构转化的要害是城乡劳动力市场的内在关系。博斯主要说明的是城乡间的二元劳动力市场,而荒井和彦(Kazuhiko Arai,1997)则重点分析了发展中国家工业企业的二元劳动力市场。另外,要深入分析发展中国家二元劳动力市场,比较发展中国家和发达国家的劳动力市场和工资结构也至关重要。扬奎斯特(Lars Ljungqvist,1995)发现,发展中国家存在劳动力市场分割和工资水平差异问题,其教育回报率超过了发达国家,并提出发展教育是解除二元劳动力市场的一个基本出路。

刘易斯—费景汉—拉尼斯模型以及乔根森、托达罗等所探讨的主要是现代工业部门和传统农业部门并存的二元经济结构,但发展中国家还存在其他多种类型的次级二元经济结构,主要体现在工业内部和国际贸易两方面。在工业内部方面,马格努斯·布隆斯特伦(Magnus Blomstrom)和爱德华·沃尔夫(Edward Wolff,1997)探讨了发展中国家工业内部的二元经济结构,分析了工业二元结构之间的劳动生产率差异和技术扩散问题。哈立德·赛义德

（Khalid Saeed）和庞特普·普兰克普拉克马（Ponthep Prankprakma，1997）则从职能的角度来区分工业部门，提出发展中国家应该重视技术进步政策的选择和搭配，以加快工业内部二元经济结构的转化。

结构主义经济学家通常将二元经济结构与收入分配差距分开讨论，随着理论研究的深入，学者逐渐意识到二者紧密相关。戴宁格尔（Klaus Deininger）和斯夸尔（Lyn Squire）将工农业部门的劳动生产率内生化，同时考虑人力资本对人口转移的作用，发现财富初次分配的不均等同长期经济增长负相关。与戴宁格尔和斯夸尔的观点不同，弗朗索瓦·布吉尼翁（Francois Bourguignon）和克里斯蒂安·莫里森（Christian Morrisson）认为，二元经济结构是导致发展中国家收入分配差距的主要因素，并指出农业部门的经济增长比工业部门更能缩小收入分配差距。但是，该作者并没有回答为何入学率不能有效解释发展中国家收入分配差距问题。为此，西奥·S.艾彻（Theo S.Eicher）和塞西莉亚·皮纳洛萨（Cecilia G.Penalosa，2001）将人力资本和技术进步内生化，通过构建模型来说明技术供求同收入分配之间的复杂关系，认为在教育收益和不平等之间存在多种均衡关系。

刘易斯—费景汉—拉尼斯模型直观上将发展中国家的二元经济结构归因于劳动力配置的不合理，政策含义就是促使农业剩余劳动力向非农产业转移，许多经济学家不满足于此，又从新的角度提出了二元经济结构的破解路径。杰夫雷·萨克斯（Jeffrey Sachs）、杨小凯、张定胜（2000）指出，刘易斯—费景汉—拉尼斯模型忽视了劳动分工的自发性演进，认为交易效率的提高和分工水平的演进使二元经济结构经历了"出现—强化—消失"的动态过程。从上述角度来理解，二元经济结构转化的过程就是工业化的过程。村田雅三（Yasusada Murata，2002）侧重于从工农相互依赖的角度来解释工业化过程，从而为发展中国家的二元经济结构转化问题提供了宽广的视角。但村田雅三仍然是在工农两部门的背景下考察二元经济结构转化问题，并没有考虑到服务业的作用。埃斯瓦瑞（Mukesh Eswaran）和克特威（Ashok Kotwal）则重点分析了服务业在工业化进程中的作用,发现农业的高产出可以加速本国工业化。

针对中国特殊的国家战略转化过程、改革开放历程、市场化水平较低的城乡要素配置方式,我国学者更多从制度特性出发来探讨中国城乡二元经济结构转化。林毅夫等(1999),蔡昉、杨涛(2000),陆铭、陈钊(2004)认为,中国城乡发展的二元经济结构特征是实施重工业优先发展战略的必然结果。高帆(2007)、陈宗胜等(2008)提出,改革开放之后,城乡二元经济结构强度并未随着经济快速发展而明显弱化。城乡二元经济结构的长期延续,形成了"中国城乡二元经济结构转化滞后"之谜。学者发现,生产要素能否自由流动对二元经济结构转化具有重要影响,坦普尔(Temple,2005、2006)和沃拉斯(Vollrath,2009)认识到农业与非农部门之间生产要素的非充分自由流动不利于城乡二元经济结构转化。此外,要素错配的差异也导致了国家间经济发展水平的差异,卡塞利(Caselli,2005)、金正旭和汤森(Jeong 和 Townsend,2007)、雷图西亚(Restuccia)、罗杰森(Rogerson,2008)、巴特尔斯曼(Bartelsman 等,2008)、阿尔法罗(Alfaro 等,2008)、布埃拉·弗朗西斯科(Buera J. Francisco 等,2011)表明,发展中国家与发达国家在要素配置上的差异,能在很大程度上解释二者全要素生产率水平的不同。图 1-1 即为二元经济结构理论的发展脉络。

第二次世界大战后兴起的发展经济学因为聚焦落后农业国走向先进工业国的经济规律,特别是提出了系统的可以放在(劳动力)供给需求框架中分析的二元经济结构理论而迅速流行,特别是刘易斯—费景汉—拉尼斯模型作为最具代表性的理论模型,论证了农村剩余劳动力从传统部门向现代部门转移的核心机制如何促进发展中国家从城乡二元结构走向城乡一元状态。随着这一套理论模型的不断扩展,包括其理论不断向现实靠近和数学化两个维度的发展,第二次世界大战后发展中国家谋求经济增长的客观需要,以及这种需要越来越受到全世界特别是发达国家的关注,有更多学者开始投入到发展中国家城乡问题的研究,产出了大量研究成果。

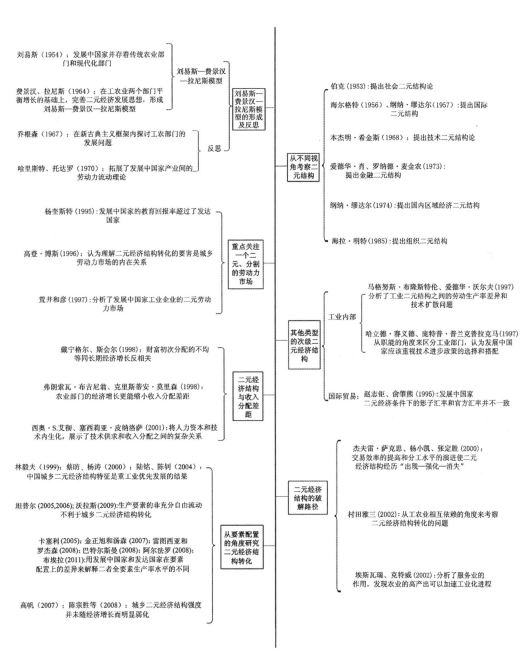

图 1-1 二元经济结构理论及其现代拓展的学术脉络

与马克思主义经典作家的城乡关系理论重点强调改进农业技术以发展农业生产力、促进生产力的城乡合理布局、变革城乡生产关系不同,西方发展经济学更多关注工业化和城市化对农村和农业发展的"推拉机制",工业部门对农村发展的辐射带动,城乡二元结构转化等问题。但是,因为西方主流经济学的影响过于强大,当代西方城乡关系理论对所有制、资本主义生产方式和阶级阶层等问题对城乡关系的影响有意或无意地选择性失明。自然,他们的理论及其所组成的发展经济学虽然对于解释和研究发展中国家的二元经济结构和城乡关系问题有巨大的借鉴意义,并为后来学者开辟出了多条理论进路,但是却无法解释城乡对立的根本原因,依据上述理论所提出的政策取向和措施也无法帮助我们抵达城乡融合的真正彼岸。

第二节　中国近代以来城乡关系演变的
文献综述

查阅现有文献,除吴丰华(2013)①,白永秀、吴丰华(2015)②之外,很少有学者对近代以来长时段的中国城乡关系问题进行专论。当然,有两类文献涉及了这一问题。一类是对相关问题的长时段研究牵涉了中国近代以来的城乡关系的演变,如何一民(2004)关于近代中国城市发展与社会变迁的研究涉及中国城乡关系的演变③,吕新雨(2012)关于近代以来土地问题的研究涉及近代以来城乡分化、阶级分化与乡村治理的变革④。另一类是关于中国近代经

---

① 吴丰华:《中国近代以来城乡关系变迁轨迹与变迁机理(1840~2012)》,西北大学 2013年博士学位论文。
② 白永秀、吴丰华:《中国城乡发展一体化:历史考察、理论演进与战略推进》,人民出版社 2015 年版。
③ 何一民:《近代中国城市发展与社会变迁(1840—1949)》,科学出版社 2004 年版。
④ 吕新雨:《近代以来中国的土地问题与城乡关系再认识》,《开放时代》2012 年第7 期。

济史和社会史的研究①,其中也牵涉中国近代城市发展、工商业发展、农村状况、乡村治理等方面的描述和分析。这两类研究为我们开展本书研究提供了大量数据和资料支撑,但遗憾的是,它们并不是纯粹意义上的城乡关系研究,特别是对于一种城乡关系状态为何会发展到另一种城乡关系的状态这个核心问题,相对缺少系统回答。②

除此之外,更多文献是截取近代中国经济发展的一段进行研究,有的是关于城乡关系发展演进的专论,有的是如前面提到的两类文献——或是关于城乡关系中一个侧面的研究,或是关于经济史的研究。为了更加清晰地综述已有研究,我们将按照中国近代以来发展的几大阶段,来梳理分析相应阶段关于城乡关系演进的文献。

一、研究新中国成立之前城乡关系演进的文献梳理

我们从相关文献的研究视角切入,从五个方面梳理研究中国近代之后直至新中国成立之前城乡关系演进变迁的文献:

第一,整体研究视角。何一民(2004)在《近代中国城市发展与社会变迁(1840—1949)》中分析了近代之后1840—1949年中国城乡关系变动的趋势、城乡关系的特点与影响等问题。③ 而美国汉学家施坚雅(G. William Skinner)在《中华帝国晚期的城市》对中国社会的城乡、城市与地方体系层次(或称阶层)、清代(包括晚清在内)中国的城市社会结构等问题进行了深入的分析。他提出市场体系在城乡联系中发挥着重要的基础性作用。④

---

① 如严中平(1987、2001)主持编写的131万字的《中国近代经济史(1840—1894)》,汪敬虞(2000)主持编写的178万字的《中国近代经济史(1895—1927)》,刘克祥、吴太昌(2010)主持编写的178万字的《中国近代经济史(1927—1937)》。

② 吴丰华、白永秀(2015)曾对当时已有的相关文献做了初步的梳理和综述,可参见吴丰华、白永秀:《中国近代以来城乡关系变迁机理:一个文献综述》,《学术评论》2015年第4期。

③ 何一民:《近代中国城市发展与社会变迁(1840—1949)》,科学出版社2004年版。

④ [美]施坚雅:《中华帝国晚期的城市》,叶光庭等译,中华书局2000年版。

第二,西方冲击视角。近代中国社会的首要变化就是西方列强殖民入侵对中国的冲击,一些学者也重点考察了西方侵略及其所引入的资本主义生产方式对传统城乡关系的冲击。较早的研究如彭泽益(1961),重点考察了鸦片战争赔款所流失的白银对包括农村经济在内的中国经济的影响,白银外流导致银贵钱贱,进而深刻冲击中国阶级关系。① 蔡云辉(2004)认为,中国近代之后由于西方冲击,中国城乡关系变得既联系紧密又对抗加剧,这种矛盾的状态一方面弱化了城乡关联提高促进城乡协调发展的程度,另一方面又导致城市繁荣与农村凋敝两种状态并存,最终导致了城乡之间、阶级之间矛盾激化。② 和蔡云辉描述的这种矛盾状态类似,任吉东(2014)也认为近代以来中国城乡之前是一种两极化的趋势,一方面是城乡之间经济联系更加紧密,"依存性与互补性日益加强";另一方面两者之间的"差别性与对立性越发明显"③。

第三,城市带动视角。就单体城市研究看,卢汉超(1986、1987)较早分析了上海市开埠后,西方物质文明、技术、生产等对上海市的冲击,以及造成的城乡经济变化。④ 戴鞍钢(1994、1997)进一步考察了近代上海市崛起——成为中国外贸大港和工商业、金融业的中心之后,与其周围农村之间的紧密联系⑤,以及与其毗邻的苏南浙北地区的农村经济所受到的巨大影响而发生的深刻的结构性变化——推动相关地区农村副业的发展、提高经济作物的种植面积、提高农产品商品化程度、农村传统手工业转向面向国际和国内贸易的手工业等。⑥ 徐永志(2000)分析了天津市开埠后天津市和河北省的商品经济发

---

① 彭泽益:《鸦片战争十年间银贵钱贱波动下的中国经济与阶级关系》,《历史研究》1961年第6期。

② 蔡云辉:《论近代中国城乡关系与城市化发展的低速缓进》,《社会科学辑刊》2004年第2期。

③ 任吉东:《近代中国百年城乡关系的两极性衍化》,《中国社会科学报》2014年4月18日。

④ 卢汉超:《中国古代经济史市》,《史林》1986年第1期;卢汉超:《西方物质文明在近代上海》,《史林》1987年第2期。

⑤ 戴鞍钢:《近代上海与周围农村》,《史学月刊》1994年第2期。

⑥ 戴鞍钢:《近代上海与苏南浙北农村经济变迁》,《中国农史》1997年第2期。

展、农村经济的发展等问题。① 吴松弟、樊如森(2004)分析了天津市开埠对内地经济的影响。②

从区域城市研究看,张仲礼等(2002)分析了近代开埠之后,长江沿线城市的开放与对外经济关系的变化、商业和埠际贸易的发展、城市之间金融联系的加强、工业发展、交通结构近代化等问题,并分析了城市化影响下周边农村经济结构的变迁——产业结构的变化、土地所有制结构的变动、农村社会生活的结构性变迁、农村经济结构变迁等的过程和意义。③ 庄维民(2000)分析了19世纪60年代至1936年(全面抗日战争之前),在近代山东省四个通商口岸和三个内陆开埠城市的资本主义经济的影响和带动下,山东省传统经济向近代市场经济转变的过程,以及传统产业结构中如何产生近代工业和商品性农业,进而实现产业改进和工业化、农业改进与农村经济变迁。④ 王守中、郭大松(2001)则分析了近代山东省城市发展过程中农村经济的发展。⑤ 受到上述研究启发,陈为忠(2005)也分析了山东省腹地近代工业、经济性农业发展的情况。⑥

就城市间比较研究而言,林星(2007)以福州和厦门两座城市为例,比较研究了近代东南沿海的通商口岸城市城乡关系的发展与演变。⑦ 邱国盛(2008)比较了北京市与上海市这两座城市在近代城乡关系方面的异同。⑧

---

① 徐永志:《开埠通商与津冀社会变迁》,中央民族大学出版社2000年版。
② 吴松弟、樊如森:《天津开埠对腹地经济变迁的影响》,《史学月刊》2004年第1期。
③ 张仲礼、熊月之、沈祖炜:《长江沿江城市与中国近代化》,上海人民出版社2002年版。
④ 庄维民:《近代山东市场经济的变迁》,中华书局2000年版。
⑤ 王守中、郭大松:《近代山东城市变迁史》,山东教育出版社2001年版。
⑥ 陈为忠:《近代山东经济格局变迁研究——以港口与腹地互动为视角》,《中国历史地理论丛》2005年第3期。
⑦ 林星:《近代东南沿海通商口岸城市城乡关系的透视——以福州和厦门为个案》,《中国社会经济史研究》2007年第2期。
⑧ 邱国盛:《近代北京、上海城乡关系比较研究》,《西南民族大学学报(人文社会科学版)》2008年第6期。

第四,农村工业化视角。李金铮(1991)考察了1920—1930年河北省定县棉纺织业的发展状况①,萨贝尔(Charles Sabel)和蔡特林(Jonathan Zeitlin)认为,这种布局在农村的工业区可以作为大规模生产的替代。② 顾琳(Linda Grove)也以河北省高阳为例,总结了近代中国乡村工业的典型特征,即"两头在外"——原料供给和产品销售均在外地。认为这种模式显然是中国乡村经济在近代走向资本主义全球生产的一种结果,就经济而言,"高阳模式"表现为生产工具的不断改进和经营模式、所有制模式的不断变革,是一种可以和"城市集中大生产"相互替代的生产方式。③ 对于这种在农村兴办工业的方式,方显廷(1931)、费孝通(2007)都指出,通过在农村和小城镇举办工业,农民可以不用脱离农村,而将工业部门劳动和农业部门劳动结合起来。中国近代正是通过这种方式,而避免大规模出现世界其他国家在快速工业化过程中所出现的贫民窟问题,起到了稳定农村的作用。④⑤

二、研究新中国成立之后城乡关系演进的文献梳理

部分文献基于对国家战略的分析,分析了造成改革开放前后城乡关系不同状态的国家战略根源。张雨林(1989)较早回顾了中国城乡关系的变化,他的研究侧重从阶级分析的角度考察新中国成立以来的城乡关系的变化。⑥ 蔡昉、杨涛(2000)认为,在改革开放之前,导致中国城乡收入不平等的原因是中国的发展战略——"与重工业优先发展战略相关的一整套干预政策导致了稳

---

① 李金铮:《浅谈二三十年代定县的家庭手工棉纺织业》,《河北学刊》1991年第3期。

② Charles Sabel,Jonathan Zeitlin, "Historical Alternatives to Mass Production: Politics, Markets and Technology in Nineteenth-Century Industrialization", *Past & Present*, No.108, 1985, pp.133-176.

③ [日]顾琳:《中国的经济革命——二十世纪的农村工业》,王玉茹、张玮、李进霞译,江苏人民出版社2009年版。

④ 方显廷:《天津针织业之组织》,《清华大学学报(自然科学版)》1931年第00期。

⑤ 费孝通:《乡土中国》,上海世纪出版集团2007年版。

⑥ 张雨林:《我国城乡关系的历史考察》(上),《中国农村经济》1989年第9期;张雨林:《我国城乡关系的历史考察》(下),《中国农村经济》1989年第10期。

定的城市偏向"。① 武力（2007）系统回顾了这一时段中国城乡演变的历史，他的分析主线是改革开放前后农业和农村对工业和城市的支持方式的变化：改革开放前，支持方式是将农产品剩余用于工业化积累；改革开放后变为主要通过廉价的农村要素（包括劳动力、土地和其他农村要素）来支持工业化和城市化。② 实质上，正是改革开放前后国家战略的变化调整带来了城乡关系的变化。高伯文（2010）也认为，改革开放前城乡二元结构的强化与国家战略选择高度相关，重工业优先发展的战略选择导致了城乡二元结构。③ 陈斌开、林毅夫（2013）也从政府发展战略的视角，提出正是因为采取重工业优先发展战略，导致国家不得已采取一些限制劳动力向城市流动，同时将城市劳动力向农村逆向转移的政策，并且据此得出关于重工业优先发展（国家战略）、城市化水平和城乡收入差距之间关系的命题，并根据改革开放之后直到2008年的省级面板数据，验证了相关命题。④ 邢祖礼等（2019）提出城乡关系的实质是国家与农民的关系，所以，"国家战略和政策取向对城乡关系演化有重要影响"，而政策取向的重点是"重构国家与农民政治经济关系，并且协调好政府与市场的关系"⑤。陈俭（2016）也提出中国城乡关系演进的主线是政府与农民的博弈，而驱动城乡关系演变的动力正是国家发展战略。⑥

工农关系是城乡关系的核心，很多学者从这个角度切入分析了中国城乡关系。如许涤新（1985）、千家驹（1987）都认为，在新中国成立到改革开放之前的时代背景和经济条件下，中国在处理工农业关系时，应以农业为基础，以

---

① 蔡昉、杨涛：《城乡收入差距的政治经济学》，《中国社会科学》2000年第4期。
② 武力：《1949—2006年城乡关系演变的历史分析》，《中国经济史研究》2007年第1期。
③ 高伯文：《一九五三年至一九七八年工业化战略的选择与城乡关系》，《中共党史研究》2010年第9期。
④ 陈斌开、林毅夫：《发展战略、城市化与中国城乡收入差距》，《中国社会科学》2013年第4期。
⑤ 邢祖礼、陈杨林、邓朝春：《新中国70年城乡关系演变及其启示》，《改革》2019年第6期。
⑥ 陈俭：《新中国城乡关系演变的特点及启示》，《河北经贸大学学报》2016年第6期。

工业为主导,两者在发展中相互制约、互相依赖。①② 上述研究虽然提出工农业应该共同进步,但却认为应该优先发展工业(特别是重工业)。这种认识显然受到当时整个社会的认识水平和中国经济发展基础的限制。随着改革开放的不断深入,有学者开始反思计划经济年代的工农关系,最具代表性的是林毅夫等(1999),提出优先发展重工业并不符合中国当时的比较优势,因此导致了改革开放前经济发展的低绩效。③ 刘克崮、张桂文(2003)认为,工业化道路偏差与城乡二元体制是造成我国改革开放前"三农"问题的根源。④ 董志凯(2007)也分析并反思了新中国成立后国家投资向工业和城市倾斜,农业为工业提供积累的工农业关系,并提出了借鉴工业化初期国家财政转移支付的手段,通过政府转移支付,给予农业相应的补偿,同时配合体制变革来调动各种积极因素。⑤ 当然,工农业关系处理失误并不是改革开放前中国工农关系的全部,张慧鹏(2017)论述了毛泽东关于工农关系的正确理解,毛泽东认为苏联集体农庄只有农业的做法是错误的;反之,他提出中国农村也要发展工业,还提出应该在农村配套教育卫生,如"村村有小学,乡乡有初中""把医疗卫生的重点放到农村去"等目标。⑥

　　中国城乡关系的特殊性就在于独特的体制和制度对城乡关系的塑造,这一特点在改革开放之前尤为明显,有研究就关注到了中国特殊的城乡二元体制。刘纯彬(1988)较早关注到这个问题,首次提出了"城乡二元社会结构"的

---

　　① 许涤新:《中国资本主义的萌芽》,人民出版社1985年版。

　　② 千家驹:《千家驹经济论文选》,中国国际广播出版社1987年版。

　　③ 林毅夫、蔡昉、李周:《中国的奇迹:发展战略与经济改革》,格致出版社、上海三联书店、上海人民出版社1999年版。

　　④ 刘克崮、张桂文:《中国"三农"问题的战略思考与对策研究》,《管理世界》2003年第5期。

　　⑤ 董志凯:《工业化初期的固定资产投资与城乡关系——对1950—1980年代工业建设的反思》,《中国经济史研究》2007年第1期。

　　⑥ 张慧鹏:《城乡关系:以人为本还是以资为本?——毛泽东构建新型工农城乡关系的探索与启示》,《马克思主义与现实》2017年第6期。

概念,用以区分"二元经济结构"。他将中国城乡二元社会结构归因于城乡户籍、住房、粮食供给等十一种具体制度安排的二元性。① 佟明忠(1989),郭书田、刘纯彬(1990)进一步将城乡二元体制定义为"由人为独创的一套带有中国特色的社会体制",并将中国城乡二元体制结构拓展为一套由十四种具体制度组成的制度体系。②③ 蔡昉、杨涛(2000)重点分析了计划经济时代我国城乡二元制度体系中的三项重点制度——统购统销制度、人民公社制度和户籍制度。④ 厉以宁(2008)认为,在众多城乡差别化的制度设计中,户籍制度是城乡二元体制形成的关键,这一制度设计导致了城乡隔离和割裂。⑤ 完世伟(2008)提出,改革开放前城乡要素流动不自由、城乡居民发展权利不平等、城乡关系扭曲,改革开放后城乡联系紧密但城乡分割的二元体制并没有根除。⑥ 辛逸、高洁(2009)以城乡二元体制的变化为界限,将新中国城乡关系演变划分为两个阶段:确立并强化二元体制的"以农补工"阶段和开始破解二元体制的"以工补农"阶段。⑦ 张海鹏(2019)在对新中国 70 年城乡关系进行梳理时,也将改革开放之前的中国城乡关系描述为"城乡二元体制形成与巩固阶段";⑧而改革开放之后,中国城乡关系趋向好转、城乡分割的体制不断被打破,也是因为中国经济体制发生了变化——从计划经济体制转向市场经济体制,而且随着市场经济体制的不断完善,城乡关系也不断走向融合。

---

① 刘纯彬:《走出二元——根本改变我国不合理城乡关系的唯一途径》,《农业经济问题》1988 年第 4 期。

② 佟明忠:《论我国的城乡二元体制与城乡一体化道路》,《社会科学》1989 年第 6 期。

③ 郭书田、刘纯彬:《失衡的中国》,河北人民出版社 1990 年版。

④ 蔡昉、杨涛:《城乡收入差距的政治经济学》,《中国社会科学》2000 年第 4 期。

⑤ 厉以宁:《论城乡二元体制改革》,《北京大学学报(哲学社会科学版)》2008 年第 2 期。

⑥ 完世伟:《当代中国城乡关系的历史考察及思考》,《贵州师范大学学报(社会科学版)》2008 年第 4 期。

⑦ 辛逸、高洁:《从"以农补工"到"以工补农"——新中国城乡二元体制述论》,《中共党史研究》2009 年第 9 期。

⑧ 张海鹏:《中国城乡关系演变 70 年:从分割到融合》,《中国农村经济》2019 年第 3 期。

三、研究改革开放后至今城乡关系演进的文献梳理

相较于之前两个阶段,研究改革开放后城乡关系演进的文献数量大大增加,而且研究也更为深入。在对改革开放后中国城乡关系演变进行整体分析和分阶段分析的基础上,针对中国改革开放取得如此巨大的成就,但是城乡差距为何却在改革开放后的大多数时间越拉越大这一矛盾性事实,学术界进行了大量研究,进而形成了两种解释这一时期城乡关系变迁机理的视角。

(一)一部分文献分阶段细致研究了改革开放后城乡关系演变的历程

一方面,有学者从城乡关系的阶段性特点梳理了改革开放后城乡关系的演变。吴丰华、韩文龙(2018)将改革开放后中国城乡关系演变的阶段划分为:城乡关系趋好阶段(1978—1984 年)、城乡再度分离阶段(1985—2002年)、城乡统筹发展阶段(2003—2012 年)和城乡全面融合发展阶段(2013 年至今)。[①] 邢祖礼等(2019)将改革开放后城乡关系划分为城乡关系缓和阶段(1979—1985 年)、"发展型政府"导致城乡分离阶段(1986—2005 年)、城乡一体化发展阶段(2006—2011 年)和城乡融合发展阶段(2012 年之后)。[②] 另一方面,有学者从国家城乡关系或农村发展战略的角度出发,梳理了改革开放后城乡关系的演变。黄少安(2018)将中国改革开放后农村发展分为五个战略阶段:家庭联产承包责任制与粮食产量战略阶段,农业、乡镇企业并举战略阶段,减负增收、粮食流通体制改革与小城镇战略阶段,城乡统筹与新农村建设战略阶段和土地制度改革和完善与乡村振兴战略阶段。[③] 高帆(2018)阐述了

---

① 吴丰华、韩文龙:《改革开放四十年的城乡关系:历史脉络、阶段特征和未来展望》,《学术月刊》2018 年第 4 期。

② 邢祖礼、陈杨林、邓朝春:《新中国 70 年城乡关系演变及其启示》,《改革》2019 年第 6 期。

③ 黄少安:《改革开放 40 年中国农村发展战略的阶段性演变及其理论总结》,《经济研究》2018 年第 12 期。

改革开放后中国农村经济改革的逻辑,并将中国农村经济改革划分为"粮食增产主导"和"农民增收主导"两个阶段。[1] 中国宏观经济研究院产业所课题组(2018)梳理了改革开放后我国工农关系的变化轨迹:从重工轻农(因"取多予少"而导致)到工农并进(因"予多取少"而形成),再到工农共赢(因"既予又活"而最终塑造)三个阶段。[2]

(二)更多文献聚焦于改革开放后中国经济快速增长和城乡差距不断扩大并存的矛盾现象

具有代表性的解释有城市偏向理论、"哺育"和"反哺"不对称理论、人口与迁移控制理论。

城市偏向理论。首先,一些研究从理论上阐释为何会出现城市偏向的制度和政策。有文献提出城市偏向源于发展中国家的内部结构,迈克尔·李普顿(Michael Lipton)就认为当今世界的巨大分歧,并不在于资本主义与共产主义、黑人与白人、东方与西方,甚至不是富国与穷国之间的分歧,而是深深根植于穷国内部——穷国城市与乡村的巨大分界。[3] 究其根源,在于带有偏见的财富分配,投资、教育和价格方面的偏向性的公共政策,以及向大农户和大土地所有者投资的偏向性农业投资政策。罗伯特·H.贝茨(Robert H.Bates)以第二次世界大战后独立的非洲国家为例,他认为"非洲大多数国家寻求发展,但其政府奉行的政策实际上损害了其农村经济"[4]。这些政策包括出口经济作物政策、基于政治压力的定价政策、粮食部门的非价格政策、农业政策等。

---

①　高帆:《中国农村经济改革40年:实施逻辑与发展趋向》,《求是学刊》2018年第5期。

②　中国宏观经济研究院产业所课题组:《改革开放40年中国工农关系演变:从缓和走向融合》,《改革》2018年第10期。

③　Lipton Michael, "Why Poor People Stay Poor: A Study of Urban Bias in World Development", *Modern Asian Studies*, Vol.13, No.1, 1977, pp.167-173.

④　Bates, H. Robert, *Markets and States in Tropical Africa: The Political Basis of Agricultural Policies*, University of California Press, 2014.

沿着这一思路,吴丰华、韩文龙(2018)提出了解释中国改革开放之后导致城乡差距扩大的"改革参与不足理论"[1]。此外,另一支文献则关注后发国家的发展战略,安妮·克鲁格(Anne O. Krueger,1991、1996)对农业价格政策进行了政治经济学的比较研究,估计了18个发展中国家歧视农产品价格的政策的效果,还分析了这种歧视是如何随着时间的推移而改变并影响经济增长的。研究结果提供了政治如何直接影响农产品价格、成本和收入的总体情况,描述了市场和政治压力如何决定农业政策,同时还讨论了间接歧视农业的政策,政府为什么对农业征税而不是补贴农业,这些政策往往有利于工业部门,提高农民生产或消费所需商品的价格。采取这些政策的根源是:这些后发的发展中国家往往对工业部门的经济起飞效应深信不疑,而要为工业化提供财政支持,则必须对农业征收较高的税收。[2][3]

在理论研究的基础上,一些学者结合中国实际,对以上假说进行了验证。蔡昉、杨涛(2000)的描述性分析得出了以下结论:在改革开放之前,"与重工业优先发展战略相关的干预政策导致了稳定的城市偏向"[4];而在改革开放之后,"主要源于城市利益集团的压力以及计划经济时代留下的制度障碍"[5]。蔡昉等(2001)利用计划迁移数量决定的计量分析和北京市就业保护政策的演变案例解释了城乡劳动力市场分割在改革开放前后的不同成因。[6] 汪锋等(2007)运用中国省级面板数据,检验了制度变迁、政府政策和城乡差距之间的关系,实证结果显示,在改革开放后,市场经济体制改革与城乡差距扩大没

① 吴丰华、韩文龙:《改革开放四十年的城乡关系:历史脉络、阶段特征和未来展望》,《学术月刊》2018年第4期。

② A.O. Krueger, M. Schiff, A. Valdes, *The Political Economy of Agricultural Pricing Policy*, The Johns Hopkins University Press.

③ A.O. Krueger, "Political Economy of Agricultural Policy", *Public Choice*, Vol. 78, 1996, pp.163-175.

④ 蔡昉、杨涛:《城乡收入差距的政治经济学》,《中国社会科学》2000年第4期。

⑤ 蔡昉、杨涛:《城乡收入差距的政治经济学》,《中国社会科学》2000年第4期。

⑥ 蔡昉、都阳、王美艳:《户籍制度与劳动力市场保护》,《经济研究》2001年第12期。

有联系,而在财政、金融制度的城市化偏向是城乡差距扩大的主要原因。① 陈钊、陆铭(2008)构建了一个基于城乡分割政策内生决定的发展经济学(政治经济学)模型,借助于城乡分割的经济政策的内生决定机制,解释了中国劳动力大规模向城市流动与中国城市化偏低(远低于工业化水平)、劳动力进城就业并未缩小城乡收入差距等看似悖论的现象背后的原因。进一步,陆铭、陈钊(2008)提出了一条走向城乡融合的新道路,即尊重并顺应我国经济向东部地区集聚的客观事实,实现劳动力跨地区流动和土地开发指标的跨地区交易,使劳动力和土地向东部地区集聚,在集聚中走向城乡和区域协调发展。②

"哺育"和"反哺"不对称理论。这一理论将改革开放之后中国城乡差距归因于农业对工业的"哺育"和工业对农业的"反哺"并不对称,并从这个角度切入考察改革开放之后中国城乡关系的演变。洪银兴(2007)提出"哺育"和"反哺"是城乡发展中的两个阶段,"反哺"是以"哺育"为前提的,但是,如果到了"哺育"阶段而迟迟不能开始"哺育",则必然导致城乡差距扩大、城乡出现分割。③ 在理论上,关于"反哺"和"哺育",可以用瑟尔瓦尔(A.P.Thirlwall)的"累积性因果关系理论"来进一步阐释,经济和社会的双重作用会导致优势地区不断累积并扩张,而且会以其他地区的发展和利益为代价,进而导致落后地区发展受到阻碍,最终固化优势地区与落后地区的差距。④ 在理论研究的基础上,皮建才(2009)对这一理论进行了更细致的验证,他分析了中国工业"反哺"农业的政府作用机制,并验证了其福利效果;还从整体、地方政府、中央政府和人口流动四个视角切入,考察了工业"反哺"农业出现时的临界值并对

---

① 汪锋、刘旗、张宗益:《经济体制改革与中国城乡经济发展不平衡》,《中国软科学》2007年第5期。

② 陆铭、陈钊:《在集聚中走向平衡:城乡和区域协调发展的"第三条道路"》,《世界经济》2008年第8期。

③ 洪银兴:《工业和城市反哺农业、农村的路径研究——长三角地区实践的理论思考》,《经济研究》2007年第8期。

④ [美]瑟尔瓦尔:《增长与发展》,金碚、李扬译,中国人民大学出版社1992年版。

临界值进行了静态比较分析。其研究的政策启示在于：需要在工业"反哺"农业所支付的财政成本和"反哺"可能启动农村消费所带来收益之间寻找平衡。①

在理论和经验分析的同时,还有学者对中国城乡关系中的"哺育"和"反哺"进行了历史分析。郑有贵(2008)认为,在工业化中期时,我国在各方面都制定了城市和工业偏向政策;进入21世纪之后,我国提出并开始实施工业"反哺"农业、城市"反哺"农村的统筹城乡新战略,中国城乡关系因此向好发展。② 郭熙保、崔文俊(2016)从工农业关系出发,按照农业支持工业与工业"反哺"农业这两个阶段,回顾了我国工农业关系的演变历程。③

近年来,还有学者结合新时代我国经济形势的新变化和城乡关系发展的新阶段,从诸如新型城镇化(刘震、徐国亮,2017)④、农村土地"三权分置"改革(陈建华等,2017)⑤、农村扶贫(徐明强、李卓,2019)⑥、乡村文化"反哺"城市(陈野,2016)⑦等角度,进一步讨论了中国城乡之间"哺育"和"反哺"的问题。

人口与迁移控制理论。这一理论聚焦形成于计划经济年代并在改革开放后继续执行的户籍制度,以及由户籍制度所产生的城乡劳动力流动障碍、劳动力市场分割等对城乡关系的影响。周其仁(1995)在一项对农村改革过程中国家和产权关系的研究中指出,如果在后续改革中还继续执行过分严格的劳

① 皮建才:《中国工业反哺农业的政府作用机制及其福利效果》,《世界经济》2009年第7期。

② 郑有贵:《中国城乡经济的分割与一体化改革》,《中国经济史研究》2008年第4期。

③ 郭熙保、崔文俊:《我国城乡协调发展:历史、现状与对策思路》,《江西财经大学学报》2016年第3期。

④ 刘震、徐国亮:《新型城镇化中的城市反哺农村》,《甘肃社会科学》2017年第6期。

⑤ 陈建华、刘福健、顾鹏:《新型城镇化中的城市反哺农村》,《深圳大学学报(人文社会科学版)》2017年第5期。

⑥ 徐明强、李卓:《"扶贫抗争"与农村反哺资源的分配治理——基于秦巴山区T镇的田野研究》,《浙江工商大学学报》2019年第4期。

⑦ 陈野:《"后城市化时代"村庄共同体重建的文化路向——以杭州市西湖区骆家庄为个案的研究》,《浙江社会科学》2016年第5期。

动力流动限制和城市就业控制政策,就会导致城市劳动力价格上涨,最终导致城市部门用工成本提高。① 袁志刚(2006)运用中国人口抽样调查和全国人口普查数据估计了从农村向城市流动的劳动力数据和城镇失业数据,并在此基础上验证了"进城农村劳动力增加显著提高了城镇失业"这一假说实际并不成立。这项研究的政策含义是,没有必要对农村劳动力向城镇流动和迁移加以限制,因为这种办法不会改善城镇失业状况。② 陆益龙(2003)利用中国综合社会调查(CGSS)中2003年的数据进行分析,在改革开放后相当长的一段时间内,中国的户籍制度仍然在发挥作用,导致了中国的社会分层——这种分层具有城乡户籍差别和城市户口等级差别并存的特点。③ 汪汇、陈钊、陆铭(2009)基于上海市抽样入户调查数据,考察了户籍制度所造成的城市内部社会分割可能给社会信任带来的消极影响,缺少本地户籍的人口更加不信任社区邻居和政府,而且这种不信任和收入水平与教育水平没有关系。④ 显然,要扭转这种不信任,就必须改革户籍制度。

之所以要破除对城乡劳动力自由流动的限制并改革户籍制度,是因为劳动力从农村向城市流动,不仅能带动农民工实际工资和效用的提高(王建国、李实,2015)⑤,有助于提升劳动收入份额(翁杰、张锐,2017)⑥,缩小城镇流动人口与农村流动人口之间的收入差距(于潇、孙悦,2017)⑦,并帮助他们享受

---

① 周其仁:《中国农村改革国家和所有权关系的变化(上)——一个经济制度变迁史的回顾》,《管理世界》1995年第3期;周其仁:《中国农村改革国家和所有权关系的变化(下)——一个经济制度变迁史的回顾》,《管理世界》1995年第4期。

② 袁志刚:《中国的乡—城劳动力流动与城镇失业:一个经验研究》,《管理世界》2006年第8期。

③ 陆益龙:《户籍制度:控制与社会差别》,商务印书馆2003年版。

④ 汪汇、陈钊、陆铭:《户籍、社会分割与信任:来自上海的经验研究》,《世界经济》2009年第10期。

⑤ 王建国、李实:《大城市的农民工工资水平高吗?》,《管理世界》2015年第1期。

⑥ 翁杰、张锐:《户籍制度影响要素收入分配的机制和效应》,《中国人口科学》2017年第1期。

⑦ 于潇、孙悦:《城镇与农村流动人口的收入差异——基于2015年全国流动人口动态监测数据的分位数回归分析》,《人口研究》2017年第1期。

更好的城市公共服务产品(夏怡然、陆铭,2015)①,而且能对经济发展产生深远的积极影响。都阳等(2014)的实证研究显示劳动力流动有利于扩大劳动力市场规模、提高城市经济的全要素生产率。② 周文等(2017)的研究显示不论是允许土地流转或是松绑户籍制度,都将促进农村劳动力向城市流动、增加城市劳动力产出、改善农村劳动力福利水平,而代价仅是城市劳动力的福利水平稍有下降。③ 李一花等(2017)的研究显示促进城乡劳动力自由流动将有助于优化城市布局,并构建合理的城镇体系。④ 徐建国、张勋(2016)的研究结果支持了工农业联动发展的观点,所以我国应继续推进土地和户籍制度改革,发挥工农联动的效果——工农部门相互促进劳动生产率和技术水平,最终促进经济增长。⑤ 所以,不能仅考虑户籍制度改革的成本,而要考虑其改革带来的巨大收益,在政策上削弱户籍的就业机会歧视(章莉等,2016)⑥,在制度上建立起"人口自由有序迁移与城市福利非歧视性配置的制度组合"(邹一南,2015)⑦,取消城乡户籍上的附加利益和各种权利(唐宗力,2015;李飞、杜云素,2016)⑧⑨,并同时配合进行财政体制改革,以剥离户籍与公共服务之间的

---

① 夏怡然、陆铭:《城市间的"孟母三迁"——公共服务影响劳动力流向的经验研究》,《管理世界》2015 年第 10 期。

② 都阳、蔡昉、屈小博、程杰:《延续中国奇迹:从户籍制度改革中收获红利》,《经济研究》2014 年第 8 期。

③ 周文、赵方、杨飞、李鲁:《土地流转、户籍制度改革与中国城市化:理论与模拟》,《经济研究》2017 年第 6 期。

④ 李一花、李静、张芳洁:《公共品供给与城乡人口流动——基于 285 个城市的计量检验》,《财贸研究》2017 年第 5 期。

⑤ 徐建国、张勋:《农业生产率进步、劳动力转移与工农业联动发展》,《管理世界》2016 年第 7 期。

⑥ 章莉、李实、小威廉·达里蒂(William A.Darity Jr.)、朗达·冯莎·夏普(Rhonda Vonshay Sharpe):《中国劳动力市场就业机会的户籍歧视及其变化趋势》,《财经研究》2016 年第 1 期。

⑦ 邹一南:《户籍制度改革的内生逻辑与政策选择》,《经济学家》2015 年第 4 期。

⑧ 唐宗力:《农民进城务工的新趋势与落户意愿的新变化——来自安徽农村地区的调查》,《中国人口科学》2015 年第 5 期。

⑨ 李飞、杜云素:《城镇定居、户籍价值与农民工积分落户——基于中山积分落户入围人员的调查》,《农业经济问题》2016 年第 8 期。

紧密关联、实现公共服务均等化(甘行琼、刘大帅,2015)①。

四、简要评述

通过以上综述可以看出,大量学者研究了中国近代以来城乡关系的演变,其中既有关于中国近代以来城乡关系变化的长时段历史梳理,也有针对特定阶段中国城乡关系变迁的细致刻画;既有对中国城乡发展成就的整体描绘,也有对中国城乡关系出现的问题及其原因的剖析;既有关注中国城乡关系变迁轨迹和逻辑的理论阐释,也有聚焦中国城乡关系中某方面问题的深入考察和经验研究。可以说,这些研究为我们开展中国近代城乡关系演变的研究奠定了很好的基础,本书也从中借鉴吸收良多。但是,上述研究依然有以下不足,这也构成了我们进一步深入研究的必要。

第一,现有关于城乡关系演变逻辑的研究尚不充分。显然,挖掘城乡关系演变的逻辑是更为深入的研究课题,对于在中国这样一个人口众多、以农为本,而且近代又不断发生制度变化的发展中大国,尤为如此。但是现有研究并没有完全照顾到中国的上述特殊事实,提出的城乡关系演变逻辑多数从发展经济学二元经济结构理论出发,依循刘易斯提出的模型进行研究;还有一部分从城市经济学和空间经济学切入,站在城市立场考察城乡关系变化。而且,理论逻辑分析的不足导致我们对中国城乡关系中出现的问题难以认识清楚,往往出现对同一现象或问题的认识南辕北辙、大相径庭。

第二,现有研究较少提出能用于城乡关系变化长时段分析的框架。现有文献提出了分析一定阶段中国城乡关系的框架,如赵红军(2010)在一项关于中国经济长期变迁的研究中,将中国地理生态基础、小农经济和治理方式等要素联系了起来。② 高帆(2019)提出了分析改革开放后中国城乡关系变化的

① 甘行琼、刘大帅:《论户籍制度、公共服务均等化与财政体制改革》,《财政研究》2015 年第 3 期。
② 赵红军:《小农经济、惯性治理与中国经济的长期变迁》,格致出版社 2010 年版。

政治经济学分析框架(从约束条件和发展战略出发→影响和决定农村经济制度→决定农村微观主体行为选择→影响经济发展绩效)。[①] 也许从上述视角构建的分析进路或搭建的分析框架可以解释部分发展中国家第二次世界大战后城乡关系演变的历程,甚至可以解释不同阶段中国城乡关系演进的逻辑,但是,对于中国近代以来180多年如此长时段的城乡关系变化,还欠缺一个历史贯通的、逻辑自洽的,且确实有解释力的分析框架。

第三,少有研究横跨1840年至今180年的中国城乡关系演变历史。现有城乡关系演变的研究大多聚焦新中国成立以来或改革开放以来的中国城乡关系演变,也有少数学者如李建建(2008),张小琳(2009),赵红军(2010),白永秀、吴丰华(2015)等将考察时间拉长到了中国近代乃至古代,对于如此重要的问题,更为丰富的研究显然是必要的。

第三节　中国新型城乡关系
研究综述

新型城乡关系是一个动态变化的概念,对我国而言,改革开放后每个阶段都形成了特定的"新型城乡关系"及其相应解释。而且,与西方城乡关系理论与新型城乡关系理论重点强调城乡二元经济结构及其转化不同,我国的新型城乡关系的研究和城乡关系的政策制定,更加注重城乡关系的多维性。我们可以通过对21世纪之后党的重要文件的解读来探究这种认识不断演变和深入的历程。

2002年,党的十六大针对城乡二元结构首次提出"统筹城乡经济社会发展",明确提出城乡间存在的双重差距——经济与社会差距。2008年,在党的十七届三中全会上,第一次明确提出"把加快形成城乡经济社会发展一体化

[①] 高帆:《从割裂到融合:中国城乡经济关系演变的政治经济学》,复旦大学出版社2019年版。

新格局作为根本要求"①。2012 年 11 月,党的十八大报告中提出,"城乡发展一体化是解决'三农'问题的根本途径",并提出要"加快完善城乡发展一体化体制机制,着力在城乡规划、基础设施、公共服务等方面推进一体化,促进城乡要素平等交换和公共资源均衡配置"②。2017 年,习近平总书记在党的十九大报告中提出,"农业农村农民问题是关系国计民生的根本性问题,必须始终把解决好'三农'问题作为全党工作的重中之重"③。2019 年,中央"一号文件"明确提出:"必须坚持把解决好'三农'问题作为全党工作重中之重不动摇。"④在解决好"三农"问题的基础上,习近平总书记进一步提出要实现城乡融合发展,建立相关体制机制。党的十九大报告提出要"建立健全城乡融合发展体制机制和政策体系"⑤。2020 年,中央"一号文件"提出,"对标全面建成小康社会加快补上农村基础设施和公共服务短板"⑥,"保障重要农产品有效供给和促进农民持续增收"⑦,"强化农村补短板保障措施"⑧。

从"统筹城乡发展"到"城乡经济社会一体化",再到"城乡发展一体化",直至新时代提出全面建成小康社会背景下"城乡融合发展",构成了建设我国新型城乡关系的政策话语的变迁。简言之,在党的十八届三中全会之前,关于

①　《中共中央关于推进农村改革发展若干重大问题的决定》,人民出版社 2008 年版,第 8 页。

②　胡锦涛:《坚定不移沿着中国特色社会主义道路前进　为全面建成小康社会而奋斗——在中国共产党第十八次全国代表大会上的报告》,人民出版社 2012 年版,第 23、24 页。

③　习近平:《决胜全面建成小康社会　夺取新时代中国特色社会主义伟大胜利——在中国共产党第十九次全国代表大会上的报告》,人民出版社 2017 年版,第 32 页。

④　《中共中央国务院关于坚持农业农村优先发展做好"三农"工作的若干意见》,人民出版社 2019 年版,第 1 页。

⑤　习近平:《决胜全面建成小康社会　夺取新时代中国特色社会主义伟大胜利——在中国共产党第十九次全国代表大会上的报告》,人民出版社 2017 年版,第 32 页。

⑥　《中共中央国务院关于抓好"三农"领域重点工作确保如期实现全面小康的意见》,人民出版社 2020 年版,第 5 页。

⑦　《中共中央国务院关于抓好"三农"领域重点工作确保如期实现全面小康的意见》,人民出版社 2020 年版,第 10 页。

⑧　《中共中央国务院关于抓好"三农"领域重点工作确保如期实现全面小康的意见》,人民出版社 2020 年版,第 18 页。

城乡关系的理想型——新型城乡关系,主流话语是城乡一体化或城乡发展一体化。进入新时代之后,我国则明确提出了"新型城乡关系"。围绕政策话语变迁和中国城乡关系所出现的实际问题,我国学术界也展开了对不同时代的"新型城乡关系"的研究。

一、从城乡一体化到新型城乡关系

城乡一体化的概念在 20 世纪 80 年代就已经提出。[1] 90 年代之后,关于城乡发展一体化的研究开始了理论上的探索,学者围绕城乡发展一体化的内涵、主要内容、演进机制、实现条件、政策主张等进行研究,形成了较完善的城乡发展一体化理论体系。

关于城乡发展一体化的内涵,从不同视角切入,形成了三种观点:第一,从生产力发展视角来定义城乡一体化,强调城乡一体化主要特征在于城乡生产力发展水平一致,代表性学者如杨荣南(1997b)[2]、应雄(2002)[3]、陈雯(2003)[4]。第二,从复杂系统视角出发来定义城乡一体化,或强调城乡发展一体化是各种流(人流、物流、信息流)自由流动、各种时空资源高效利用的整体(甄峰,1998)[5];或提出城乡发展一体化应该是由"自然—社会—经济"三个维度构成的城乡复合生态系统(杨荣南,1997)[6]或复杂系统工程(朱志萍,2008)[7]。第三,从融合角度出发来界定城乡一体化。如城乡间的耦合联动发展(石忆邵,1999)[8],城乡两个不同性质单元在经济社会和人居聚落方面的融

---

① 张雨林:《论城乡一体化》,《社会学研究》1988 年第 5 期。
② 杨荣南:《关于城乡一体化的几个问题》,《城市规划》1997 年第 5 期。
③ 应雄:《城乡一体化趋势前瞻》,《浙江经济》2002 年第 13 期。
④ 陈雯:《"城乡一体化"内涵的讨论》,《现代经济探讨》2003 年第 5 期。
⑤ 甄峰:《城乡一体化理论及其规划探讨》,《城市规划汇刊》1998 年第 6 期。
⑥ 杨荣南:《关于城乡一体化的几个问题》,《城市规划》1997 年第 5 期。
⑦ 朱志萍:《城乡二元结构的制度变迁与城乡一体化》,《软科学》2008 年第 6 期。
⑧ 石忆邵:《关于城乡一体化的几点讨论》,《规划师》1999 年第 4 期。

合发展和共同繁荣的过程(洪银兴、陈雯,2003;姜作培,2004)①②,城乡社会经济发展的新格局(顾益康、邵峰,2003)③,作为城乡关系演化的高级阶段和最终目标的最优空间网络系统(李同升、库向阳,2000)④。

关于城乡发展一体化的主要内容。洪银兴、陈雯(2003)从一体化角度出发,提出城乡一体化包括以下方面——城乡体制机制一体化、城乡产业结构一体化、城镇城市化、农业企业化和农民市民化;⑤李岳云等(2004)从城乡统筹出发,提出城乡一体化包括三方面城乡统筹——城乡关系、要素、发展统筹;⑥杨玲(2005)从要素出发,提出城乡一体化包括六方面要素实现一体化:城乡经济要素、社会要素、生态要素、文化要素、空间要素和制度政策要素一体化⑦,类似地,白永秀(2010)提出了八方面的城乡经济社会一体化内容⑧。

关于城乡发展一体化的演进动力机制。如从内外因共同起作用的角度,提出乡村城市化、城市现代化、引进外资以及实施改革开放是主要动力(杨荣南等,1998;甄峰,1998)⑨⑩;从城市与农村经济的推拉力角度考察,提出城乡发展一体化的动力来自三种力量的共同作用——城市“集聚经济”的拉力、农村工业化的推力、城乡之间统一要素和基础设施所带来的融合力(吴伟年,2002)⑪;

---

① 洪银兴、陈雯:《城市化和城乡一体化》,《经济理论与经济管理》2003 年第 4 期。
② 姜作培:《城乡一体化:统筹城乡发展的目标探索》,《南方经济》2004 年第 1 期。
③ 顾益康、邵峰:《全面推进城乡一体化改革——新时期解决“三农”问题的根本出路》,《中国农村经济》2003 年第 11 期。
④ 李同升、库向阳:《城乡一体化发展的动力机制及其演变分析——以宝鸡市为例》,《西北大学学报(自然科学版)》2000 年第 3 期。
⑤ 洪银兴、陈雯:《城市化和城乡一体化》,《经济理论与经济管理》2003 年第 4 期。
⑥ 李岳云、陈勇、孙林:《城乡统筹及其评价方法》,《农业技术经济》2004 年第 1 期。
⑦ 杨玲:《国内外城乡一体化理论探讨与思考》,《生产力研究》2005 年第 9 期。
⑧ 白永秀:《后改革时代的关键:城乡经济社会一体化》,《经济学家》2010 年第 8 期。
⑨ 杨荣南、张雪莲:《城乡一体化若干问题初探》,《热带地理》1998 年第 1 期。
⑩ 甄峰:《城乡一体化理论及其规划探讨》,《城市规划汇刊》1998 年第 6 期。
⑪ 吴伟年:《城乡一体化的动力机制与对策思路——以浙江省金华市为例》,《世界地理研究》2002 年第 4 期。

类似地,李同升等(2000)从中心城市的向心力、离心力的角度分析了动力①。

关于城乡发展一体化的实现条件。朱磊(2000)提出城乡发展一体化的实现条件是:城乡生产力水平基本一致且达到较高水平、各类基础设施能适应城乡一体化的要求、城镇密集等。② 冯雷(1999)、石忆邵(2003)提出城乡发展一体化的标志是网络型地域经济系统的生成,核心是市场一体化。③④

政策支持是实现城乡发展一体化的重要条件,党的十八大、十八届三中全会均提出了要健全城乡发展一体化体制机制,党的十八届五中全会将协调发展确立为五大发展理念之一,城乡发展一体化是实现协调发展的重要内容。在十八届中共中央政治局第二十二次集体学习上,习近平总书记强调,推进城乡一体化发展,是落实"四个全面"布局的必然要求。同时提出推进城乡一体化要从中国基本国情出发,统筹谋划各方面因素,促进城乡在各方面融合发展,健全城乡发展一体化的各项体制机制,同时也提出城乡发展一体化是一项关系全局、关系长远的重大任务。以上论述,充分体现了政策对指导和支撑城乡发展一体化所起到的关键作用。从学界来看,形成了三种研究推进城乡一体化的政策主张的观点:

第一,主张制度创新。顾益康、邵峰(2003)提出城乡一体化要采取十大制度改革:农业产权制度改革、农业经营体制改革、土地制度改革、户籍制度改革、财政与税收体制改革、教育体制改革、乡镇管理体制改革、农业行政管理体制改革等。⑤ 陈伯庚、陈承明(2013)认为,只有破解二元户籍制度、城乡收入差距、城乡金融均衡配置、农民主体地位四个难题,才能破解城乡二元结构难

---

① 李同升、库向阳:《城乡一体化发展的动力机制及其演变分析——以宝鸡市为例》,《西北大学学报(自然科学版)》2000 年第 3 期。

② 朱磊:《城乡一体化理论及规划实践——以浙江省温岭市为例》,《经济地理》2000 年第 3 期。

③ 冯雷:《中国城乡一体化的理论与实践》,《中国农村经济》1999 年第 1 期。

④ 石忆邵:《城乡一体化理论与实践:回眸与评析》,《城市规划汇刊》2003 年第 1 期。

⑤ 顾益康、邵峰:《全面推进城乡一体化改革——新时期解决"三农"问题的根本出路》,《中国农村经济》2003 年第 11 期。

题,从而促进城乡的深度融合和良性发展。① 国务院发展研究中心农村部课题组(2014)认为由于历史因素形成的城乡二元体制固化了城乡二元结构,为彻底破除城乡二元体制,消除城乡二元结构,提出了推动城乡二元结构向城乡一体化转变的"5个重点,5个构建"的政策建议。② 魏后凯(2016)从中国经济进入新常态的背景出发,分析了新常态对推进城乡一体化带来的挑战:农民增收和市民化困难加大,治理"农村病"、资源的均衡配置、二元体制的并轨等,在此基础上提出了以构建城乡统一的户籍制度、土地管理制度、就业管理制度、社会保障制度等为主的城乡综合配套改革的制度体系,以促进城乡要素的自由流动和资源的均衡配置,推进城乡一体化发展。③ 这其中,部分学者认为促进城乡发展一体化的制度突破口是城乡二元户籍制度,并提出了破解城乡二元户籍制度的对策建议。宋洪远(2016)从农民自身、城市居民、地方政府、城市公共服务四方面论述了二元户籍制度对农业转移人口市民化的阻碍,并提出了加快户籍制度改革的对策建议。④

　　第二,主张系统推进。持这类观点的学者都认为推进城乡一体化发展是一项复杂的系统工程,所以应采取系统措施来推进。姜作培(2004)提出,要处理好主导作用和支持作用、市场机制调节和政府调控、近期目标和长远目标等几对关系。⑤ 王国敏(2004)指出,城乡统筹发展的路径在于:建立城乡互动的协调发展机制;构建更有利于农村发展的公共财政体制;建立城乡一体化的市场体系;给予农民平等发展的机会;统筹城乡产业发展等。⑥ 杨继瑞(2005)也从保障、抓手、纽带、举措、引擎、平台、杠杆、动力角度提出了推进城乡发展

① 陈伯庚、陈承明:《新型城镇化与城乡一体化疑难问题探析》,《社会科学》2013年第9期。
② 国务院发展研究中心农村部课题组:《从城乡二元到城乡一体——我国城乡二元体制的突出矛盾与未来走向》,《管理世界》2014年第9期。
③ 魏后凯:《新常态下中国城乡一体化格局及推进战略》,《中国农村经济》2016年第1期。
④ 宋洪远:《加快户籍制度改革　推动城乡一体化发展》,《农业现代化研究》2016年第6期。
⑤ 姜作培:《城乡一体化:统筹城乡发展的目标探索》,《南方经济》2004年第1期。
⑥ 王国敏:《城乡统筹:从二元结构向一元结构的转换》,《西南民族大学学报(人文社会科学版)》2004年第9期。

一体化的系统化主张。[1] 宋洪远等(2003)、国家发展改革委发展规划司(2008)也都从全面的系统视角分析了这个问题。[2] 吴丰华、白永秀(2013)系统化地提出了城乡一体化发展政策,认为城乡发展一体化应处理好市场与政府、农业与非农业、农村与城市、中西部地区与东部地区四对关系,形成"里应+外合"机制;根据中国地区差异,不同地区实行差异化的城乡发展一体化措施;抓住完善市场体系、促进机会均等、取消户籍限制、树立现代理念、构建生态文明五个本源性问题,破解对应的经济、社会、政治、文化、生态五个城乡二元结构。[3] 魏后凯(2016)提出,在经济新常态下,需要"一揽子"系统化的制度建设方案(包括户籍、土地、就业、社会保障制度等),建设城乡一体化的公共服务和社会治理体系,促进城乡间要素自由流动,促进城乡居民生活水平等值化等方面。[4] 张涛、赵磊(2017)从马克思主义经济学角度出发,提出从生产力推进农业现代化和农村工业化,以及生产关系发展集体经济两个方面来促进农村城乡发展一体化。[5]

第三,主张以"三化"带动"三农"。国务院发展研究中心课题组(2005)提出要解决"三农"问题,必须要使城镇化、工业化和信息化这"三化"发挥组合效应。[6] 欧阳志刚(2014)基于一价定律和泰尔指数,度量了中国城乡经济一体化与城乡收入差距的关系,发现在改革初期,由于城乡分割而推高了城乡收入差距,而进入21世纪,城乡经济一体化的推进和发展延滞了城乡收入差距的继续扩大。[7]

---

① 杨继瑞:《城乡一体化:推进路径的战略抉择》,《四川大学学报》2005年第4期。

② 国家发展改革委发展规划司:《统筹城乡发展,促进城乡经济社会一体化》,《宏观经济管理》2008年第6期。

③ 吴丰华、白永秀:《城乡发展一体化:战略特征、战略内容、战略目标》,《学术月刊》2013年第4期。

④ 魏后凯:《新常态下中国城乡一体化格局及推进战略》,《中国农村经济》2016年第1期。

⑤ 张涛、赵磊:《城乡发展一体化:解决"三农"问题的根本路径》,《农村经济》2017年第10期。

⑥ 国务院发展研究中心、中国农村劳动力资源开发研究会:《"三化带三农"实现城乡一体化》,《经济研究参考》2005年第11期。

⑦ 欧阳志刚:《中国城乡经济一体化的推进是否阻滞了城乡收入差距的扩大》,《世界经济》2014年第2期。

可以看出，从20世纪90年代到21世纪前十年，关于城乡发展一体化的研究在不断演进。在研究内容上不断具体和深化，展开了更多的专题研究；在研究方法上趋向于多样化与实证化，即不再单一从经济学角度研究，还从地理学、生态学、城市规划学等角度来研究，并且利用统计方法和计量方法对某一区域的城乡发展一体化水平实证考察。城乡发展一体化随着实践的深入其研究内容趋于完善、丰富，理论趋于系统、成熟。

二、研究新型城乡关系和城乡融合发展的内涵与内容的文献综述

在党的十八届三中全会最终形成的《中共中央关于全面深化改革若干重大问题的决定》中，有关于新型城乡关系的权威解读："必须健全体制机制，形成以工促农、以城带乡、工农互惠、城乡一体的新型工农城乡关系，让广大农民平等参与现代化进程、共同分享现代化成果。"①可以看出，中央确定的新型城乡关系，其内涵和特征是由四句话、十六个字组成的描绘城乡互动过程和要实现的城乡互动结果的状态："以工促农、以城带乡、工农互惠、城乡一体。"这其中，"以工促农、以城带乡"是形成新型城乡关系的路径和城乡关系的应有互动状态，"工农互惠、城乡一体"是新型城乡关系的基本特征。而且，要形成新型城乡关系，前提和手段是"健全体制机制"，"让广大农民平等参与现代化进程、共同分享现代化成果"②。

张晓山（2014）认为，统筹城乡发展、构建新型城乡关系涵盖了两方面的内容：一是加速工业化和城镇化的进程；二是发展现代农业、建设社会主义新农村。③ 武小龙（2018）给出了一个关于新型城乡关系的解释框架，其特点在

---

① 《中共中央关于全面深化改革若干重大问题的决定》，人民出版社2013年版，第22页。
② 习近平：《习近平谈治国理政》第一卷，外文出版社2018年版，第81页。
③ 张晓山：《全面深化改革，构建新型城乡关系——从社会主义新农村建设到新型城镇化》，《学习与探索》2014年第1期。

于利用了生态学中的"共生理论",从政治生态学的视角对城乡关系进行理论解读,提出了城乡互惠共生发展的核心分析性概念。"城乡共生式发展"是指农村、中小城镇和中心城市这几个具有复杂相关关系的共生单元,在制度、政策、市场等内外环境因素的影响下,彼此在城乡空间、工业与农业、城乡产业、物流体系等方面相互作用,形成的一系列共生形态和治理模式的总称。在此基础上,他分析了理想型的城乡共生发展格局,即"政治共享、经济共荣、文化共融、社会共建、生态共治"的城乡共生发展格局。[①] 郑瑞强、朱述斌(2018)按照"人的流动引致城乡发展时空格局重构"逻辑,基于江西省寻乌的实地调研,从功能分区合理科学、产业衔接无缝平等、治理体系健全完善、公共服务全面优质、文化休憩需要提高等方面探讨了乡村未来和新型城乡关系的本质。[②] 韩文龙、吴丰华(2020)提出新时代推进城乡融合发展,关键在于处理好城乡关系、工农关系、农民与市民关系、农村市场与城市市场这四对关系,本质在于实现工农城乡的共享发展和高质量发展。[③]

　　无论是在研究中,还是在现实中,都涉及一个和新型城乡关系有着紧密关联的概念,就是城乡融合。党的十九大报告中提出"要坚持农业农村优先发展,按照产业兴旺、生态宜居、乡风文明、治理有效、生活富裕的总要求,建立健全城乡融合发展体制机制和政策体系,加快推进农业农村现代化"[④]。乡村振兴成为新时代下处理农业农村问题的总要求,"农业农村优先发展"是实现城乡融合发展的前提和条件,而推进城乡融合发展的关键是建立健全城乡融合发展的"体制机制和政策体系",目的是"推进农业农村现代化"。对此,我

---

① 武小龙:《城乡对称互惠共生发展:一种新型城乡关系的解释框架》,《农业经济问题》2018 年第 4 期。

② 郑瑞强、朱述斌:《新型城乡关系、乡村未来与振兴之路:寻乌调查思考》,《宁夏社会科学》2018 年第 3 期。

③ 韩文龙、吴丰华:《新时代城乡融合发展的理论内涵与实现路径》,《马克思主义与现实》2020 年第 2 期。

④ 习近平:《决胜全面建成小康社会　夺取新时代中国特色社会主义伟大胜利——在中国共产党第十九次全国代表大会上的报告》,人民出版社 2017 年版,第 32 页。

们的理解是:如果将城乡融合理解为一个名词,那么它代表一种状态,这种状态就是新型城乡关系的最核心范畴;如果将城乡融合理解为一个动词,它更多的是代表城乡融合发展,而这是实现新型城乡关系的最主要途径。对于什么是城乡融合和城乡融合发展,学者也做了多角度解读。

在马克思看来,城乡融合是城乡关系发展的最高境界,这里我们对马克思经典文本进行简要解读:在马克思那里,城乡融合首先表现为城乡分工的消灭,"从事农业和工业的将是同一些人,而不再是两个不同的阶级,单从纯粹物质方面的原因来看,这也是共产主义联合体的必要条件"①。其次表现为工业农业的紧密联系,"只有使人口尽可能地平均分布于全国,只有使工业生产和农业生产发生紧密的联系……才能使农村人口从他们数千年来几乎一成不变地在其中受煎熬的那种与世隔绝的和愚昧无知的状态中挣脱出来"②。再次表现为城乡居民的全面发展,"由社会全体成员组成的共同联合体来共同地和有计划地利用生产力;把生产发展到能够满足所有人的需要的规模;结束牺牲一些人的利益来满足另一些人的需要的状况;彻底消灭阶级和阶级对立;通过消除旧的分工,通过产业教育、变换工种、所有人共同享受大家创造出来的福利,通过城乡的融合,使社会全体成员的才能得到全面发展"③。最后表现为城乡生活的融合,"公民公社将从事工业生产和农业生产,将把城市和农村生活方式的优点结合起来,避免二者的片面性和缺点"④。

沿着马克思的城乡融合思想,国内学者对城乡融合进行了分析和解读。费利群和滕翠华(2010)分析了马克思的城乡关系理论,认为马克思的城乡关系理论是沿着城乡混沌—城乡对立—城乡关联—城乡统筹—城乡融合的历史

---

① 《马克思恩格斯选集》第一卷,人民出版社2012年版,第308页。
② 《马克思恩格斯选集》第三卷,人民出版社2012年版,第265页。
③ 《马克思恩格斯选集》第一卷,人民出版社2012年版,第308、309页。
④ 《马克思恩格斯选集》第一卷,人民出版社2012年版,第305页。

发展脉络推进的。在此基础上,他们提出马克思的城乡融合思想在当代的实现形式就是城乡产业一体化。① 张晖(2018)认为,我国城乡关系由城乡不平等到城乡统筹发展再到城乡一体化和城乡融合的发展演进,正是我国从基本国情出发,遵循马克思恩格斯城乡关系融合理论所揭示的客观规律的结果。② 许彩玲、李建建(2019)基于马克思主义城乡关系理论,提出城乡融合发展的目标是要实现人的全面发展和人与自然和谐相处,为实现这一目标,则必须将城乡看成是有机整体,通过城乡之间要素对流、紧密的产业联系、功能互相补充,生产生活方式趋同,促进生态环境和谐等方式来实现。③ 郭殿生、宋雨楠(2019)将马克思恩格斯的城乡融合思想与中国新时代的实践特征联系起来,从以人民为中心的价值内核,以发展生产力为核心手段等方面进行了论证。④韩文龙、吴丰华(2020)提出新时代城乡融合是基于中国实际对马克思主义城乡融合思想的创新和发展,是全面建设社会主义现代化强国的根本要求,也是坚持以人民为中心的发展思想和落实新发展理念的具体体现。⑤

三、研究新型城乡关系和城乡融合发展的实现途径的文献综述

对于如何从城乡分割走向城乡融合,形成新型城乡关系,学者进行了大量研究,形成了以下几篇代表性文献:

第一篇文献强调提高农村人力资本对促进城乡融合的作用。人力资本的集中导致私人资本对人力资本的投资产生溢出效应,有助于提高城市迁移人

---

① 费利群、滕翠华:《城乡产业一体化:马克思主义城乡融合思想的当代视界》,《理论学刊》2010 年第 1 期。
② 张晖:《马克思恩格斯城乡融合理论与我国城乡关系的演进路径》,《学术交流》2018 年第 12 期。
③ 许彩玲、李建建:《城乡融合发展的科学内涵与实现路径——基于马克思主义城乡关系理论的思考》,《经济学家》2019 年第 1 期。
④ 郭殿生、宋雨楠:《马克思恩格斯城乡融合思想的新时代解读》,《当代经济研究》2019 年第 2 期。
⑤ 韩文龙、吴丰华:《新时代城乡融合发展的理论内涵与实现路径》,《马克思主义与现实》2020 年第 2 期。

口的生产率。罗伯特·卢卡斯（Lucas，1988、2004、2009），乔纳森·伊顿
（Jonathan Eaton）、茨维·埃克斯坦（Zvi Eckstein，1997），爱德华·格莱泽
（Edward Glaeser，1999）、格拉瑟（Glaeser）和马尔（Mare，2001）①②③④⑤⑥，郭
剑雄（2005）强调促进城乡融合的政策重点应该是提高农业劳动力的人力资
本水平，并降低农村生育率。⑦ 当然，其降低生育率的建议放在今天未必合
理，但是提高农业劳动力的人力资本确实是提高农业劳动生产率，进而促进城
乡融合的长效措施。黄小明（2014）分析了收入差距、农村人力资本深化以及
城乡融合间的相互关系，提出农村人力资本深化使农村内部各行业、各群体之
间的收入差距不断缩小，进而促进城乡融合的假说，并进行了实证分析。⑧ 魏
后凯（2020）也对这一问题进行了扼要分析。⑨

　　第二篇文献强调改善偏向性人口流动政策对促进城乡融合的作用。陈
钊、陆铭（2008）运用一个政治经济学模型，他们认为之所以会出现城乡分割
的经济政策，是因为在相关决策中，政策倾向于城市居民的利益。反之，要实
现从城乡分割到城乡融合的转变，就必须改变从城市利益出发、由城市单方面
制定人口流动政策的局面。⑩ 陈斌开和林毅夫（2013）也关注到了这一问

———————————

　　① 　Robert E. Lucas, "On the Mechanics of Economic Development", *Journal of Monetary Economics*, Vol.22, No.1, 1988, pp.3–42.

　　② 　Robert E.Lucas, "Life Earnings and Rural–Urban Migration", *Journal of Political Economy*, Vol.112, No.1, 2004, pp.S29–S59.

　　③ 　Robert E.Lucas, "Ideas and Growth", *Economica*, Vol.76, No.301, 2009, pp.1–19.

　　④ 　Jonathan Eaton, Zvi Eckstein, "Cities and Growth: Theory and Evidence from France and Japan", *Regional Science and Urban Economics*, Vol.27, No.4–5, 1997, pp.443–474.

　　⑤ 　Glaeser, L.Edward, "Learning in Cities", *Journal of Urban Economics*, Vol.46, No.2, 1999, pp.254–277.

　　⑥ 　Glaeser, L.Edward, Mare, C.David, "Cities and Skills", *Journal of Labor Economics*, Vol.19, No.2, 2001, pp.316–342.

　　⑦ 　郭剑雄：《人力资本、生育率与城乡收入差距的收敛》，《中国社会科学》2005 年第 3 期。

　　⑧ 　黄小明：《收入差距、农村人力资本深化与城乡融合》，《经济学家》2014 年第 1 期。

　　⑨ 　魏后凯：《深刻把握城乡融合发展的本质内涵》，《中国农村经济》2020 年第 6 期。

　　⑩ 　陈钊、陆铭：《从分割到融合：城乡经济增长与社会和谐的政治经济学》，《经济研究》2008 年第 1 期。

题,他们认为我国在计划经济时代执行的赶超战略的经济后果就是城市难以吸纳大量人口就业,导致城市化水平长期偏低,低水平城市化进一步扩大并固化了城乡收入差距。① 周立群、王向(2013)对服务业发展缩小城乡收入差距、促进城乡融合的作用进行了研究。② 孙久文、周玉龙(2015)的研究提供了关于劳动力迁移与城镇化和城乡差距的经验证据。③ 以上研究的政策含义是继续消除城乡分割的制度性障碍,为服务业发展提供更宽松和优惠的政策条件。蔡继明、李蒙蒙(2019)从政策角度提出加快户籍制度改革的建议。④

付伟(2018)的研究则关注到了另一类群体——乡村产业及其就业者。传统理论认为,乡村产业应该随着城市制造业的兴起而衰败,但我国实际却是其不断发展壮大,这与经典理论的解释完全不同。他以浙江省 L 市偏远乡村地区的来料加工为例,就这一问题从社会基础的角度进行了分析:来料加工的生产过程紧紧"嵌入"乡土社会,后者的人际关系与社会伦理确保来料加工的生产管理能够实现,其中"曲尽人情"是社会伦理的具体运作机制。可以说,来料加工塑造了独具特色的乡村发展和社会转型道路。⑤

第三篇文献强调城乡要素错配以及改善城乡要素配置、实现城乡要素互相流动对城乡融合的作用。王颂吉、白永秀(2013)认为,在以追求经济增长为中心的发展战略指引和相关制度安排下,地方政府对于生产要素配置存在明显的非农偏向,由此造成的要素错配是导致城乡二元经济结构转化滞后的

---

① 陈斌开、林毅夫:《发展战略、城市化与中国城乡收入差距》,《中国社会科学》2013 年第 4 期。

② 周立群、王向:《城乡融合、服务业增长与城乡居民收入差距——基于新兴古典经济学的经验研究》,《财经研究》2013 年第 10 期。

③ 孙久文、周玉龙:《城乡差距、劳动力迁移与城镇化——基于县域面板数据的经验研究》,《经济评论》2015 年第 2 期。

④ 蔡继明、李蒙蒙:《中国城乡融合发展的制度障碍及政策建议》,《河北学刊》2019 年第 4 期。

⑤ 付伟:《城乡融合发展进程中的乡村产业及其社会基础——以浙江省 L 市偏远乡村来料加工为例》,《中国社会科学》2018 年第 6 期。

重要原因。[1] 赵东明、白雪秋(2015)依循着马克思的生产力发展引致城乡关系变迁的理论,提出要实现城乡协调发展,必须要促进城乡要素流动以及城乡联动,以破除阻碍农村生产力发展的束缚。[2] 金成武(2018)分析了城乡融合发展的理论基础,提出城乡之间财富可积累性的差距是导致城乡差距的主要原因。为了促成城乡一体化发展,则需要完善城乡之间的要素流动机制——实现要素城乡双向流动。[3] 刘明辉、卢飞(2019)的经验研究发现我国农业部门较非农业部门的生产要素错配状态更为严峻,且城乡要素配置远偏离理想水平的基础上,提出要改善农业部门和非农业部门的要素配置状况。[4] 周月书、王悦雯(2015)的研究也提供了关于城乡要素配置的经验分析。[5]

在诸多要素中,土地无疑是农村最为重要的生产要素。大量学者也从促进农村土地要素流转、改革农地制度等角度做了分析。卡特里娜·穆兰(Katrina Mullan)、波琳·格罗斯让(Pauline Grosjean)和安德里亚斯·康托莱昂(Andreas Kontoleon,2011)认为,除了户籍制度,农村土地使用权也是阻碍劳动力人口迁移的主要因素,并研究了土地使用权属和参与外部劳动力市场之间的关系,发现土地权属安全性与劳动力迁移正相关。[6] 陈睿山等(2014)将扎林斯基(Zelinsky)的流动性转移模型和土地使用转移理论联系起来,认为农村劳动力人口外迁和土地利用变化紧密相关,人口外迁导致城市用地需

---

① 王颂吉、白永秀:《城乡要素错配与中国二元经济结构转化滞后:理论与实证研究》,《中国工业经济》2013 年第 7 期。

② 赵东明、白雪秋:《城乡协调发展的理论基础及启示》,《经济纵横》2015 年第 4 期。

③ 金成武:《城乡融合发展的理论基础:财富可积累性视角》,《经济学动态》2018 年第 12 期。

④ 刘明辉、卢飞:《城乡要素错配与城乡融合发展——基于中国省级面板数据的实证研究》,《农业技术经济》2019 年第 2 期。

⑤ 周月书、王悦雯:《二元经济结构转换与城乡资本配置效率关系实证分析》,《中国农村经济》2015 年第 3 期。

⑥ Katrina Mullan, Pauline Grosjean, Andreas Kontoleon, "Land Tenure Arrangements and Rural-Urban Migration in China", *World Development*, Vol.39, No.1, 2011, pp.123-133.

求增加,总居住区的数量增加,相应优质耕地数量减少,为解决这一系列问题,政府应采取相应的政策措施,如采取土地分区和生态保护措施,鼓励非外迁人口调整其土地所有权,通过补贴农业用地、改善农村基础设施和农民生活条件来保护非外迁人口的利益。[①] 张晓山(2014)认为,促进城乡统筹、构建新型城乡关系的最大制约是我国现行土地制度。他提出土地财政与土地金融不可持续,必须全面深化改革,让农民分享土地的增值收益,赋予农民更多的财产权利。[②] 李玉恒等(2015)以环渤海地区为例,通过理论和实证分析,提出土地转换率和城乡转型程度密切相关,文章建议调整土地配额分配制度使之适应不同地区经济社会发展差异,从而控制耕地过快流转,提高土地利用效率,实现地区协调发展。[③] 刘耀林等(2015)采用了国家土地调查的矢量地图和数据以及土地利用的计量经济学模型,对城乡建设用地的时空变化进行分析,认为在城乡协调发展的过程中出现了城乡建设用地扩张速度过快、集约化加剧、耕地数量急剧减少、农村建设用地分割化等现象。因此,要合理调整城乡建设用地规模以加强城乡土地利用的定量联系,优化城乡空间体系以打破城乡空间分割,提高城乡土地利用效率以缓解土地利用压力,调整城乡生产生活生态空间以激活乡发展要素,最终促进城乡转型发展。[④] 刘守英(2018)将视角放在从乡土中国到城乡中国的现代化转变上,提出了推动城乡互动的土地配置制度改革、

---

① Ruishan Chen, Chao Ye, Yunlong Cai, Xiaoshi Xing, Qiong Chen, "The Impact of Rural Out-Migration on Land Use Transition in China: Past, Present and Trend", *Land Use Policy*, Vol.40, 2014, pp.101-110.

② 张晓山:《全面深化改革,构建新型城乡关系——从社会主义新农村建设到新型城镇化》,《学习与探索》2014年第1期。

③ Yuheng Li, Yurui Li, Hans Westlund, Yansui Liu, "Urban-Rural Transformation in Relation to Cultivated Land Conversion in China: Implications for Optimizing Land Use and Balanced Regional Development", *Land Use Policy*, Vol.47, 2015, pp.218-224.

④ Yaolin Liu, Ti Luo, Zhongqiu Liu, Xuesong Kong, Jiwei Li, Ronghui Tan, "A Comparative Analysis of Urban and Rural Construction Land Use Change and Driving Forces: Implications for Urban-Rural Coordination Development in Wuhan, Central China", *Habitat International*, Vol.47, 2015, pp.113-125.

宅基地制度改革等政策建议。① 张合林(2019)也分析了城乡统一的土地市场制度对提高农村土地资源利用效率、乡村振兴、高质量城镇化、农业农村内生增长的作用逻辑与机理,并重点分析了如何构建城乡统一的土地市场制度框架,以及选择经营性建设用地入市的合适方式和途径。②

第四篇文献从马克思城乡关系理论出发进行研究。张晖(2018)从马克思恩格斯城乡融合理论出发,提出我国新时代推进城乡融合发展需要做三方面工作:大力推进乡村振兴和新型城镇化协调发展,提升城乡融合发展动能;建立健全城乡融合发展体制机制和政策体系,破解城乡二元结构的制度"瓶颈";逐步发展壮大农村集体经济,不断增强农村自我发展的内生动力。③ 张凤超、张明(2018)借助马克思空间正义的概念,指出城乡融合首先要在城乡产业联合发展领域实现突破,并历经分别以劳动过程融合、劳动决策融合、劳动价值融合为核心的城乡分配正义、城乡生产正义和城乡发展正义三个融合阶段。④

第五篇文献提出了促进城乡融合发展的系统性对策建议。韩俊(2018)认为,要破除城乡二元结构、实现城乡融合发展,建立相关体制机制和政策体系是最紧要的任务,主要围绕破除城市中心主义的发展观、树立城乡融合发展观,在城乡间均衡配置公共资源,促进城乡要素配置格局完善,开发农村人力资源等方面建立体制机制和政策体系。⑤ 林志鹏(2018)提出必须要解决产业、人才、文化、生态、组织这五个制约乡村振兴和城乡融合发展的关键问题。⑥ 武小龙(2018)认为,要实现他所提的城乡对称互惠共生发展,必须要遵

---

① 刘守英:《城乡中国的土地问题》,《北京大学学报(哲学社会科学版)》2018年第3期。
② 张合林:《以土地市场制度创新推动城乡融合发展》,《中州学刊》2019年第3期。
③ 张晖:《马克思恩格斯城乡融合理论与我国城乡关系的演进路径》,《学术交流》2018年第12期。
④ 张凤超、张明:《乡村振兴与城乡融合——马克思空间正义视阈下的思考》,《华南师范大学学报(社会科学版)》2018年第2期。
⑤ 韩俊:《破除城乡二元结构走城乡融合发展道路》,《理论视野》2018年第11期。
⑥ 林志鹏:《乡村振兴战略需要坚持城乡融合发展的方向》,《红旗文稿》2018年第18期。

循平等公正的对称性发展理念、双向合作的互惠性发展路径。① 李爱民
(2019)提出了促进城乡融合发展的路径,包含实现城乡统一规划、以城市群
作为城乡融合发展的主要空间,以促进产业融合创新,提高中心城市的带动辐
射作用,以县域经济为空间重点、提升县城带动辐射能力,促进农村土地制度
改革,创新城乡融合模式等方面。② 蔡继明、李蒙蒙(2019)提出,要破除城乡
二元体制,重点加快户籍、土地等制度改革,并配套财政、金融和社会资本制度
保障,以保证财力、推进城乡融合发展。③ 陈丹、张越(2019)提出,要实现城乡
融合发展,必须和乡村振兴战略配套进行,同时要构建新型社会治理体系、促
进城乡要素双向配置、促进城乡经济融合等。④ 韩文龙(2019)认为,城乡融合
发展的实质是农业农村高质量、共享发展,必须构建城乡一体化的资本要素市
场和劳动力市场、构建城乡均等的基础设施和公共服务体系,同时要促进实现
城乡产业融合、社会融合、要素市场融合、空间融合和生态文化融合五方面融
合,以推进农业农村现代化。⑤

还有部分文献关注到了城市对城乡融合的承载能力。杨林、郑潇(2019)
运用中国部分地级市样本,测算了城市承载力,并将城市分为示范型、潜力型、
更新型、特别关注型四类,并针对不同类型城市城乡融合的区域态势,提出不
同城市的差别化政策取向。⑥

① 武小龙:《城乡对称互惠共生发展:一种新型城乡关系的解释框架》,《农业经济问题》
2018 年第 4 期。

② 李爱民:《我国城乡融合发展的进程、问题与路径》,《宏观经济管理》2019 年第 2 期。

③ 蔡继明、李蒙蒙:《中国城乡融合发展的制度障碍及政策建议》,《河北学刊》2019 年第
4 期。

④ 陈丹、张越:《乡村振兴战略下城乡融合的逻辑、关键与路径》,《宏观经济管理》2019 年
第 1 期。

⑤ 韩文龙:《以城乡融合发展推进农业农村现代化》,《红旗文稿》2019 年第 1 期。

⑥ 杨林、郑潇:《城市具备城乡融合发展的承载力吗?——来自 100 个地级市的证据》,
《东岳论丛》2009 年第 1 期。

四、研究城乡融合发展与乡村振兴之间关系的文献综述

有些学者注意到了新型城乡关系和党的十九大提出的"乡村振兴"和"城乡融合"的关系。在党的十九大报告中,乡村振兴是实现城乡融合发展、构建新型城乡关系的手段和过程,即"按照产业兴旺、生态宜居、乡风文明、治理有效、生活富裕的总要求,建立健全城乡融合发展体制机制和政策体系"①。学者就此展开了讨论。何仁伟(2018)提出了两个分析性框架和概念,一是揭示了城乡融合发展和乡村振兴过程机理的城乡空间均衡模型,二是解释了城乡发展空间均衡的动态过程与传导机理的城乡等值线。② 王颂吉、魏后凯(2019)将乡村振兴和城乡融合的关系表述为:实施乡村振兴战略是破解乡村发展困境、实现城乡融合发展的内在要求。③ 刘彦随(2018)依据人地关系地域系统学说,认为城乡融合与乡村振兴的对象是一个包含了城乡融合体、乡村综合体、村镇有机体、居业协同体的乡村地域多体系统。重点在于推进城乡融合系统优化重构,加快建设城乡基础网、乡村发展区、村镇空间场、乡村振兴极等多级目标体系。④ 陈丹、张越(2019)分析了乡村振兴战略下城乡融合的逻辑、关键与路径。⑤

付伟(2018)提出实施乡村振兴战略,除在土地、金融、产业政策上对乡村加以扶持外,还需理顺乡土的社会基础,充分利用乡土的社会资源,激发乡村社会的内生性动力。⑥ 杜姣(2020)的研究认为,城乡关系实践类型的区域差异

① 习近平:《决胜全面建成小康社会 夺取新时代中国特色社会主义伟大胜利——在中国共产党第十九次全国代表大会上的报告》,人民出版社 2017 年版,第 32 页。

② 何仁伟:《城乡融合与乡村振兴:理论探讨、机理阐释与实现路径》,《地理研究》2018 年第 11 期。

③ 王颂吉、魏后凯:《城乡融合发展视角下的乡村振兴战略:提出背景与内在逻辑》,《农村经济》2019 年第 1 期。

④ 刘彦随:《中国新时代城乡融合与乡村振兴》,《地理学报》2018 年第 4 期。

⑤ 陈丹、张越:《乡村振兴战略下城乡融合的逻辑、关键与路径》,《宏观经济管理》2019 年第 1 期。

⑥ 付伟:《城乡融合发展进程中的乡村产业及其社会基础——以浙江省 L 市偏远乡村来料加工为例》,《中国社会科学》2018 年第 6 期。

在很大程度上决定了乡村振兴战略目标定位的区域差异,并将中国现有城乡关系总结为吸附型城乡关系、融合型城乡关系、并立型城乡关系等多种实践类型,并就不同类型的城乡关系中乡村的作用、乡村振兴目标等的异质性进行了分析。① 陈志钢等(2020)从全球乡村发展视角出发,总结和反思了代表性国家的乡村发展举措,提出现阶段进行乡村振兴、将其转化为经济可持续增长的动力,需要采取将乡村经济构建为城市经济平等伙伴的"城乡融合经济"发展模式。②

也有学者对运动式推动乡村振兴提出了反思。贺雪峰(2018)提出要警惕已经出现的激进式的乡村振兴解读,他认为从当前到 2035 年,我国乡村振兴的重点在于解决广大农村居民生产生活中的种种困难。同时,要将农村看成是现代化和城市化的稳定器和蓄水池,要保证在城市化和市场中失败的农民退回农村的退路。

五、简要评述

20 世纪 80 年代后,关于新型城乡关系的研究走过了城乡一体化、城乡经济社会一体化、城乡发展一体化、统筹城乡和城乡融合发展等几个大的发展阶段,我们对新型城乡关系的理论和实践研究不断丰富,所提出的分析性概念、研究进路和学术立场的中国化特征不断彰显。

同时,关于中国新型城乡关系的研究也存在一些有待改进的空间:第一,从研究范围来看,现有研究关照中国城乡发展的区域性差异不足,给出的构建新型城乡关系的政策建议也多在全国整体层面。但实际上,城乡关系的发展变迁离不开其所在区域的背景和经济社会条件。第二,从研究方法看,借鉴西方发展经济学理论开展的研究较多,一些研究也注重运用了多学科交叉融汇的方法,但是运用马克思主义政治经济学和中国特色社会主义政治经济学

---

① 杜姣:《城乡关系的实践类型与乡村振兴的分类实践》,《求索》2020 年第 1 期。
② 陈志钢、周云逸、樊胜根:《全球视角下的乡村振兴思考》,《农业经济问题》2020 年第 2 期。

的范式和话语体系开展的研究不多,这就不可避免地导致忽视中国城乡关系中的特殊性而给出不切合中国实际的新型城乡关系构建的对策建议。第三,从研究内容看,现有研究更多关注城乡空间、经济、收入等方面的差异以及在这些方面的城乡一体化水平,并产出了一些量化研究成果,但是从城乡社会、城乡文化和城乡生态环境等角度考察如何推进新型城乡关系建设、促进城乡融合发展的文献较少。第四,从关注重点看,现有关于构建新型城乡关系的研究多聚焦城市或乡村,重点从城市(更主要的是大城市)的发展辐射带动农村发展和乡村建设促进农村发展两个方面开展研究,而较少关注县城在推进城乡融合发展、构建新型城乡关系方面应该发挥但却被遗忘的重要作用。

第四节 文献计量分析

最后,本章对中国知网学术期刊网络(CNKI)和 Web of Science 数据库中的城乡关系主题文献开展文献计量分析,以更为全面、整体地刻画中英文文献对这一主题的研究,并展示一般性文献综述无法显示的信息。

一、对中文文献的计量分析

以中国知网学术期刊网络出版总库(CNKI)为文献来源,对中文文献进行计量分析。以“篇名”=“城乡关系”和“发表时间”=“2000—2020”和“来源类别”=“CSSCI”为检索式,检索范围为“学术期刊”,更新时间不限,剔除重复和不相关文献,最终共获取相关论文 264 篇。基于 CNKI 文献计量可视化分析方法对城乡关系的发文数量总体趋势、主要主题分布、次要主题分布、被引用次数、中国机构分布等方面展开初步分析。

在发文量总体趋势方面,2000—2020 年发文量呈波动上升趋势,并且2020 年还在继续增加,年平均发文量是 12.6 篇。具体来看,2000—2004 年发文量逐年增加,但增长较为缓慢、数量较少,均在 10 篇以下。2005 年发文量下降之后,2006—2008 年发文量增长明显,在 2008 年达到了 20 篇。2009—2015 年,发文数量相对稳定,大体保持在 15 篇左右。2016—2020 年,发文数量快速增加,2018 年突破了 20 篇,2020 年突破 30 篇。

在主要主题分布方面,在检索的 264 篇文献中,排名前五的主题有"城乡关系""中国城乡关系""新型城乡关系""乡村振兴""城乡关系理论""关系演变"。除"城乡关系"这一主题外,以"中国城乡关系"为主要主题的有 27 篇,以"新型城乡关系"为主要主题的有 17 篇,以"乡村振兴"为主要主题的有 10 篇,其余均为 10 篇以下。

不同于主要主题分布,其次要主题分布较为均匀,排名前 10 的次要主题分别是"城乡融合""城乡统筹""中国城乡关系""城乡融合发展""农民工""城乡一体化""城市化""城乡差距""工业化""城乡二元结构",文献数均在 10 篇以上,其中,以"城乡融合"为次要主题的文献数突破了 20 篇,这与我国进入城乡融合发展阶段密切相关。

从发文被引用次数看,将 264 篇文献中被引用次数排名前十位的文献进行整理(见表 1-1)。被引用次数最多的文章是 2004 年发表在《城市规划》第 3 期的《快速城市化地区城乡关系协调研究——以广州市市"城中村"改造为例》,作者是闫小培、魏立华、周锐波,共被引 524 次。其次是韩俊 2009 年发表在《改革》第 11 期的《中国城乡关系演变 60 年:回顾与展望》,共被引 166 次。再次是 2007 年发表在《中国经济史研究》第 1 期的《1949—2006 年城乡关系演变的历史分析》,作者是武力,共被引 144 次。

表 1-1　被引用次数分析

序号	被引次数	作者	题　目	期刊	期数
1	524	闫小培 魏立华 周锐波	《快速城市化地区城乡关系协调研究——以广州市市"城中村"改造为例》	《城市规划》	2004 年第 3 期

续表

序号	被引次数	作者	题目	期刊	期数
2	166	韩俊	《中国城乡关系演变60年:回顾与展望》	《改革》	2009年第11期
3	144	武力	《1949—2006年城乡关系演变的历史分析》	《中国经济史研究》	2007年第1期
4	126	蔡云辉	《城乡关系与近代中国的城市化问题》	《西南师范大学学报(人文社会科学版)》	2003年第5期
5	119	赵群毅	《城乡关系的战略转型与新时期城乡一体化规划探讨》	《城市规划学刊》	2009年第6期
6	113	叶超 陈明星	《国外城乡关系理论演变及其启示》	《中国人口·资源与环境》	2008年第1期
7	99	武廷海	《建立新型城乡关系　走新型城镇化道路——新马克思主义视野中的中国城镇化》	城市规划	2013年第11期
8	96	郑国 叶裕民	《中国城乡关系的阶段性与统筹发展模式研究》	《中国人民大学学报》	2009年第6期
9	89	孙成军	《马克思主义城乡关系理论与我们党城乡统筹发展的战略选择》	《马克思主义研究》	2006年第4期
10	73	林聚任 王忠武	《论新型城乡关系的目标与新型城镇化的道路选择》	《山东社会科学》	2012年第9期

注:表中数据截止日期为2020年10月22日。

在发文机构方面,中国人民大学是发表"城乡关系"论文最多的机构,共有15篇;华中师范大学次之,有12篇。后面依次为四川大学、华东理工大学、兰州大学、华东师范大学、复旦大学、北京大学、武汉大学、西北大学,发文数均在5篇以上。

进一步运用Citespace文献计量软件进行中文文献分析。为了更好地呈现可视化分析结果,我们扩大了检索文献的条件,将更多文献纳入可视化分析。仍以中国知网学术期刊网络出版总库(CNKI)为信息来源,进行高级检索;以"篇名=城乡关系或关键词=城乡关系和发表时间=2000—2020和来源类别=CSSCI"为检索式,检索范围为学术期刊,更新时间不限;剔除重复和不相关文献,最终共获取相关论文 471 篇,运用 Citespace 对关键词进行分析。

关键词字号比较大的是"城乡关系""乡村振兴""城乡融合""城市化""城乡统筹""城乡一体化""新型城镇化""新型城乡关系""工业化""城镇化"。字号越大,表明对应主题词在文献图谱中出现的频次越高。

为进一步获得关于关键词的凸显强度和凸显持续性等信息,以此发现不同时段的研究热点以及研究热点的演变轨迹,我们在 Control Panel 中选择关键词凸显运算,得到了关键词凸显视图表(见表 1-2)。关键词共现分析和凸显分析能够相互印证,因而将二者结合起来进行综合分析。关键词字号最大的是"城乡关系",出现频次最多,但结合表 1-2 的关键词凸显结果看,"城乡关系"并不具有特别明显的凸显性。关键词出现频次排名第二、第三的分别是"乡村振兴""城乡融合",从表 1-2 可以看到,"乡村振兴"的凸显强度值(Strength)最大,高达 14.4241,"城乡融合"的凸显强度次之,为 7.7171,二者均在 2000 年首次发生共现,2018—2020 年发生凸显,现在仍是研究热点。凸显强度排名第三的关键词是"新型城镇化",凸显强度为 4.0319,"新型城镇化"在 2000 年发生共现,在 2012—2017 年发生凸显,成为研究焦点。此外,"城乡融合发展""乡村振兴战略"从 2018 年开始凸显,成为近几年的研究热点。

表 1-2　基于 CNKI 的关键词凸显表

Keywords（关键词）	Year（年份）	Strength（凸显强度）	Begin（开始年）	End（结束年）	2000—2020 年
城市	2000	3.1539	2001	2012	
工农关系	2000	1.8752	2001	2003	
城乡差距	2000	1.9068	2003	2009	
统筹城乡发展	2000	1.9454	2006	2012	
城乡协调发展	2000	1.877	2006	2009	

续表

Keywords （关键词）	Year （年份）	Strength （凸显强度）	Begin （开始年）	End （结束年）	2000—2020 年
工业化	2000	3.1038	2007	2010	▭▭▭▭▭▭▭■■■▭▭▭▭▭▭▭▭▭▭▭
新农村建设	2000	2.2551	2007	2009	▭▭▭▭▭▭▭■■▭▭▭▭▭▭▭▭▭▭▭▭
二元结构	2000	3.201	2007	2011	▭▭▭▭▭▭▭■■■■▭▭▭▭▭▭▭▭▭▭
城乡统筹	2000	2.8598	2011	2012	▭▭▭▭▭▭▭▭▭▭▭■■▭▭▭▭▭▭▭▭
马克思主义	2000	1.9716	2011	2016	▭▭▭▭▭▭▭▭▭▭▭■■■■■■▭▭▭▭
新型城镇化	2000	4.0319	2012	2017	▭▭▭▭▭▭▭▭▭▭▭▭■■■■■■▭▭▭
城乡融合	2000	7.7171	2018	2020	▭▭▭▭▭▭▭▭▭▭▭▭▭▭▭▭▭▭■■■
乡村振兴战略	2000	3.0754	2018	2020	▭▭▭▭▭▭▭▭▭▭▭▭▭▭▭▭▭▭■■■
乡村振兴	2000	14.4214	2018	2020	▭▭▭▭▭▭▭▭▭▭▭▭▭▭▭▭▭▭■■■
城乡融合发展	2000	2.7291	2018	2020	▭▭▭▭▭▭▭▭▭▭▭▭▭▭▭▭▭▭■■■

二、对英文文献的计量分析

我们对 Web of Science 数据库中的英文文献进行可视化分析,以"主题＝城和乡（Urban and Rural）和发表时间＝2000—2021"为检索式,检索数据库为 Web of Science 核心合集,并对"类别＝Economics（经济学）"进行精练,剔除重复和不相关文献,最终共获取相关论文 2819 篇。对相关文献出版年、类别、机构、作者、来源期刊、国家或地区、研究方向、机构等方面展开初步分析。

从文献出版年份来看,2000—2006 年平均出版量均在 30 篇以下,波动幅度小,2007 年出版量大幅增加,由 2006 年的 29 篇增至 93 篇,是 2006 年的三倍多。2007—2020 年平均出版量呈现波动上升趋势,2008 年出版量突破 100 篇,2015 年突破 200 篇,2018 年出版量达到顶峰,为 291 篇。

在检索到的经济学类别的 2819 篇文献中,涉及环境研究的文献最多,共 403 篇。其次是发展研究,共 308 篇。再次是农业经济政策,共 266 篇。此外,区域城市规划、管理学、地理学种类的文献数量也均在 200 篇以上。

在发文机构方面,世界银行(The World Bank)是发表城乡主题论文最多的机构,共有 83 篇。国际农业研究磋商组织(CGIAR)次之,共有 77 篇。伦敦大学(University of London)位列第三,共发文 67 篇。国际食物政策研究所(IFPRI)、中国人民大学(Renmin University of China)发文量分别为 65 篇和 61 篇,均在 60 篇以上。排名前 25 位的机构发文量均在 20 篇以上。

在作者分布方面,发文数量最多的作者为罗斯高(Rozelle Scott)(斯坦福大学),共发文 18 篇;发文数量排列第二的作者是李实(北京师范大学),发文量为 14 篇;发文数量并列第三的作者是李晓春(南京大学)、马克·帕特里奇(Mark Partridge)(俄亥俄州立大学),均发文 12 篇;王晓兵(北京大学)、张舰(中央财经大学)发文量均为 10 篇。排名前 25 位的作者发文量均在 7 篇以上。从作者的国籍来看,发文数量排名前 25 位的作者有 17 位来自中国,其余 8 位来自国外。在城乡问题更为重要的中国,中国学者对城乡问题的关注度也更高。

从发文来源期刊看,发文量排名第一的杂志是《世界发展》(World Development),发文量为 129 篇;第二是《中国经济评论》(China Economic Review),发文量为 125 篇;第三是《能源政策》(Energy Policy),发文量为 108 篇。其余刊物刊文数量均在 60 篇以下。

从发文国家及地区层面看,发文数量最多的是美国,共 787 篇;排名第二的是中国,共 759 篇;排名第三的是英国,共 253 篇;澳大利亚、德国、印度、加拿大、荷兰的发文量分别为 166 篇、155 篇、117 篇、104 篇、104 篇。其余各国的发文量均在 100 篇以下。

进一步,我们运用 Citespace 软件对 2819 篇文献进行聚类分析。从施引文献的关键词中提取,一共聚成 13 类。按排序依次是刘易斯拐点(Lewis turning point)、城市失业(urban unemployment)、城市化(urbanization)、女性主义经济学(feminist economics)、适应性(adaptation)、汇款(remittances)①、社会网(social networks)、亚洲(Asia)、农村非农就业(rural nonfarm employment)、学校质量(school quality)、大气污染(air pollution)、脆弱性(vulnerability)、可获得性(accessibility)。

从施引文献的标题中提取,一共聚成14类。按排序依次为城市引擎(cities engine)、发展中国家(developing countries)、家庭消费(household consumption)、区域差距(regional disparities)、发展中的世界(developing world)、坦桑尼亚的农村(rural tanzania)、远大前程(great expectation)、二氧化碳排放量(carbon dioxide emission)、农村非农就业(rural nonfarm employment)、新贫穷陷阱(new poverty trap)、家庭脆弱性(household vulnerability)、大气污染(air pollution)、区域经济(regional economics)、经济转型(transition economy)。

---

① 在文献中,此关键词主要涉及农村金融、农户小额信贷等问题。

第二章 中国城乡关系演进的理论分析框架

在对具体城乡关系演进历史分析之前,我们首先要完成的理论任务是构建一个科学合适、逻辑自洽的分析中国城乡关系演进的理论框架,这是分析和理解中国城乡关系演进一般性和特殊性的有力分析工具。在本章第一节,我们将构建这个分析框架。进一步,在第二节,总体考察中国城乡关系演进,这节也是提出并论证的分析框架的初步应用和验证过程,其中既包含对分析框架的展开分析与充分论证,也包括对分析框架的扩展——中国城乡二元结构从经济一维到多维扩展的过程,还包括对分析框架的初步应用——概述中国城乡关系的演进。第三节将扼要分析笔者提出的这个分析框架的一些特点和在学理、话语和实践方面的可能贡献。本章集中体现了我们的研究特色——并非依循传统的二元经济结构理论展开,而是立足马克思主义政治经济学和中国特色社会主义政治经济学,用中国材料与案例讲述城乡关系变迁的中国故事。

第一节 分析框架的提出

二元经济结构理论自诞生以来,便成为分析城乡关系的首选模型。高帆

(2019)分析到,凡是涉及城乡二元结构,特别是城乡二元经济结构及其关系的文献,大部分研究工作都是基于发展经济学的二元经济理论展开的①,从第一章的相关文献综述也可以看出这一点。但是,发展经济学中经典的二元经济结构理论中所前置设定的诸多假设——"二元经济结构源于禀赋落差、资本——劳动比率恒定、城乡要素市场完备等"②,既与中国作为发展中大国的复杂实际相去甚远,也不符合近代以来中国不断发生制度转型、体制转轨的历史过程,更与中国作为并将坚持作为一个社会主义大国的制度背景不相契合。发展经济学在政策取向上,"把西方国家走过的工业化和城市化的过程归纳为一般发展模式,认为发展中国家只要依循同样的路径,也最终能成为发达国家"③。而我们的工作,正是要通过适当的理论分析和框架建构,通过契合中国实践的理论分析,最终在政策上给出中国迈向新型城乡关系的可行路径。

基于这样的理论使命,本书提出的理论和分析框架应注意分析中国城乡关系所必须关注的以下异质性特征。

第一,这个理论框架必须立足于以下根本命题——中国作为社会主义发展中大国如何迈向城乡融合。即中国这样一个从半殖民地半封建社会转变而来的、由中国共产党领导的实行社会主义制度的、仍在不断转轨和快速变化的发展中大国如何实现从较大的城乡差距,迈向城乡融合和城乡居民共同富裕。所以,运用这个理论框架讨论中国城乡关系的演变逻辑和内在机理,绝不是简单地对已有理论进行直接应用,而是要审视中国所走过的城乡关系之路,直面社会主义大国迈向城乡融合的历史使命,构建能够解释中国城乡关系、符合中国历史,既逻辑自洽,又具有中国风格的理论分析框架。

---

① 高帆:《从割裂到融合:中国城乡经济关系演变的政治经济学》,复旦大学出版社2019年版,第1页。

② 高帆:《从割裂到融合:中国城乡经济关系演变的政治经济学》,复旦大学出版社2019年版,第1页。

③ 张慧鹏:《城乡关系:以人为本还是以资为本?——毛泽东构建新型工农城乡关系的探索与启示》,《马克思主义与现实》2017年第6期。

第二,这个理论框架必须在方法论层面具有历史性——以马克思主义生产力与生产关系相互运动和制度分析为基本分析方法。从城乡关系的形成动因看,任何一国城乡关系的变迁本质上都是生产力发展的结果,但是现有分析都对这一点重视不足,在一定程度上回避了马克思主义的生产力与生产关系相互矛盾运动的分析工具。纵观中国近代以来180多年的历史,既恰逢人类前所未有的生产力快速发展和迭代的时期,也是生产关系快速变化的时期,更是建立在生产力与生产关系相互作用运动的经济基础上的经济制度快速变化的时代。具体来说,中国近代以来不断加速的城乡二元结构根源于生产力的快速发展和中国城乡旧式生产关系的瓦解与新生产关系的形成。中国的城乡二元结构与近代西方世界冲击亦有直接关系,而这种城乡二元结构又与新中国成立后计划经济时期所采取的重工业优先发展战略密切关联。从二元结构的转化机制看,中国城乡关系的演化是在半市场化①或市场化转型②的制度背景下发生的,这明显有别于要素市场完备假设下的二元经济结构的转化机制。所以,必须要在分析框架设计时体现与运用制度分析方法。所以,我们将重拾马克思主义政治经济学的生产力与生产关系矛盾运动分析法和制度分析思想,并将其体现在理论分析框架中。而且,在分析中,我们既注重生产力发展对城乡生产关系的形塑作用和决定性,也考虑中国制度和体制的快速转型,从质而言是生产关系和经济关系的快速转型,对生产力的反作用甚至是一定程度的决定作用。在一定程度上,这也是本书框架的一个特色和新意。

第三,这个理论框架必须纳入国家分析——涵盖国家战略与制度设计,国家与市场的关系等对中国城乡关系的影响。中国的特殊性在于有一个强大的国家和政府。在经济方面,这种强大的国家力量的一个突出表现就是国家制定发展战略和进行制度设计的能力。这些涉及工农业关系、城镇化策略、区域

---

① 无论是半殖民地半封建时期还是新中国成立之后很快转入的计划经济时期,都是不完全市场化。

② 指改革开放之后。

发展、产业发展等的发展战略,以及在所有制、劳动力流动制度、土地制度等方面的制度设计,自然会深入影响中国城乡关系的特征,其变化也自然会导致城乡关系的变化。进一步,在制度设计中,一个重要方面是如何处理国家、政府和市场三者之间的关系。在新中国成立之前,由于国家能力弱化和西方入侵,这种关系更多表现为"弱国家、小政府和不完善的市场"。新中国成立之后,我国较好协调了政府和市场之间的关系,形成了"党的领导—内生有为政府—有调节的市场""三位一体"的国家与市场的关系,这也在理论上逐渐突破了西方经济学和既有治理框架中简单的"政府—市场"的二维向度。这其中,党的领导反映了党对包括城乡发展在内的经济工作的集中统一领导。内生有为政府是掌握一定资源的,在特定经济体制下积极嵌入经济发展过程中的政府。特别是在改革开放后,逐渐表现为在市场发挥资源配置的决定性作用基础上的有为,和市场形成了互补而非替代关系;政府有为还因为中国的央地关系在不断发展变化中较好地处理了事权和财权在中央和地方之间的配置,形塑了竞争性的地方政府。[①] 有调节的市场则反映了中国的市场经济在党的领导和政府的宏观调控下,必要时表现为微观干预下的发展。上述国家战略与制度设计,以及形成的政党、国家与市场之间的关系,对中国城乡关系产生了多方面的重要影响,在我们的分析框架中必须予以考虑。

第四,这个理论框架必须考虑中国城乡二元结构及其转变的多维性。考察中国城乡二元结构,不仅涵盖经济关系这一个维度,而是包含更多维度——城乡二元社会、政治、文化、生态环境等从城乡二元经济结构和制度设计(亦可称城乡制度二元)中派生出来的多维二元结构。所以,这一分析框架还将在发展经济学的城乡二元经济结构的基础上进行多维拓展。如果具体考察城乡劳动力的配置过程,中国城乡之间劳动力的配置和优化涉及中国农民的职业转化、身份转化两个环节,而绝非简单的农业劳动力非农化问题。显然,这

---

① 关于竞争性地方政府的论述,参见孟捷、吴丰华:《制度—垄断地租与中国地方政府竞争:一个马克思主义分析框架》,《开放时代》2020 年第 2 期。

与传统二元经济结构理论的解释大为不同——中国城乡关系的演变不是唯一源自城乡间的劳动力资源错配。

基于以上判断和分析,我们构建了一个富于历史感的、能够逻辑自洽地分析中国近代城乡关系演进过程,又契合中国城乡本土化特征的马克思主义政治经济学和中国特色社会主义政治经济学相结合的城乡关系分析框架(见图2-1)。即"生产力发展+发展战略+制度选择→城乡制度和政策安排→城乡居民行为和城乡关系"的城乡关系演进分析框架。

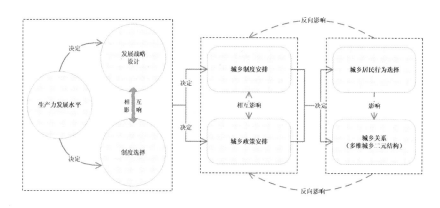

图 2-1　中国近代以来城乡关系演进的理论分析框架

注:图中凡是决定作用,用实线表示;凡是影响或者反向影响,用虚线表示。
资料来源:笔者自绘。

在这个理论分析框架中,生产力发展水平既是分析起点,也是自然的历史起点,它决定了国家采取何种发展战略以及安排何种制度。正如马克思所言,"社会制度中的任何变化,所有制关系中的每一次变革,都是产生了同旧的所有制关系不再相适应的新的生产力的必然结果"[1]。"在现代历史中,国家的意志总的说来是由市民社会的不断变化的需要,是由某个阶级的优势地位,归根结底,是由生产力和交换关系的发展决定的。"[2]当然,发展战略设计和制度

---

① 《马克思恩格斯选集》第一卷,人民出版社2012年版,第303页。
② 《马克思恩格斯选集》第四卷,人民出版社2012年版,第258页。

选择也会反过来影响生产力发展水平。而且,发展战略和制度选择之间是相互匹配、相互强化的互动关系。进一步,在"生产力水平和战略与制度选择"的指向和决定作用下,国家会对涉及城乡关系的制度和政策作出一系列安排,制度和政策之间也是相互匹配和互相影响的关系——城乡关系的制度安排决定了城乡关系政策的方向和内容,城乡关系政策在基层的实施及结果也会向上层反馈,决策层也会对城乡制度安排进行相应调整。接下来,"城乡制度+政策"的组合在决定了城乡居民(微观)行为的同时,也最终塑造了城乡关系的具体形态;反过来,城乡居民的行为选择和城乡关系的具体状态也在不断校准和反作用于城乡制度和政策安排。最终,不断调整的城乡制度和政策安排将推动城乡关系不断进步发展,中国的多重城乡二元结构将得以破解,最终实现城乡高质量融合发展、形成新型城乡关系。

需要进一步说明的是,因为制度变迁和城乡关系发展是一个相对缓慢的过程,即使一项重大变革性的制度出现,其制度效果的充分显现也将经历一个相对长时间的过程,所以,这个分析框架是一个相对宏观的、用于长期分析的框架,可能难以用于较短时间段的分析。同时,也是因为中国近代以来发生了数次的政权更替、制度变革,也恰逢世界生产力水平的三次大升级,所以,这个分析框架也是相对灵活的——分析框架中的所有要件未必都会出现在对近代以来各个阶段城乡关系演进的分析中。如在新中国成立之前,战乱不断、政权更迭、国家能力弱等因素导致国家(或中央政权)既不可能设计明确的发展战略,也不可能制定清晰的城乡关系制度和政策,即使设计了也难以保障执行。所以,在新中国成立之前的长时段里,分析框架中的上述要件(发展战略设计)将不是我们分析的重点所在。但是,这个分析框架中的其他核心要件——生产力发展、城乡政策、城乡居民(微观主体)的行为选择、城乡关系等,应该出现在对城乡关系全过程和每个阶段的分析中。所以,在确保核心要件纳入分析全过程的情况下,这一分析框架又具有一定的弹性。

第二节　分析框架的展开与初步应用

中国城乡关系的演变既表现在时间维度上的演进,也表现为内容维度上的拓展。这里我们将以上一节提出的分析框架为工具,分析近代以来中国城乡关系在上述两个维度的变化过程。而且,我们对时间维度的考察,将上溯至近代之前直到整个奴隶和封建社会,以获得中国城乡关系更具纵深历史感的考察。同时,我们将按照分析框架提出的中国城乡二元结构的复杂性,打破仅仅从经济二元结构出发对中国城乡关系的刻画,而拓展至社会、政治、文化、生态环境等多维,以更全面丰富地刻画中国城乡关系。

一、分析框架的展开

第一,生产力发展及其导致的社会分工是中国城乡关系演进的根本原因。企业对于交易效率提升的需要、城乡居民对于更美好生活的需要拓展了社会分工的水平,推动了专业化生产者在一定空间的聚集——城市兴起和发展,进而城乡经济分离。但是,社会分工也是一种结果,而真正能带来交易效率提升、满足城乡居民美好生活要求的是生产力的持续解放和发展,以及围绕解放和发展生产力所进行的国家战略制定和制度设计。而生产力的发展需要在一定的空间高度集聚资金、技术、人才和信息,城市正是这种集聚的产物。从普遍规律看,城市经济的集聚性所带来的高交易效率决定了城市的分工水平也必然相对较高。可以说,生产力在城乡两个不同空间的发展和集聚,导致了交易效率和分工水平在城乡之间的不平衡——正是城乡关系演进和二元结构形成与强化的根源。我们还要认识到中国历史上城市与农村的分工、农业和工商业的分工与工业革命后西方古典市场经济、第二次世界大战后现代市场经济条件下的分工相比,是低层次和不彻底的分工:一方面对农村而言,其手工业和商业是无法分割的,同时工商业和农业经营是难以分离的;

另一方面对城市而言,城市工商业对政权和上层社会的依附十分明显①,长期以来官营工商业和私营工商业之间分野明显,这种局面自汉武帝实行以盐铁官营为核心的经济干预政策开始,横亘整个中国古代社会,影响甚至持续到了今天。

第二,生产力发展驱动经济社会发展,进而带动中国城乡关系演进。一方面,经济社会发展必然带来城乡关系变化。另一方面,城乡关系变化又是经济社会发展的一个重要组成部分。把城乡关系投射到经济社会发展的整个过程中,可以看到中国城乡关系演进如人类城乡关系演进一样,经历了三个阶段:城乡相互依存—城乡分离—城乡统筹发展。在第一阶段"城乡相互依存"中,乡村率先诞生,而城市诞生于农村,农村是城市形成与发展的基础。在生产力水平低下的时代,城乡是相互依存的。在第二阶段"城乡分离"中,市场经济在中国的发展与扩散加快了城市化的进程。此"被动城市化"——工业化推动的城市化,使得本来就存在的城乡分离进一步被强化。在第三阶段"城乡统筹发展"中,"被动城市化"升级为"主动城市化",即城市化成为经济社会发展的首要因素,带动各种产业发展,从而推动城市各方面协调发展,并通过其渗透辐射作用,推动城乡逐步融合,最终实现城乡统筹发展。由此可见,由生产力进步所驱动的经济社会发展是中国城乡关系演进的重要因素,带动了中国城乡关系发展。

第三,生产力发展水平、战略选择和制度设计三者相互作用,决定了城乡制度和政策安排。一个国家的生产力发展水平决定了这个国家选择何种发展战略和经济制度,即马克思所论述的经济基础决定上层建筑。当然,我们不可忽视发展战略设计和制度选择对生产力发展水平的反作用,如在新中国成立后不久开始进行的社会主义改造。按照马克思生产力决定生产关系的观点,显然当时的生产力发展程度并没有达到能够实现生产资料公有制,进而建设

---

① 齐涛:《中国古代经济史》,山东大学出版社 2011 年版,第 10 页。

社会主义的水平,但是我们依然开始推进生产资料公有制改革并推进社会主义生产关系改造,并确定了重工业优先发展的国家战略。反过来,这种超前的社会主义制度设计和经济发展战略选择又倒逼我们必须加快生产力的加速发展。而且,发展战略和制度选择之间相互匹配、相互强化。如我国在20世纪70年代末期80年代初期将国家战略从"以阶级斗争为纲"转变为以经济建设为中心,相应的制度设计就更多考虑了改革开放和经济建设为中心任务的要求,转向了更加偏向市场的经济制度——从有计划的商品经济到社会主义市场经济。进一步,"生产力水平—战略设计—制度选择""三位一体"的体系决定了国家所设计的涉及城乡关系的制度,以及所采取的城乡关系政策。如在计划经济年代,我们为了推进重工业优先发展的战略和社会主义公有制,在当时的国际环境外部压力和国内积累不足的双重约束条件下,只能采取偏向城市、以农业剩余补贴工业发展的城乡关系策略和一系列相应的制度和政策安排。当然,城乡关系政策的实施及结果也会向上反馈,城乡制度安排也会进行相应调整。

第四,城乡制度和城乡政策决定城乡居民的微观选择和城乡关系的状态。城乡居民的微观行为,特别是收入水平相对较低的农村居民的微观行为——如生产、消费、储蓄、购房、迁徙等,相较于城市居民,具有更强的风险规避特征和"安全第一"的性质(弗兰克·艾利思,2006)[①],而且农业生产经营在地域上又高度分散。显然,这都与城市工业与服务业的生产经营状态以及城市居民的行为特征有较大区别。在这种情况下,农村居民的微观行为和选择更容易受到城乡关系制度和政策的影响,因为他们更加敏感脆弱、经济约束更紧、选择集也更加有限。比如在计划经济时代的人民公社制度和改革开放后的家庭联产承包责任制之下,可以观察到农民的行为有明显的区别。所以,城乡关系的政策和制度安排以及他们所影响的城乡居民的微观行为一起塑造了中国

---

① [英]弗兰克·艾利思:《农民经济学:农民家庭农业和农业发展》,胡景北译,上海人民出版社2006年版。

复杂的城乡关系的状态,我们将会在以下部分分析中国多维城乡二元结构的生成和发展过程。反过来,城乡关系的状态也会起到反作用,国家和政府会依据城乡关系出现的问题和矛盾调整城乡关系的制度和政策。在这个不断"作用—反馈"的调整过程中,城乡关系会不断向前发展,对中国而言,我们所期待的城乡关系发展的理想状态是缩小城乡差距、破解多维城乡二元结构、实现城乡融合、形成新型城乡关系。

二、分析框架的扩展——中国多维城乡二元结构的生发

在提出我们的研究框架时,已经论述刘易斯二元经济结构理论在解释中国城乡问题时的不适应症之一在于这一理论只分析了城乡二元经济结构。显然,自近代以来,中国城乡二元结构远远不是简单的经济二元结构就可以刻画的,而是渗透到政治、社会、文化和生态环境等方面,对此已经在分析框架中做了简要论述。在这一部分,将展开论述近代中国城乡从经济二元向多维二元的扩展过程,如图 2-2 所示。

图 2-2　中国近代城乡多维二元结构扩展过程

第一,城乡二元经济结构的形成与扩展。鸦片战争后,外来的资本主义生产方式及其商品体系、市场经济文化、工业文明等开始冲击我国传统的封建制度下的生产方式及其产品体系、自然经济文化和农耕文明。随后,19 世纪 70 年代,中国官僚资本和民族资本也逐渐发展起来,客观上看,这些因素和西方侵入的资本主义生产方式、工业文明和市场经济文明一起,剧烈地冲击了整个国家的经济运行的逻辑和城乡关系的稳定状态。这一冲击首当其冲就表现为中国商品市场的发展、货物进出口的快速增长,如表 2-1 所示,从 1895 年至

1913 年,中国铁路建设、通商口岸进出货物量、内河货运量和进口贸易值都明显增长。自此,中国城乡之间的经济联系更加紧密——农村由原来单纯为城市提供粮食,增加了为城市工业部门提供工业原料和工业制成品去路的功能。同时,城乡也加速分离。民国期间,逐渐壮大的买办和官僚资本,与外国资本合流,继续冲击中国的城乡关系,在中国的大城市中,形成了一定规模和数量的现代工业部门,而在农村中,虽有市场经济的侵染,但是仍然维持着传统农业部门,两个部门的劳动生产率逐渐拉大,并开始出现了规模更大的农村居民向城市的流动。这样,城乡二元经济结构在中国逐渐形成。从城乡二元经济结构的内涵看,至少涉及产业、空间、居民三个方面的城乡经济的异质性[1]。值得注意的是,这一时期城乡二元结构主要表现在经济方面,尚未向其他维度扩展。

表 2-1　1895 年、1913 年中国铁路货运、通商口岸和内河货运变化情况

交通、货运情况	1895 年	1913 年	增加倍数
铁路公里(公里)	364	9618	25.4
铁路货车(辆)	5937	10652	0.8
通商口岸进出船只(艘)	37132	190738	4.1
通商口岸货运量(千吨)	29737	93335	2.1
内河货运量(千吨)	54	120	1.2
进口贸易值(千两)	171679	570163	2.3

资料来源:汪敬虞:《中国近代工业史资料》第二辑,下册,科学出版社 1957 年版,第 1096 页。

　　第二,城乡二元政治结构的形成与固化。新中国成立后,国家很快制定了计划经济体制下优先发展重工业的国家战略,主要体现在轻工业和重工业、农

---

　　[1]　对这三方面异质性的分析,可参见高帆:《中国城乡要素交换关系完善的理论研究与实证分析》,上海人民出版社 2016 年版,第 50—53 页。

业和工业、城市和农村的非均衡发展。为了保证这一经济发展战略的顺利实施,同时也是作为这一发展战略的主要组成部分,国家制定了严格的户籍制度。[①] 户籍制度发挥了以下经济作用:一方面,户籍制度将农民固定在土地上,因为在资金匮乏、外援不足的年代,要完成城市建设和工业积累的任务,只有在内部挖掘潜力——农业剩余就成为建设资金的重要来源。同时,将农民固定在农业生产上还可以防止农民进城后分享城市并不高的工资水平、公共服务和福利水平。另一方面,户籍制度的深入推行还锁死了历史上形成的城乡之间在居住空间、历史差距、产业部门和社会地位四个维度的差距并导致差距越来越大(见图2-3)。由此,在城乡二元经济结构的基础上,中国城乡二元政治结构逐渐形成且固化。

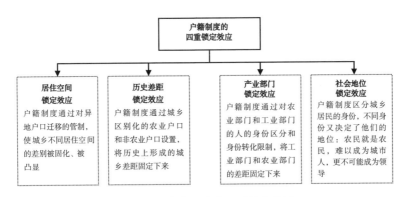

图2-3　户籍制度的四重锁定效用

资料来源:笔者自绘。

第三,城乡二元社会结构的产生与表现。随着计划经济体制的逐渐建立,中国城乡二元社会结构也逐渐形成。其一,城乡居民社会保障的水平差距较大。新中国成立后,党和国家高度重视提高农村社会保障水平,但是受财力限制,不可能在农村建立更高水平和更为完善的社会保障体系。所以,新中国成

---

　　① 户籍制度将公民分为农村户籍与城市户籍,对人口在城乡间的流动、城市招工范围、农转非的途径等做了极其详细的规定。

立之后,无法根本扭转近代以来中国城乡社会保障差距较大这一事实和趋势。① 当然,我们不能以今天的标准苛求新中国成立初期的水平和认识水准。时至今日,城乡之间社会保障也难以一体化,特别表现在农村社会保障在供给层次和水平方面,与城市存在差距。其二,以教育机会不平等为代表的城乡机会不平等十分突出,"只要处于优势地位的群体还有可能去提高他们的教育机会,教育机会不平等就会维持"——教育经济学中著名的"最大化维持不平等(MMI)假设",类似的还有"有效维持不平等(EMI)假设"。就中国而言,无论是新闻媒体的报道,还是严肃的实证研究,似乎都验证了这一假设在中国依然成立。② 究其原因,城乡间在各教育阶段(包括学前教育、义务教育和高中教育)都存在明显差距是根本原因。同时,进城农民工可能需要两代人甚至更久的时间,才能真正融入城市并让孩子接受和城市孩子一样的教育。而且,现行高考制度中的某些制度设计,如高考自主招生制度,也不利于农村孩子和城市孩子公平竞争。

第四,城乡二元文化结构的存在与强化。城乡二元文化结构一直存在,但差距并不大,差距逐渐拉大是在 1978 年改革开放之后,主要体现为以下三个方面:一是城乡经济文化形态差异逐渐显现,因为市场经济在城市的发展,城

---

① 1951—1966 年,国家陆续制定和颁布了《中华人民共和国劳动保险条例》《革命工作人员伤亡褒恤暂行条例》《国家机关工作人员病假期间生活待遇试行办法》《工人、职员退休处理暂行规定》《关于改进公费医疗问题的通知》《关于改进企业职工劳保医疗制度几个问题的通知》等一系列政策法规,在城市建立起了水平虽低但却完备的社会保障体系,但农村却相对匮乏。

② 在媒体报道方面,如有媒体指出:中国重点大学农村学生比例自 1990 年起不断滑落:北京大学农村学生所占比例从 1978—1998 年的三成跌至 2000 年以后的一成,清华大学 2010 级农村生源仅占 17%。具体参见《农村学生难入名牌大学,北大占比从三成跌至一成》,《重庆晚报》2011 年 8 月 7 日。而且,近几年依然呈现下降趋势,并没有得到有效缓解。在学术研究方面,李春玲(2010)、Yinmei Wan(2006)都对 1999—2002 年的中国大学扩招与教育机会均等化进行了研究,实证分析显示:大学扩招没有减少阶层、民族和性别之间的教育机会差距,反而导致了城乡之间的教育不平等上升。具体可参见李春玲:《高等教育扩张与教育机会不平等——高校扩招的平等化效应考查》,《社会学研究》2010 年第 3 期; Yinmei Wan, "Expansion of Chinese Higher Education Since 1998: Its Causes and Outcomes", *Asia Pacific Education Review*, Vol.7, No.1, 2006, pp.19-31.

市市场经济文化和农村自然经济文化的差异逐渐显现。二是城乡居民思维方式差异明显。一个形象的说法是："城市人偏好关注自己的明天，而农村人喜欢关注别人的昨天。"三是城乡居民生活方式、消费方式差异逐渐显现且越发明显。

第五，城乡二元生态环境结构的形成与逆转。随着近代城市的发展，特别是近代工业在城市发展和城市人口不断聚集，之前城乡十分接近的生态环境开始分化——城市生态环境开始恶化，相较之下，农村生态环境相对较好。这种情况在新中国成立之后被延续下来，而且随着重工业在城市的发展和城市人口进一步快速扩张，城市环境进一步恶化。中国经济社会实现跨越式发展的同时，也付出了巨大的资源环境代价。粗放的经济增长方式下，自然资源过度开采，生态环境遭受破坏，中国经济增长长期依赖的"资源红利"逐渐衰减，生态环境的经济发展"约束效应"日益凸显。近年来，国家高度重视生态环境问题，2012 年党的十八大报告指出："必须树立尊重自然、顺应自然、保护自然的生态文明理念，把生态文明建设放在突出地位，融入经济建设、政治建设、文化建设、社会建设各方面和全过程，努力建设美丽中国，实现中华民族永续发展。"① 2015 年 10 月，党的十八届五中全会强调，"实现'十三五'时期发展目标，破解发展难题，厚植发展优势，必须牢固树立创新、协调、绿色、开放、共享的发展理念"②。其中，绿色发展就是要通过转变发展方式、保护生态环境，实现可持续发展。习近平总书记也亲自提出了阐述绿色发展观的"两山"理论。实践中，对生态环境的大规模治理和保护在城乡同步展开，在城市，治理目标是新型城镇化建设中提出的"宜居宜业"以及各地提出的"田园都市"等；在农村，治理目标是乡村振兴战略中提出的"生态宜居"。

---

① 胡锦涛：《坚定不移沿着中国特色社会主义道路前进　为全面建设小康社会而奋斗——在中国共产党第十八次全国代表大会上的报告》，人民出版社 2012 年版，第 39 页。

② 《十八大以来重要文献选编》，人民出版社 2016 年版，第 792 页。

所以,当前我国城乡生态环境呈现复杂的二元结构特征:大部分城市空气污染严重、环境劣于农村,但是环境治理水平高于农村;大部分农村自然环境明显好于城市,但是垃圾处理、污水处理等尚处起步阶段,环境治理水平低于城市。沈清基(2012)的研究显示,我国城乡生态环境"存在明显的二元化倾向,即城乡在生态环境的结构、功能、质量等方面存在差异"[①]。

进一步,还需要说明这五重二元结构之间的关系。第一,从时间角度看,五重二元结构在时间上并非相互继起。五重城乡二元结构的产生和发展并不完全重合:二元经济结构和政治结构贯穿城乡关系发展的全历史;二元政治结构则在新中国成立后出现了新变化;二元社会结构是二元经济和政治结构共同起作用的结果;二元文化和生态环境结构也是早已出现的状况,前者处在一个不断被强化的过程中,后者则因为存在城市和农村在生态环境现状和环境治理两个维度的问题,而呈现更为复杂的状况。

第二,从空间角度看,五重二元结构在空间上并存。一方面,从中国整体看,五重城乡二元结构同时存在;另一方面,从区域看,不同区域五个维度城乡二元结构的分离程度和表现方式并不相同,对经济社会发展的影响程度也不相同,因此,我国不同区域破解城乡二元结构的政策重点和努力方向也应有所区别。

第三,从相互关系角度看,五重二元结构形成了相互嵌套的稳态。具体来说,城乡二元经济结构是五重城乡二元结构的基础,它在生产力和生产关系层面形塑了中国城乡关系的基本形态,也决定了其他四个维度的城乡二元结构的基本状态,即"城乡在社会、政治、文化、生态等方面的差别往往导源于经济差距"[②]。城乡二元政治结构由城乡二元经济结构形塑,同时,它也固化和影

---

① 沈清基:《城乡生态环境一体化规划框架探讨——基于生态效益的思考》,《城市规划》2012年第12期。

② 高帆:《从割裂到融合:中国城乡经济关系演变的政治经济学》,复旦大学出版社2019年版,第9页。

响了其他维度的城乡二元结构。就城乡二元社会结构而言,其既由城乡二元
经济结构决定和塑造,又受到城乡二元政治结构的极大影响。城乡二元生态
环境结构的复杂性则是由城乡二元经济结构的复杂性造成的,城乡生态环境
的保护和治理水平的差异则产生于城乡经济基础和文化(理念)的差异,而这
些问题又牵涉城乡二元经济和文化结构。城乡二元文化结构受到城乡二元经
济结构的基础性影响和城乡二元政治结构的制度性强化,同时也反映了城乡
二元社会结构的影响。它们之间的关系可以通过图 2-4 表示出来。

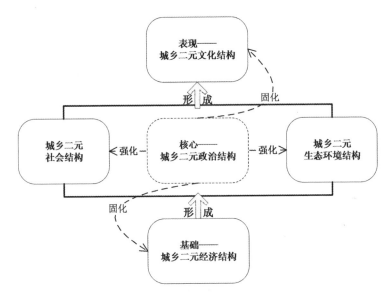

图 2-4 中国五重城乡二元结构之间的逻辑关系

三、分析框架的初步应用——中国城乡关系演进概述

(一)近代之前中国城乡关系演进概述

由原始社会进入奴隶社会,文字被发明,中国进入更高水平的文明状态和
经济制度。生产力水平较原始社会有了较大发展,大规模的种植业和畜牧业
已经出现,生产力的发展自然带来剩余产品,由此社会大分工开始:畜牧业、手

工业相继从农业中分离出来,家庭成为独立的生产单位,手工业群体和商人群体出现。分工又带动了生产力的进一步发展,产品剩余出现了,财产公有制渐趋瓦解,私有制随之产生。商品生产和交换的扩大促进私有制进一步发展。随着私有者个体实力的壮大和群体数量的增长,贵族群体便提出了政治要求,而作为政治活动的场所——城市①便诞生了,按照恩格斯所言,"用石墙、城楼、雉堞围绕着石造或砖造房屋的城市,已经成为部落或部落联盟的中心"②。同时,城市作为商业场所、手工业聚集区的经济职能也开始发展。这样,中国城乡关系从之前的依存状态开始分离。在奴隶制经济下,首次明确了城乡之间的区别,城郭区域被称为"国",农村区域被称为"野",而城乡之间的中间缓冲地带被称为"郊",这是城乡空间的明确分野。同时,随着空间分离,人的身份也出现了二元分离,出现了"国人"和"野人"③,他们在经济上也开始了分工,"野人"主要从事农业生产,"国人"主要从事工商业活动,这种在经济领域的分工进一步影响政治身份的差别。但是,奴隶制经济形态下的城乡分离是低程度的:城乡功能,尤其是城市功能还极不完善,农业和畜牧业、手工业和农业的分工极不充分,城乡并没有分离。

进入封建社会,中国城乡关系逐渐发展,并相对固定下来。在生产力方面,生产力水平进一步提高,带动了农业、以纺织业为代表的手工业和以金属冶炼、纺织业为代表的工业快速发展。在土地制度方面,封建土地私有制逐渐完善,建立在此基础上的农业生产方式和生产关系也趋于稳定。在工商业和市场经济发展方面,11—13世纪的宋元时期,工商业发展迅速,宋朝在四川省

---

① 对于到底哪里是中国最早的城市,尚有较大争论。一说是现地处湖南省澧县车溪乡南岳村的城头山,一座新石器时代晚期的古城遗址,据测定其建成年代距今4600—4700年。又一说认为,应该是西周丰镐,认为丰镐"具有政治、文化功能外,经济功能也愈益凸显出来,因而使其成为中国最早的城市"。具体可参见朱士光:《城头山并非中国最早的城市》,《中国社会科学报》2011年8月25日。
② 《马克思恩格斯选集》第四卷,人民出版社2012年版,第179页。
③ 居住在城郭中的统治族群被称为"国人",居住在农村的被统治族群被称为"野人"。

产生了交子、会子等纸币,到元代纸币的流通扩大到全国范围。在阶层划分方面,随着城乡关系发展,中国各阶层分化逐渐明确,城市官员、贵族、商人、手工业者,农村地主、农民等阶层逐渐区分开来,社会阶层结构逐渐形成。上述生产力的发展、市场经济制度和土地制度等的变化都影响了中国城乡关系的变迁:一是城市和农村的分离趋势已十分明显;二是城市经济快速发展,经济重心由北方黄河流域的城市转移到了南方①,这本身也反映了随着经济发展,中国城乡关系本身的发展更多地开始偏重于城市经济;三是经过了 2000 年封建经济形态下的演进,中国城乡关系趋于稳定,全国范围内特别是中国南方的城乡融合程度加深;四是从总体看,在城乡经济关系中,城市依然处在从属地位,城市往往只是一个区域农副产品的集散地,"是寄生在乡村农业基础上的人口集中地而已,在社会经济体系上不是一个独立的单位"②,城市作为小农经济的补充物,和小农经济一起构成了一个封闭的自给自足的自然经济体系。

(二)近代以来中国城乡关系演进概述

明清时期,中国经济政策趋于保守,国家长期采取重农抑商的政策,并对外实行海禁,工商业发展受到限制。而 18 世纪之后,欧洲则迅速从中世纪农业经济社会转型到工商业经济社会,并发生了工业革命,中国逐渐落后于西方。1840 年是中国古代与近代的交界点,以鸦片命名的战争透露了这场战争的性质,既是殖民侵略战争,也是打开中国国门的贸易战争。随之,从开埠口岸传进的工业文明和市场经济,极大地冲击了中国传统保守的农业文明和自

---

① 历史学家认为,古代中国的经济重心转移的趋势是由北至南,并大体上可分为几个重要的阶段:第一阶段为远古至西晋末年,其中以三国孙吴时转变较大;第二阶段为东晋至北宋末年,其中以唐安史之乱划分为前后;第三阶段为南宋建立至鸦片战争,此时长江以南经济已完全超越黄河中下游。具体可参见张家驹:《两宋经济重心的南移》,湖北人民出版社 1957 年版,第2—5 页。

② 陈其南:《文化的轨迹》,春风文艺出版社 1987 年版,第 173 页。

然经济,中国城乡开始加速分离。其一,取代了农村在经济中的中心地位,城市中心地位逐渐确立。开埠口岸城市如上海市、天津市、大连市、青岛市、武汉市等逐渐成为商业和工业城市,进而快速发展就是最好的证明。城市中工商业的发展又强化了城乡联系,城市作为制造和物流中心的地位逐渐确立下来。其二,城乡社会分工持续深化,城乡之间人口流动也逐渐频繁。其三,城市经济开始支配农村经济。凭借效率更高的工业、交通运输业和服务业,以及在全国城乡不断扩散和铺开的贸易网络,中心城市开始逐渐带动辐射周边农村地区,粮食等农产品、乡村中的手工业品在城市商业和对外贸易的带动下,出现了明显的商品化趋势。其四,因为城市在这一时期加速发展,城乡差距迅速拉大。当然,要明确的是,这种城乡差距拉大的趋势不是在全国范围普遍出现的,远离开埠口岸的广大内陆腹地,还较少感受到这种来自工业文明和市场经济的冲击。原因在于,清末现代工业在中国东部沿海地区的发展,导致地区间经济"从南北差距为主、东西差距为次,变为东西差距为主、南北差距为次"①。

1949 年 10 月,中华人民共和国成立,中国逐步建立起了计划经济体制,城乡关系逐渐固化。1949—1952 年,在中国经济恢复中,我国工业化、城市化进程较快,劳动力在城乡间的迁徙比较自由,城乡关系相对融合。但是,中国绝大部分劳动力仍集中在农村,城市化水平比较低。经过了这三年国民经济恢复,国家选择了一条重工业优先发展的战略道路,中国进入了大规模工业建设时期,在第一个五年计划时期,新中国成立以来的城乡融合发展趋势得到了保持。但从 1958 年开始,中央确立了加快建设社会主义的总战略("总路线"),其主要特征是在生产力上加速推进工业化,在生产关系上加速推进所有制的公有化。为了加速这一生产力和生产关系的"双推进"过程,我国在农村和城市进行了一场规模浩大、持久深远的社会变革,在重工业得到发展、计

① 张宁:《近代中国工业布局的演变》,《光明日报》2017 年 12 月 7 日。

划经济体制逐渐建立的同时,城乡关系却出现了问题,主要表现为三对矛盾:一是城市和农村的经济、人员联系被制度性割裂。一方面,农村为城市建设提供了大量资金,实质上帮助城市工业部门完成了发展所需的资本积累;但另一方面,户籍制度又限制了农村劳动力向城市流动,保证了没有更多的人口来分享城市工业部门剩余和有限的就业岗位,城乡矛盾凸显。二是工业发展以农业支撑为条件,大量的农业剩余从农业部门流向工业部门,导致农业滞后于工业,工农业之间存在矛盾。三是农民没有自由择业权,大量农村富余劳动力被束缚在土地上,导致在封建制度下一直延续下来的农村人地矛盾没有得到缓解。

经过新中国成立后28年的社会主义建设,总体来看,我国城乡经济社会发展取得了巨大成就,但也出现了一些问题。为此,党和国家开始了改革开放的战略转向,中国的核心任务也重新回归经济建设。改革开放40多年来,市场化取向的制度变革、农业技术的进步(生产力发展)、快速城市化和工业化带动、国家财政的大力支持、国家对农村的有效治理等因素相互作用、互相交织,彻底改变了中国城乡面貌:农村土地制度变革激发了农民本就具有但被长期压抑的生产潜力和创富热情;农业技术稳定提高了农业生产力,既保障了中国人的饭碗,更为中国经济起飞和大国崛起奠定了粮食安全基础;种植业之外,林牧副渔业的快速增长极大优化了第一产业内部的结构;市场经济在农村的重建,极大优化了农村的资源配置状况;农村劳动力在城市化和非农产业化发展过程中向城市不断转移,他们的收入水平得以提高,农业劳动力的转移也带来了农业生产率的提高和农业剩余分享者的减少,农民收入获得了进一步提高的空间。但是在这个阶段,随着市场经济的发展,中国城乡关系也出现了问题:城乡收入差距在波动中持续扩大,城乡基础设施、医疗、教育等公共服务水平差异较大,城乡文化鸿沟难以填平,城乡生态环境出现恶化趋势、东中西部地区城乡发展水平差异巨大等。

第三节 分析框架的特点与可能贡献

我们提出的分析框架以马克思主义政治经济学的生产力—生产关系的相互运动和制度分析为基础,使得它具有充分的历史唯物主义与辩证唯物主义的分析力度;立足于中国作为一个发展中的社会主义大国如何破解城乡二元结构、走向城乡融合、实现人民共同富裕这个根本命题,使这个分析框架将中国城乡发展置于中国共产党的根本使命之下;纳入了对国家的分析,涵盖国家战略与制度设计对城乡关系的影响,国家、政府与市场之间的关系对中国城乡变迁的影响;考虑了中国城乡二元结构的多维度和复杂性。而且,这一分析框架可能在如下方面形成一些贡献:

在学理层面,这个分析框架为理解中国城乡关系演变提供了一个新的视角,也为理解发展中大国的城乡关系提供了一个新的视角,并在城乡关系这一研究领域为马克思主义政治经济学提供了新的素材,以中国特色社会主义政治经济学的分析方法给出了中国城乡关系演进的一个新解释。

在话语层面,这个分析框架用中国话语、讲中国故事,对中国城乡关系演进进行符合历史规律和事实,又符合中国本土化诸多特征的马克思主义经济学理论分析,也为构建中国特色社会主义政治经济学体系提供一个重要方面内容的支撑。

在实践层面,这个分析框架回应中国经济发展阶段转型、发展理念升级、社会主要矛盾变化的内在要求,在厘清中国近代城乡关系演变之路的基础上,明确新时代下形成新型城乡关系、促进城乡高质量融合发展的内涵、路径和政策方案,具有一定的实践价值与意义。

第三章　中国近代以来城乡关系演进

经过从分析框架的构建到初步应用,本章将进一步运用分析框架对近代以来中国城乡关系的发展和演进开展系统论述。按照分析框架,我们以中国经济社会制度和生产关系的重大变革为标准,将中国近代以来城乡关系的变迁划分为三个大阶段进行考察,即新中国成立前城乡关系演进阶段(1840—1949 年 9 月)、改革开放前城乡关系演进阶段(1949 年 10 月—1978 年 11 月)和改革开放后城乡关系演进阶段(1978 年 12 月至今)。具体到每个阶段,我们将分城乡关系演进的过程、城乡关系演进的原因和该阶段城乡关系的特点三部分考察和梳理。

第一节　新中国成立前的城乡关系演进 (1840—1949 年 9 月)

一、新中国成立前城乡关系演进的过程

(一)总体概述

中国近代之前,生产力发展水平十分滞后,特别是和当时已经开始工业革命的地区相比。就城乡关系而言,如戴鞍钢(2013)所述,"在相对封闭的自然

经济形态下,城市和乡村的社会经济并无质的差异,彼此之间的联系松散"①。但是近代之后,随着历次西方帝国主义入侵,西欧和美国通过已经进行了近百年的工业革命所形成的新技术、新机器和新式工厂,以及积累了百年的生产经验开始逐渐传入中国,中国生产力水平较之前有了相对快速的发展。同时,中国的社会性质和经济制度也以前所未有的速度开始变化:半殖民地半封建成为刻画中国那一时期社会性质的权威解读,作为一个马克思主义的概念,它既能够嵌入我们提出的分析框架而自洽,也确实能够刻画当时中国的状态——在形式上保留封建社会国家权力机器和一定主权,但同时在经济、政治、文化上受外国资本主义的控制与压迫,又因为受到多个国家的殖民,甚至被孙中山称为比殖民地更低的"次殖民地"②。在这一社会性质下,市场经济开始快速发展起来,取代之前的资本主义萌芽,中国开始有了资本主义形态——官办资本主义、民族资本主义和买办资本主义,连同大举侵入的西方资本主义一起,极大地冲击着中国原生的自然经济和小农经济。

这种经济冲击连同军事、文化冲击一道,打断了中国原来的发展趋势,各种力量、思潮、党派在中国涌动起来,延续千年的封建帝制在中国瓦解了。但是,旧制度的瓦解并没有带来新秩序,中国进入了更加混乱的时期。在这种大背景下,中国的主要矛盾是寻求独立与西方帝国主义殖民侵略之间的矛盾,中国任何一股政治势力都难以提出并付诸实施一套成熟的发展战略,也难以进行相应的制度设计。这样,这个时期的中国城乡关系更多的是在生产力发展和西方势力冲击的影响下演变的,也即意味着第三章提出的分析框架中国家战略制定和制度设计在这一阶段的城乡关系变迁中几乎没有作用,自然国家也不可能提出更多行之有效地处理城乡关系的制度和政策。

总体来看,在生产力发展和西方冲击下,中国旧式的生产关系和经济制度开始瓦解,更多资本主义生产方式开始涌入,新式生产关系和市场经济在中国

---

① 戴鞍钢:《近代中国城乡经济关系演进述论》,《安徽史学》2013 年第 3 期。

② 孙中山:《孙中山选集》下,人民出版社 2011 年版,第 659 页。

发展起来,中国原有的城乡关系开始瓦解,城乡经济在更加紧密联系的同时,开始加速分离,这一阶段的中国城乡关系在快速变化中呈现出一些有别于封建时代的新特征。

（二）分阶段考察

为了更加清晰地刻画中国近代 1840 年至 1949 年长达 110 年的城乡关系演进过程,我们以 1912 年年初清朝灭亡为界,分两个阶段考察这一时期的中国城乡关系。

1. 第一阶段（1840—1912 年 1 月）:外力冲击下中国城乡加速分离

英国作为工业革命先行国,在其世界市场的形成和扩展的过程中,以所谓"自由贸易"的方式难以打开中国市场,就用军事入侵的方式强迫中国开埠通商、降低关税,由此,1840 年第一次鸦片战争爆发。在这个过程中,中国的农业和手工业经济,特别是东南沿海的农业和手工业经济更多地和以英国为代表的西方国家发生了联系。从最开始的单纯出口,到中国也逐渐掌握了一定的现代工业技术、生产方式和组织方式,这造成自然经济在受到冲击、开始瓦解的同时,市场经济也在成长,城乡关系开始加速分离。表现为以下三个方面:

第一,开埠城市逐渐成为商业和工业城市。随着开埠城市对外贸易的不断发展,这些城市逐渐成为商业城市。一些相对简单的,和进出口贸易相关的加工业、制造业和商贸业发展起来,这些产业的发展起到了一定的示范效应。开埠口岸城市更多的市场信息、先进的技术和更多的人才,促进了更多制造业的发展。从 1895 年至 1912 年,中国民间投资设立厂矿企业共计 549 家,其中"上海市 83 家、武汉市 28 家、天津市 17 家、广州市 16 家、杭州市 13 家、无锡市 12 家,其他省份共 380 家"[①]。同时,有更多的外资在包括开埠城市在内的

---

①　汪敬虞:《中国近代工业史资料》第二辑,科学出版社 1957 年版,第 1069—1095 页。

中国城市投资(见表3-1)。这样,一些中国城市逐渐成为工业城市。

表 3-1 1895—1913 年新设立的外资企业(不含矿业企业)在中国城镇的分布

城镇	企业数	设立资本总额(千元)	城镇	企业数	设立资本总额(千元)
上海市	43	23202	齐齐哈尔市	1	100
大连市	16	8998	沈阳市	1	410
哈尔滨市	25	8385	福州市	1	150
天津市	5	4211	苏州市	1	420
武汉市	9	4066	青岛市	1	400
安东市	4	597	北京市	1	364
长春市	2	831	牛庄镇	1	1558
营口市	2	1714	沧口镇	1	500
铁岭市	2	1714	海林县	1	200
辽阳市	2	376	开原市	1	249
双城堡镇	2	450	阿城县	1	150
吉林市	1	150	宁古塔镇	1	100
合计	125	设立资本总额:58711 千元			

资料来源:魏瀛涛:《中国近代不同类型城市研究》,四川大学出版社 1998 年版,第493 页。

第二,开埠城市周边农村卷入了市场经济。相对于内陆城市,开埠城市更早受到市场经济的冲击,逐渐变为工商业城市(如上所述)。工矿业和商贸业随着市场经济一起发展,并且带动了这些城市市场经济的进一步发展。在这个过程中,"相当一部分受到通商口岸城市经济直接或间接辐射的农村经济开始发生一系列深刻变化"[1],农村和农业通过开埠口岸的国内贸易和海外贸易,开始更多地被卷入市场经济当中,成为当时国内市场甚至国际市场的一部分。不同的经济力量此消彼长,农村自然经济加速解体。

第三,城市经济对农村经济的支配地位逐渐形成。首先需要说明的是,在中国近代之前,因为生产力水平相对较低,小农经济占据主导,所以中国城乡

---

[1] 戴鞍钢:《近代中国城乡经济关系演进述论》,《安徽史学》2013 年第 3 期。

关系相当大程度上受到了地理环境等因素的影响。其一,尖锐的人地矛盾决定了中国农业是精耕细作式的农业。中国平原面积仅有 12 亿亩,仅占国土面积的 8.5%,即使加上海拔 500 米以下的丘陵地区,理论可垦地面积也只有 19 亿亩;而与中国面积相当、历史上人口相当的欧洲,可用于农业生产的平原面积达到 100 亿亩,占其全部面积的 57%。中国有限的耕地面积和其要承载的人口之间产生了巨大的矛盾,由此形成了建立在精耕细作基础上的以土地经营为核心的中国传统农业经济。① 其二,大陆型国家决定了中国城市经济只能是农村经济的附属。中国作为一个拥有广阔内陆的国家,决定了其在生产力水平较低的时代,城市经济和城市文明只能作为农业经济和农业文明的附属。中国虽有漫长的海岸线,但是文明却起源于大河冲击所形成的平原上,良好的种植条件使农业发展迅速;通过陆路的商品交换提高了交易成本,因此大多数生活必需品(包括粮食、衣服、生产工具、生活用品等)都要自行生产而非通过贸易获得;一个封闭的经济又会使任何知识、技术都要从原点发现、积累与创造,以上因素造就了一个"自我供给与支持的大陆型经济+尖锐的人地矛盾＝自然经济形态的农耕社会"的中国。② 在这样的经济模式下,城市经济是为农村经济服务的。在相当大的程度上,"城市是农村的城市,是农村的集合和代表"③。

但是在近代之后,中国城乡关系中城市和农村的地位发生了逆转式的重大变化。城市,特别是开埠城市的生产力快速发展,新式工商业、贸易不断发

① 而那种游离于精耕细作式的土地经营之外的畜牧业在全国范围内,仅在夏商时代占有一席之地;在局部范围内,仅仅在北方少数民族聚居地区占据主要地位,而一旦他们中的杰出代表蒙古族和满族人成为整个中国的统治者之后,就不得不依循这个农业经济的传统,否则他们的统治都将无法为继。

② 中华文明的发源和欧洲文明的发源的地理条件截然不同,欧洲文明起源自希腊地中海沿岸的诸多城邦之中,面朝大海、背靠山峦、没有多少腹地的地理形态决定了希腊城邦间自然发展出一种依靠海上商品贸易、知识和技术在各个城邦间便利传播、城邦中工商业发达的海洋文明和城市文明。

③ 齐涛:《中国古代经济史》,山东大学出版社 2011 年版,第 12 页。

展,要素逐渐在这些城市集聚,这些城市开始成为流通中心、商业中心和制造业中心,附带的政治、社会等中心(或区域中心)的地位也逐渐确立。由此,"城市逐渐获得了对农村经济的支配权"[①]。

此外,要明确的是,西方对中国城乡关系的冲击,其影响力度在不同区域之间是有明显区别的,并且其扩散范围是随着中国开埠口岸数量的增加而增长的,1842 年《南京条约》签署后,中国只有 5 处通商口岸,到了 1860 年增加到 17 处,到 1936 年已经增长到 105 处。

2. 第二阶段(1912 年 2 月—1949 年 9 月):内外冲击结合导致城乡关系对立统一发展

中国旧式城乡关系在 1912 年清朝灭亡后继续了它的分离和瓦解过程,一方面,历经这一阶段连续不断的战争,社会生产力受到极大破坏,城乡经济遭受重创。另一方面,中国农民受到了两方面的剥削,这些剥削是超越之前地主阶级对农民的剥削——因为部分农业纳入了世界贸易,所以有外国资本的剥削;又因为帝国主义半殖民统治下发展起来了官僚资本和买办资本,他们也在剥削农民(包括失地农民)。上述剥削主体都将发展重点放在城市,把农村作为城市工商业和外国工商业发展的原料基地。

在持续不断的瓦解中,中国城乡差距持续扩大,呈现截然不同的状态。在开埠口岸城市不断繁荣的反衬下,自近代就出现的广大农村不断衰败的趋势更加明显,两者形成了鲜明的对比,"近代式的若干工商业都市和停滞着的广大农村同时存在"[②]。著名地理学家葛绥成将他在 20 世纪 30 年代赴四川省游历的见闻写成的《四川之行》中记载道:"以四川地区为例,数日来看大城市,非常繁华,但一看民间状况,真令人不忍说出。因兵匪骤增,鸦片遍种,旱灾迭现,苛税重重,四川人民逐由'天府'而入'地狱'即是当时城乡差别的真

---

① 陈炜:《近代中国城乡关系的二重性:对立与统一》,《宁夏大学学报(人文社会科学版)》2008 年第 1 期。

② 《毛泽东选集》第一卷,人民出版社 1991 年版,第 188 页。

实写照。"①在大城市,这种对比更加明显。

在城乡差距拉大的同时,上一阶段出现的城乡之间经济联系日益加强的特点在这个阶段持续并进一步发展:对外贸易与开埠口岸及其他城市的工商业继续发展,农村农产品和手工业品商品化程度继续提高。城乡社会分工继续扩大,城乡之间人口流动更加频繁,据统计,1929 年,"上海市纺织业近 20 万工人中大多数都是来自外地的农村妇女;在交通运输业中,有近 3 万名码头装卸工人和 8 万多名人力车夫,都是外地破产农民"②。20 世纪 30 年代,上海市有执照运营的人力车已有 2 万多辆,其车夫绝大部分是农民,而且主要来自苏北地区。③④ 1917 年,留学美国的蒋梦麟⑤回到老家浙江省余姚蒋村,发现村里"许多人已经到上海市谋生去了"。"很多男孩子跑到上海市工厂或机械公司当学徒,进入新行业,赚钱比以前多。"⑥

二、新中国成立前城乡关系演进的原因

新中国成立之前,在半殖民地半封建经济形态下,经济社会发展的客观规律、外国的巨大冲击、洋务运动的兴起、民族资本的崛起和持续不断的战乱等因素是这一阶段中国城乡关系变迁的主要动因。

第一,经济社会发展的客观规律使农村自然经济逐渐瓦解,导致城乡融合。封建社会追求高度中央集权和大一统的政治体制,以自然经济为主的经济制度,杂糅着儒、佛、道的中国文化,封建宗法制度维系的家庭和社会关系都使中国市场经济发展极其缓慢,自然经济难以瓦解。但到了封建社会晚期,大

---

① 葛绥成:《四川之行》,中华书局 1934 年版,第 25 页。
② 张仲礼等:《长江沿江城市与中国近代化》,上海人民出版社 2002 年版,第 384 页。
③ 上海市社会局:《上海市人力车夫生活状况调查报告书》,《社会半月刊》1934 年第 1 期。
④ 据 1934 年上海市社会局对 304 名人力车夫的抽样调查,其中 95.7%是苏北人。具体参见上海市社会局:《上海市人力车夫生活状况调查报告书》,《社会半月刊》1934 年第 1 期。
⑤ 蒋梦麟曾任国民政府教育部长,国立北京大学和国立浙江大学的校长。
⑥ 蒋梦麟:《西潮与新潮——蒋梦麟回忆录》,东方出版社 2006 年版,第 123、125 页。

约明中期之后,随着生产力的发展和分工的持续深化,全国性的商业贸易网络逐渐形成,银行金融等也发展起来,在棉纺织、缫丝、冶炼等劳动力密集,且技术和资金要求不是很高的行业中出现了带有资本主义性质的工场式生产组织方式,中国市场经济得到了快速发展(一说资本主义萌芽快速发展)。① 由此,中国自然经济逐渐瓦解,促进城乡融合的因素出现。虽然受到外部巨大冲击,但这种经济发展客观规律的力量一直作用于中国半殖民地半封建经济形态下的全过程之中。不考虑这些外部因素,那么中国城乡关系有可能像西方资本主义工业国那样,先加速分离再逐步融合。但是,始于1840年连续不断的外部冲击大大加速了自然的城乡关系演变的进程。

第二,外部力量冲击中国原本城乡进程和旧式城乡关系。在封建制度的封闭经济中,小农经济尚可以自给自足进行维持。但在半殖民地半封建经济形态下,国门被打开,特别是中国农村农业被动融入国际分工体系和国际市场,西方世界体系②对中国原有城乡关系秩序和生产方式的冲击就在所难免了。其一,资本主义工业文明和市场经济的冲击加速中国城乡分离。鸦片战争及之后陆续爆发的战争,中国被迫向西方开放各项经济权力③和市场,中国经济逐渐被西方国家所控制。大量进入中国的商品和资本冲击中国的农业文明和自然经济,几千年来差别甚小的中国城乡开始分离加速。中国进出口贸易量大增就是这种冲击的最直接后果。从1871年至1931年,中国进口贸易指数增长超过18倍(见表3-2)。1870—1874年,中国进口外国商品和出口货物价值分别从68868600关两/年和66720000关两/年上升到1890—1894年的

---

① 如乾隆年间,南京城的织机数量已达3万多张;苏州城的机户也"不啻万家",工匠达1.9万人;广州的织工达4万—5万人。一些新的手工业行业也逐步得到发展,如南京、广州、佛山的纺织业,台湾的制糖业,云南省的铜矿业,大巴山的木竹采伐业、矿冶业、造纸业等。

② 之所以称西方世界体系而不是西方世界,是因为不仅包括西方资本主义国家,如西欧、美国以及后来的俄国、日本,还包括同样受到殖民侵略而被纳入西方所构建的世界市场体系中的国家,如印度等。

③ 这些权力主要包括:开矿权、铁路修筑、内河航运、口岸设厂、收购权、税收控制和贷款优先等。

144233000 关两/年和 107082600 关两/年;相同时间段中,糖、火柴、柴油三种商品的年平均进口数从 848 千关两、163 千关两和 1735 千关两上升为 4447 千关两、1490 千关两和 5548 千关两,分别增长 424.4%、814.1% 和 219.8%。[1]

表 3-2　中国进口贸易指数变化

年份	1871—1873	1891—1893	1909—1911	1929—1931
贸易指数	100	206.6	662.3	1964.2

资料来源:严中平等:《中国近代经济史统计资料选辑》,科学出版社 1955 年版,第 64 页。

其二,被纳入资本主义世界体系的殖民地国家也冲击着中国的城乡关系。原本,中国农产品和初级加工产品还能靠廉价的劳动力优势在世界市场占据一席之地,但是随着资本主义国家所构建的全球贸易体系和殖民体系逐渐形成,受到其他一些拥有同样劳动力成本优势,而更具海上贸易优势的国家和地区[2]的巨大冲击之后,中国的这些优势就逐渐缩小了。以中国和印度的红茶在英国市场所占份额变化为例,1865—1869 年,中国和印度生产的红茶在英国市场占比分别为 94:6,但是到 1880—1884 年,这个比例变化为 68:32(见图 3-1)。中日甲午战争之后,中国茶叶出口情况更为恶化:1895 年,中国茶叶出口尚有 186 多万担;但是到 1920 年,骤减到 31 万担。[3]

其三,西方资本主义生产方式的冲击加剧瓦解了中国旧式生产关系。随着资本主义生产方式逐渐通过开埠口岸城市输入,我国农村的生产方式也在瓦解,由家庭手工业逐步转变为近代农村工业。例如,河北省高阳的农村纺织业发展,随着洋布的不断输入,高阳原有的土布纺织业受到巨大打击。为了振兴本地的纺织业,高阳商会采取了购买新式织机、培训人才、举办新式工厂,以

---

[1]　姚贤镐:《中国近代外贸史资料》第 3 册,中华书局 1962 年版,第 1604—1605 页。

[2]　主要指劳动力资源丰沛,拥有深水良港,且距离当时的世界主要市场——欧洲距离更近的国家,如北美、印度和一些东南亚国家。

[3]　汪敬虞:《中国近代经济史(1895—1927)》上册,人民出版社 2000 年版,第 190 页。

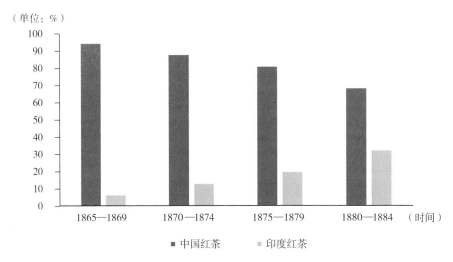

（单位：%）

图 3-1   19 世纪 60—80 年代中国和印度的红茶在英国市场的占比变化

注：以中国、印度红茶在英国销量总数为 100%。

资料来源：姚贤镐：《中国近代外贸史资料》第 3 册，中华书局 1962 年版，第 1194 页。

"洋纱"取代"土纱"作为原料，担保借贷购买织机等方法和举措。经过这些措施，成效明显，"高阳布业之基础乃渐趋于巩固，大利所在，织布者日多，经营布庄业者亦如风起云涌。宣统二、三年间，制品之销路仅及于附近各县及山西省榆次、太原，民国元、二年间扩充至北京、济南、汉口"①。除此之外，很多地区的纺织业及其他产业都经历了这样的变化过程，都快速发展起来。② 这些产业中都产生了新式的生产关系，并在很大程度上改变了当地居民的就业结构。

其四，外国冲击也在导致城乡分离的同时加强了城乡间的经济联系。要特别说明的是，城乡分离并不影响城乡之间联系的加强，分离指差距扩大，联系指经贸往来增加。经过发展，通商城市的经济已经和广大腹地农村的经济较为紧密地联系起来，以天津市为例，1908 年，天津市港出口商品中，土副产

---

①   经济讨论处编辑：《高阳之布业》，《中外经济周刊》1926 年第 195 期。

②   吴松弟、樊如森：《天津市开埠对腹地经济变迁的影响》，《史学月刊》2004 年第 1 期。

品和畜产品的出口值分别为 879077 关平两和 84094 关平两,分别占到天津市港出口总值的 56.96% 和 24.84%。① 到 1919 年,天津市农产品出口值增长到 14243807 海关两,占出口总值的 58.28%。② 在通商之前,北方各省的羊毛等畜产品除了牧民自用外,绝大部分都废弃了,但是随着北方天津市等城市开埠通商,羊毛的商品化程度大大提高,20 世纪 30 年代,河北省、山东省、山西省、河南省、陕西省、察哈尔省、热河省、绥远省、东北三省,以及西北各省的羊毛和山羊绒,大量运往天津市,出口到国际市场。③ 其他畜牧业产品和副产品也大量出口到国际市场。城乡经济联系紧密的又一表现是农村经济作物的快速发展,能够更好地满足城市工业发展的需要。从 19 世纪末至 1936 年,农村经济作物占农作物总产值的比重,从约 10% 增加到 23%。④

第三,洋务运动的开展和民族资本的崛起加速了中国城乡分离。鸦片战争之后,中国创办了一系列近代资本主义式的企业(见表 3-3)。从性质上讲,这些企业一类是洋务运动中发展起来的官办企业,另一类是洋务运动衰落后发展起来的民族资本企业。从 1890 年至 1933 年,包括所有内外资企业在内的中国现代资本企业产值占全国 GDP 的比重从 0.7% 上升至 5.3%。⑤ 这些企业积极学习并引进西方机器设备、技术和先进管理经验,以工业化方式生产了各类商品,其中包括大量之前没有的新产品。同时,洋务运动的开展和民族资本的崛起极大地冲击了中国传统文化:在城市中,商品经济文化逐渐渗透,小市民文化受到冲击;而在广大农村,自然经济文化受到冲击极小,小农文化根深蒂固。由此,城乡差距逐渐扩大,城乡分离趋势明显。

---

① 王怀远:《旧中国时期天津市的对外贸易》,《北国春秋》1960 年第 1 期。
② 蔡谦、郑友揆:《中国各通商口岸对各国进出口贸易统计》,商务印书馆 1936 年版。
③ 实业部天津市商品检验局:《工商要闻》,《检验月刊》1934 年第 3—4 期。
④ 吴承明:《近代中国工业化的道路》,《文史哲》1991 年第 6 期。
⑤ [英]安格斯·麦迪森:《中国经济的长期表现——公元 960—2030》,伍晓鹰等译,上海人民出版社 2008 年版,第 46 页。

表 3-3　19 世纪末中国成立的代表性民族企业概况

行业	企业名称	成立年份	所在地
纺织	上海市机器织布局	1890	上海市
	湖北省织布官局	1892	武昌市
造纸	上海市机器造纸总局	1882	上海市
	广州市造纸公司	1882	广州市
面粉	贻来牟机器磨坊	1878	天津市
	福州机器面粉厂	1887	福州市
印刷	鸿文书局	1888	上海市
	广州市机器印刷局	1882	广州市
交通/通信	轮船招商局	1872	上海市
	电报总局	1882	天津市
金融保险	保险招商局	1876	上海市
	中国通商银行	1897	上海市

资料来源:汪敬虞:《近代中国资本主义的总体考察和个案辨析》,中国社会科学出版社 2004 年版。

第四,战乱不断干扰了中国城乡关系的正常发展。一方面,战乱破坏了农村经济,造成了人口减少和经济衰败。一是多年战乱导致人口锐减、农村受破坏。如持续多年的太平天国战争结束后,"人口锐减,残破不堪,几乎成为废墟"。[1] 在人口方面,战乱造成人口锐减。以嘉兴府为例,1838 年嘉兴府共有541386 户,户均 5.4 人;但是到 1873 年,户数减少到 253447 户,户均减少至3.7 人。[2] 从 1851 年至 1865 年,江苏省和浙江省两省人口分别从 4430 万人、3011 万人下降到 1920 万人和 638 万人。[3] 二是战乱导致农业水利设施受损,水旱灾害频发。如北方直隶和南方江苏省,频繁的战乱导致农业水利设

---

① 严中平:《中国近代经济史(1840—1894)》上册,人民出版社 2001 年版,第 618 页。
② 梁方仲:《中国历代户口、田地、天赋统计》,中华书局 1980 年版,第 450—451 页。
③ 严中平:《中国近代经济史(1840—1894)》上册,人民出版社 2001 年版,第 635 页。

施受损,自然灾害的影响力度明显提高。① 另一方面,战乱和动荡的局势还造成了农村治理的混乱。美国著名汉学家杜赞奇认为,"正是国家政权的内卷化导致的土豪、污吏和苛捐杂税为 20 世纪波澜壮阔的农民革命铺平了道路"。②

三、新中国成立前城乡关系的特点

新中国成立前中国城乡关系的特点可以从城的角度、乡的角度、城乡关系的角度三个维度出发来考察。

第一,从城的角度看,这一时期中国城市呈现三大特点。其一,大城市快速扩张。根据海关数据,天津市、青岛市、上海市三大口岸输出货值占到了 1936 年国内埠际贸易中 40 个商埠输出总值的 52.5%。如果再加上汉口市和广州市,这五大城市输出货物价值约占到关内输出货物总价值的 70%。③ 1906 年,上海市租界内已经有 3000 家以上的华商店铺,到 1933 年,上海市租界内商铺数量已经超过 7.2 万家;④1911 年,上海市共有工厂 48 家,占全国工厂总数的 28.1%,1930 年,上海市有工厂 837 家,占全国工厂总数的比例也提高到 42.4%。⑤ 商业和工业发展背后必然是人口的增长,上海市人口从 1843 年的 23 万人增长到 1949 年的 550 万人⑥,上海市也成长为连接中

① 如北方直隶省,1851—1860 年 10 年间发生自然灾害的地区为 187 县州次,到 1881—1890 年这 10 年间,则增至 570 县州次,较前者增加 2 倍以上;南方的江苏省,在 1851—1860 年 10 年间,发生自然灾害的地区为 369 县州次(包括兵灾),到 1881—1890 年的 10 年间,仅自然灾害则增至 587 县州次,增加约 60%。具体可参见李文治:《中国近代农业史资料》第一辑,三联书店 1957 年版,第 719—722、733—736 页。
② [美]杜赞奇:《文化、权力与国家:1900—1942 年的华北农村》,王福明译,江苏人民出版社、凤凰出版传媒集团 2010 年版,第 183 页。
③ 刘克详、吴泰昌:《中国近代经济史(1927—1937)》下册,人民出版社 2010 年版,第 1668 页。
④ 张忠民:《经济历史成长》,上海社会科学院出版社 1999 年版,第 123、124 页。
⑤ 全汉升:《上海市在近代中国工业化的地位》,《"中央研究院"历史语言研究所集刊》1958 年第 29 辑。
⑥ 宫玉松:《中国近代城乡关系简论》,《文史哲》1994 年第 6 期。

国与国际市场的枢纽和东亚的重要贸易中心。除上海市外,中部地区城市如武汉市也快速发展起来,"武汉市人口也从1920年前的50万人增至1936年的123万人,其中工业人口有13.4万人"[1],占总人口的近11%。济南市人口也从开埠初期的86210人增长到1933年的257394人[2],据另一统计,到1936年,济南市人口达到435136人。[3] 除上海市、天津市、武汉市、济南市等大城市之外,烟台市、青岛市、大连市、哈尔滨市、广州市、厦门市、重庆市等近代新兴城市,在开埠后也快速发展起来。[4] 近年来的一些计量史学研究也证明了通商口岸与城市发展之间的正向关系,贾瑞雪(2014)通过对一个地级市样本的考察,发现1776—1953年,通商口岸的发展速度比同类地区快20%左右,城市化进程也较快。[5] 林矗(2017)通过对一个府级横截面数据的考察,发现越靠近通商口岸的区域,城市人口数量和密度、劳动生产率越高。[6]

但要注意的是,这种大城市的发展在区域之间是极不均衡的,一方面,东部沿海沿江的部分城市快速发展,"截至1936年,全国193个城市中有147个分布于东南沿海地区。其中,50万人口以上大城市全都集中在沿海,19个中等城市也有16个分布于沿海"[7]。另一方面,之前一些曾经繁华的内陆城市因为不是通商口岸而在近代逐渐衰落,如西北的西安市、兰州市、

---

[1] 张仲礼等:《长江沿江城市与中国近代化》,上海人民出版社2002年版,第260页。

[2] 戴鞍钢:《中国近代工业与城乡人口流动》,《云南大学学报(社会科学版)》2011年第2期。

[3] 聂家华:《对外开放与城市社会变迁——以济南为例的研究》,齐鲁书社2007年版,第308页。

[4] 何一民:《近代中国城市发展与社会变迁(1840—1949)》,科学出版社2004年版,第20页。

[5] Ruixue Jia, "The Legacies of Forced Freedom: Chinas Treaty Ports", *Reviews of Economics and Statistics*, Vol.96, No.4, 2014, pp.596-608.

[6] 林矗:《通商口岸、新式教育与近代经济发展:一个历史计量学的考察》,《中国经济史研究》2017年第1期。

[7] 吴承明:《中国资本主义与国内市场》,中国社会科学出版社1985年版,第280页。

西宁市和西南的昆明市等。如昆明市,直到 1937 年,"全市人口据市政府的统计是十四万七千余人"①。又如西安市,曾经是享誉世界的著名城市,但是据 1929 年途经西安市的凌鸿勋记述:"西安是历史上有名的古都……但已无往日的繁盛……发现西安城内的旅馆都是简陋不堪。"②而且,这些城市的人口和开埠口岸城市人口大发展的状况大相径庭,据 1930 年的统计,"兰州城市人口只有 9.5 万人;西安仅有 12.5 万,只相当于 1843 年西安城市人口总数的 40%"③。而"上海和其他现代城市,只不过是中国的一小部分"④。

其二,中小城镇发展迅速。除大城市外,以东部地区为代表的中小城镇迅速发展起来,广东省佛山市和江苏省南通市就是其中的典型代表。⑤ 如果考察具体数字,从 1802 年至 1908 年,松江、苏州、滦州、代州 4 个州府辖有的市镇从 235 个增加到 341 个。⑥ 从 1891 年至 1911 年,镇江市、宁波市、温州市等小城镇的人口也有一定增长(见表 3-4)。从 1904 年至 1925 年,东北地区 10 万人以上、5 万—10 万人、1 万—3 万人的城镇分别从 2 个、4 个和 24 个增加到 3 个、9 个和 51 个。⑦ 总体上看,中国城镇化率从 1843 年的 5.1% 增长到 1949 年的 10.6%。⑧

---

① 薛绍铭:《黔滇川旅行记》,重庆出版社 1986 年版,第 56 页。

② 沈云龙等:《凌鸿勋先生访问记录》,台湾"中央研究院"近代史研究所 1982 年版,第 65 页。

③ 何一民:《中国城市史纲》,四川大学出版社 1994 年版,第 328 页。

④ 〔德〕卫理贤:《中国心灵》,王宇洁等译,国际文化出版公司 1998 年版,第 409 页。

⑤ 广东省佛山市近代以来就是中国瓷都,同时冶铁产业也非常发达,而且 1840 年以后,广东省又成为中国对外开放的前沿,受到巨大的外部冲击。而江苏省南通市是张謇创办实业的地方,民办工业(尤其是民办民用工业)发展突出,在 19 世纪末南通市已经建设了图书馆、博物馆、女子学校等公共设施,成为那个时代城乡发展走在前列的地区。

⑥ 宫玉松:《中国近代城乡关系简论》,《文史哲》1994 年第 6 期。

⑦ 中国社会科学院经济研究所学术委员会:《中国社会科学院经济研究所集刊》第 11 辑,中国社会科学出版社 1988 年版,第 49 页。

⑧ 胡焕庸:《中国人口地理》上,华东师范大学出版社 1984 年版,第 261 页。

表3-4　1891年、1901年、1911年中国部分江南口岸城市人口变化

（单位：万人）

年份	镇江市	宁波市	温州市
1891	13.5	25.0	8.0
1901	14.0	25.5	8.0
1911	18.4	35.0	10.0

资料来源：［日］滨下武志：《中国近代经济史研究——清末海关财政与通商口岸市场圈》，高淑娟、孙彬译，江苏人民出版社2006年版。

其三，城镇逐渐将农业和农村手工业纳入其体系。一方面，直接供应城市的、高度市场化的农业和手工业快速发展。同时，农产品和手工业产品的商品化日益发展。以上海市和唐山市为例，上海市是全国最大的工商城市和外贸口岸，每日食米约需要万石，年需米超过360万石。但上海市不是稻米产区，而要依靠常熟市、无锡市、苏州市、同里镇、松江县、青浦县等周边县区的农村供应。而一些新兴城市对商品粮的需求增长更加明显。如新兴城市唐山市本是开平镇下的一个小村庄，随着1877年开平矿务局京奉铁路通车，逐渐发展成为重要城镇。不断流入的人口带来了激增的商品粮需求，仅输入唐山市的杂粮[①]就达到30万石/年—50万石/年。[②] 而城市之所以能够取得以上发展，其背后机理在于通商口岸的发展、外来市场经济文化和资本主义生产方式的进入等因素，会通过人力资本提升和社会规则变化（Jia Ruixue，2014）、制度安排变化（Acemoglu，2005）和促进教育发展（林矗，2017）等途径和方式，提升这些城市的经济表现，而且这种影响可能是长期的，如持续到改革开放之后。

第二，从乡的角度看，这一阶段的农村发展呈现三大特点。其一，农村自然经济受到商品经济的巨大冲击，但并未彻底瓦解。粮食进出口的变化反映

---

① 不包括小麦和面粉。

② 经济讨论处编辑：《唐山之经济近况》，《中外经济周刊》1927年5月28日。

了当时中国农村自然经济受冲击的情况,以 1865—1894 年上海市、天津市、广州市、汉口市的大米进出口为例,这 30 年间,这 4 座城市的大米进出口数量都大幅增长(见表 3-5)。农产品及制成品的输出量增长也可以反映农村商品经济的发展,1870—1894 年,中国棉花输出从 23355 担增长至 747231 担,增长超过 30 倍;烟草输出从 4233 担增长至 113886 担,增长超过 25 倍;而其他商品如茶叶、生丝、植物油等的输出量都有明显增长。[①] 但半殖民地半封建社会下,中国农村没有本质变化,尤其是与外界联系极少、受西方市场经济和工业文明冲击极小的广大中西部地区农村更是缺乏变化。1917 年,曾任国民政府教育部部长、北京大学校长的蒋梦麟从美国回到家乡浙江省,发现"离商业中心较远的地方……乡下人还是和他们的祖先一样种茶植桑,外国货也偶然发现,但数量微不足道"[②]。美国学者施坚雅认为"传统中国后期的农村地区可以被看作七万个六边形的格子,每一个经济体系以一个标准市场为中心"[③]。日本学者斯波义信(Shiba Yoshinobu)也认为,中国此时"为农业商业化提供框架的是从宋朝开始的市场网络、农村市场组织"[④]。

表 3-5　1865—1894 年上海市等 4 埠大米进出口贸易统计

(单位:担)

年份	上海市		天津市		广州市		汉口市	
	进口	出口	进口	出口	进口	出口	进口	出口
1865—1869	56197	380859	321750	—	4315	—	1238	26
1870—1874	672263	6174890	1196491	—	4089733	—	289	2376
1875—1879	1403181	12096410	6633804	—	3191888	28	4132	—

---

①　杨端六、侯厚培:《六十五年来中国国际贸易统计》,"国立中央研究院"社会科学研究所 1931 年。

②　蒋梦麟:《西潮与新潮——蒋梦麟回忆录》,东方出版社 2006 年版,第 129 页。

③　G.William Skinner, "Marketing and Social Structure in Rural China", *The Journal of Asian Studies*, Vol.24, No.1, 1964, pp.3-43.

④　Shiba Yoshinobu, "Rural-Urban Relations in Ningpo Area During the 1930's", *Memoirs of Research Department of the Toyo Bunko*, Vol.47, 1989, p.12.

年份	上海市		天津市		广州市		汉口市	
	进口	出口	进口	出口	进口	出口	进口	出口
1880—1884	2539097	18080285	7534402	—	10383371	—	30185	2589
1885—1889	2134676	21172947	9837823	521	11934411	—	19449	171410
1890—1894	5060013	23407171	12431948	58457	14453725	6	3405	922269

资料来源:严中平:《中国近代经济史(1840—1894)》上册,人民出版社 2001 年版,第 971 页。

其二,农村土地兼并多,自耕农数量减少。据 1888 年英国开展的一项调查显示,山西省平阳县、浙江省杭州市、福建省福州市的大田场面积一般分别为 100 亩、200 亩和 100—300 亩。[①] 据 1925 年的调查,昆山、南通两县农户中自耕农的比重,分别从 1905 年的 26%和 20.2%减少到 1924 年的 8.3%和 13%。[②] 到 1930 年,中国土地兼并和地权分配在不同区域已呈现三种不同的状态。[③] 在这个过程中,"中国阶级分化是以城乡急剧分化为最重要的表现形式"[④]。

其三,农村劳动雇佣关系逐渐形成,并引致封建宗法关系瓦解。近代之后,中国农业中雇佣劳动关系发展的条件更加成熟:商品经济不断发展,封建宗法关系不断瓦解,进出口商品数量持续增加,粮食商品化程度提高。和所有商品经济和资本主义生产方式的发展过程一样,中国农民也出现了两极分化,在少数富农、地主财富膨胀的同时,大量农民破产。这些变化为中国农村资本主义生产奠定了经济条件。现实中,1875—1908 年,山东省 5 区 42 县 192 个村的 24781 户农户中,雇农户数占全体农户总数的 17.8%,其中鲁北地区达到 32.3%。进一步地,在西方工业文明影响下发展出的雇佣劳动关系在一定程度上削弱了中国传统的封建宗法关系和乡村治理秩序。

---

① 严中平:《中国近代经济史(1840—1894)》上册,人民出版社 2001 年版,第 974 页。
② 乔启明:《江苏昆山南通安徽宿县农佃制度之比较以及改良农佃问题之建议》,社会科学文献出版社 2012 年版,第 9 页。
③ 汪敬虞:《中国近代经济史(1895—1927)》中册,人民出版社 2000 年版,第 771—777 页。
④ 吕新雨:《近代以来中国的土地问题与城乡关系再认识》,《开放时代》2012 年第 7 期。

第三,从城乡关系角度看,这一时期中国城乡关系呈现三大特点。其一,西方世界冲击成为这一阶段中国城乡分离的主要推力。这一百多年间,中国城乡关系经历了几千年来所未有的加速分离过程——其原因不在于中国商品经济、工业化和城市化自身的发展,而更多在于西方资本主义国家以武力打开中国大门,通过通商口岸植入了资本主义的生产方式。很明显,设立通商口岸就是"服务于外国资本主义在华经济扩张的需要"[1],如有商人曾评论青岛:"毫无疑义……自由港的好处首先要让德国人享用。"[2]但是客观上,通商口岸的这种功能促进了进出口贸易的发展,助推了城乡分离。如 1893 年至 1898 年短短 5 年间,天津市生产资料产品的进口值占其整个进口总值的比重从 15.6%上升至 41%[3],这从侧面反映了资本主义制造业确实通过通商口岸的输入,在我国发展起来。中国也随即变为它们的原料产地和产品倾销地。在外力冲击之下,中国的官僚资本、买办资本、民族资本和外国资本一起发展起来,当然这种发展是在外国资本的控制之下。我们主要关注的是这种冲击的经济后果:回报率较高的城市工商业部门成为新成长出来的各类资本的主要流向地;反之,农业部门因为鲜有投资,其技术水平也难以得到提高。最终,城市和农村的差距逐渐拉大,城乡加速分离。

其二,城乡分工继续深化。一是随着城市发展,农村剩余劳动力向城市转移,带动城乡分工速度加快,在资本主义生产方式下出现的那种城市对农村的辐射带动和聚集功能开始显现。如在苏南地区,近代工业较为发达,20 世纪 20—40 年代,15%—20%的无锡市农村劳动力进入上海市和无锡市的城市就业,他们寄回农村的现金收入,占无锡市农村农民纯收入的 8%—12%。[4] 又如中部地区的芜湖市和九江市,1904—1928 年,芜湖城区人口从 74756 人增

---

① 戴鞍钢:《近代中国城乡经济关系演进述论》,《安徽史学》2013 年第 3 期。
② [德]余凯思:《在"模范殖民地"胶州湾的统治与抵抗——1897—1914 年中国与德国的相互作用》,孙立新译,山东大学出版社 2005 年版,第 186—187 页。
③ 吴松弟、樊如森:《天津开埠对腹地经济变迁的影响》,《史学月刊》2004 年第 1 期。
④ 张东刚等:《世界经济体制下的民国时期经济》,中国财政经济出版社 2005 年版,第 425 页。

长至 140554 人。① 除农民之外,随着近代城市经济的发展,农村富裕阶层如地主也开始向城市流动,从乡居地主变为城居地主,原因在于工商业的利润远高于农村的地租收益。如上海市工商业发达、利润可观,吸引着上海市周边的地主将资金投入上海市工商业,据 1923 年的一项调查,上海市各县占有土地超过 50 亩的地主人数并不多,原因就在于大量农村地主将资金从土地中抽出,投入了城市工商业。② 相似的情况还出现在 20 世纪 30 年代的江苏省和山东省:江苏省的苏州市、常熟市和无锡市的城居地主已分别占当地地主总数的 95%、85% 和 40%。③ 二是部分开埠城市成为生产和贸易中心。这些城市逐渐形成了覆盖周边农村的城市商业网,如北方以天津市为代表,东部地区以上海市为代表,南方以广州市为代表,围绕这些开埠口岸城市,发展起了深入周边农村的产业体系和商贸体系。在一部分农村旧产业受到巨大冲击而走向衰败的同时,也有一些农村地区受到西方资本主义先进技术和生产方式,以及国际市场需求的影响,采用新的技术和生产组织方式,发展起了新的产业,出现了一些深入农村腹地的商贸中心、物流中心等。

其三,城乡关系不平等互动。一是表现为城市的发展以牺牲农村的发展为代价。这一时期大量人口、资金向城市集聚,市场经济快速发展,城市发展迅速;而农村则成为城市和海外的原料产地和工业产品倾销地,在某些时间段内,资本主义体系下的"剪刀差"剥削走了农业剩余,导致农业积累不足;④ 同

---

① 周忍伟:《举步维艰——皖江城市近代化研究》,安徽教育出版社 2002 年版,第 165—166 页。
② 樊树志:《江南市镇:传统的变革》,复旦大学出版社 2005 年版,第 31—33 页。
③ 张一平:《地权变动与社会重构——苏南土地改革研究》,上海人民出版社 2009 年版,第 29 页。
④ 之所以说是某些时期,是因为这种中外贸易的不等价交换不是贯穿始终的,应以真正马克思主义历史唯物主义来看待。汪敬虞先生认为,中国对外贸易中的不等价交换在 1930 年以前有升有降,变动幅度不大。进入 20 世纪 30 年代以后,在贸易条件指数下表现的不等价交换有扩大的趋势,然而,"剪刀差"的扩大和进口物价的相对上升,却没有引起进口总额的上升,相反在同一时期,进口物量指数下降了整整 40%,入超下降了 78%,与物价指数上升呈同步的反差变动。造成这种背离的原因,是由于这一时期中国的进口关税率有较大幅度的提高,从而在一定程度上排除了工农产品和不等价交换之间的联系。因此,"把不等价交换这样一个全称的命题贯穿于整个中国近代对外贸易的过程中,至少是稍显笼统的,需要做进一步的研究"。

时农村公共产品供给几乎为零,农村发展长期停滞。二是农村较城市而言,过小的市场购买力又导致城市与农村之间互动不够,而表现为城市主导下的由城到乡的单向沟通,城乡呈现非良性互动局面。

第二节　改革开放前中国城乡关系演进
（1949 年 10 月—1978 年 11 月）

1949 年 10 月,中华人民共和国成立,中国共产党由革命政党变为了执政党,中国经济的发展重心也由农村转向了城市,随之而来的是中国经济发展战略的重大变化,中国城乡关系演变呈现出新过程、新原因和新特点。

一、改革开放前城乡关系演进的过程

（一）总体概述

按照之前建立的分析框架,我们的分析将从中国的生产力发展和国家战略和制度选择开始。我国在 1949—1978 年的经济发展战略可以概括为:计划经济体制下的重工业优先发展战略,体现为轻重工业、农业与工业,城乡之间的非均衡发展。

新中国成立之初,中国所面临的内忧外困、资金匮乏的情况正如创立非均衡增长理论的代表人物赫希曼（A.O.Hirschman）所言,"欠发达国家资金有限,不可能实现各产业部门的均衡增长,而应当从充分利用稀缺资源出发,实施非均衡增长战略"[①]。以静态和孤立的观点看,这种选择似乎不符合比较优势假说,甚至还会导致第二部类投资不足,并会限制人民生活水平的进一步提高。

---

① 胡乃武、王辰:《均衡与非均衡基础产业发展理论模式与现实选择》,《江苏经济讨论》1994 年第 2 期。

但如果以动态的观点,即后发国家追赶超越的需要和世界广泛联系的观点——新生社会主义政权面临巨大的国际威胁看,所采取的重工业优先发展战略则是十分恰当且必要的。对此,毛泽东在《论联合政府》中曾有过论述。在新中国成立前夕召开的党的七届二中全会上,他再次提出,"在革命胜利以后,迅速地恢复和发展生产,对付国外的帝国主义,使中国稳步地由农业国转变为工业国,把中国建设成一个伟大的社会主义国家"①。同时,观察国际经验,没有任何一个国家可以直接跳过工业化阶段而实现现代化,并进入高收入国家行列。而且,苏联在社会主义工业化的过程中,采取优先发展重工业的战略而取得了巨大成功,成为新中国可借鉴模仿的榜样。

所以,在新中国成立之后,中国在处理城乡关系时,既以"剪刀差"的方式强制实现"三农"对城市和工业的支持,在此基础上将更多的农业部门剩余投入到工业部门,为工业特别是重工业优先发展提供资本积累;也以国家"自上而下"的方式强制对"三农"回馈,依靠独特的体制保障了全体人民的基本民生需要,并"缩小三大差别"——缩小工农之间、城乡之间、体力和脑力劳动之间的差别。具体来说,这是依靠一系列制度设计实现的,以低价收购农产品,利用工农业之间的价格"剪刀差"进行工业化的资金积累。1952—1989 年,国家通过工农业产品价格"剪刀差"和税收,从农村净汲取资金 7000 多亿元(同期国家支农资金约 3000 亿元),约占农业新创造价值的 1/5。② 同时,中央制定了统购统销、农业集体化和户籍制度等,形成了一个制度系统,确保了长期、制度化"以农补工"。③

优先发展重工业的经济战略取得了明显的效果,到"文化大革命"前,我国已初步建立起了独立、相对完整的工业体系,钢铁、原油以及各类工业品的

---

① 《毛泽东选集》第四卷,人民出版社 1991 年版,第 1437 页。
② 赵伟:《中国的城乡差距原因反思与政策调整》,《武汉大学学报(哲学社会科学版)》2004 年第 6 期。
③ 辛逸、高洁:《从"以农补工"到"以工补农"——新中国城乡二元体制述论》,《中共党史研究》2009 年第 9 期。

产量有了大幅度的提升;在军工科技如"两弹一星"的研制上走在了世界的前列。在这个过程中,中国实现了从一个农业国向一个初级工业国的转化:1952年,工业占国民生产总值的30%,农业产值占64%;而到1975年,这个比例关系发生了逆转,工业占72%,农业占28%。[①] 实际上,在第二次世界大战后的一段时间内,计划经济国家的经济绩效表现是相当好的,他们的经济增长和工农业增长甚至高于发达国家的水平(见表3-6)。但是,由于国家执行重工业优先发展和农业支持工业发展的国家战略,也导致农业相对衰退,工农业关系失衡等负面经济后果:一是国内生产总值中农业份额下降比重大,工业、重工业份额大幅上涨。二是基本建设投资中农业投资基本维持不变,而工业尤其是重工业投资上涨很多。1952—1978年,整个国民经济基本建设投资的49.2%都投向于重工业,最高时达到54.0%。[②] 考察这一阶段中国城乡发展历程,可以发现,我们是在生产力发展水平较低的前提下,优先建立起了生产资料公有制和计划经济体制,经济体制建设领先于生产力水平更进一步激发了党的高层加快生产力发展的坚定决心。在这里,我们在构建分析框架中提出的要考虑到中国制度和体制的快速转型对生产力的反作用甚至是一定程度的决定作用,就很好地体现了出来。

表3-6　1961—1970年世界、发达国家、中央计划经济体和发展中国家
　　　　国内生产总值和工农业生产的年均增长率　　　　　　　（单位:%）

国内生产总值（1960年不变价格）	
世界	5.4
发达国家[a]	5.0
中央计划经济体[bc]	6.7

① 张宇、谢地、任保平、蒋永穆等:《中国特色社会主义政治经济学》,高等教育出版社2017年版,第37—38页。
② 居占杰:《我国城乡关系阶段性特征及统筹城乡发展路径选择》,《江西财经大学学报》2011年第1期。

续表

国内生产总值（1960 年不变价格）	
发展中国家[d]	5.5
工业生产	
世界	6.7
发达国家[a]	5.8
中央计划经济体[bc]	8.3
发展中国家[d]	7.1
农业生产	
世界	2.6
发达国家[a]	2.5
中央计划经济体[bc]	3.0
发展中国家[d]	2.8

注:估计方法因生产要素和国家集团而异。出于这个原因,并且由于给国家组分配权重的问题,对合计变化的解释应谨慎,总的数字只提供了一个粗略的、现成的、反映每年变化幅度的指标。
a 包含北美,欧洲北部、南部和西部,澳大利亚,新西兰,日本和南非。
b 包括东欧和苏联。
c 数据是指净物质产品,与其他国家集团的数据没有严格的可比性。
d 包括拉丁美洲和加勒比、非洲(南非除外)、亚洲(中国、朝鲜、日本、蒙古国和越南除外)。
资料来源:《世界经济调查》,1972 年。

但要特别说明的是,在这一阶段,我国并非完全不重视均衡发展,当经济出现不均衡以至于影响经济发展、明显降低人民生活水平,威胁到社会主义发展方向和党的领导时,我们就会重新审视并修正非均衡战略。如毛泽东就注意到农轻重的发展不均衡是不利的,并强调了农轻重协调发展的必要性,他在《论十大关系》和《如何正确处理人民内部矛盾问题》中都做了相关论述。毛泽东还在《关于正确处理人民内部矛盾的问题》中提出了统筹兼顾、综合平衡的思想①。

---

① 综合平衡思想要求重点与一般相结合,强调各产业之间的协调发展。实践中,统筹兼顾的思想集中体现在"三线建设"上,其是从 20 世纪 60 年代中期开始到 80 年代初,在中国西部地区内陆开展了一场大规模的经济建设运动,目标在于改变生产力布局,带动落后地区发展,缩小地区间发展差距。

（二）分阶段考察

因为这一阶段我国经历了多次制度转型和战略调整，城乡关系也随之变化，所以，我们将以制度转型和战略调整以及相应的城乡关系的重大变化为依据，分三个阶段具体考察新中国成立之后到改革开放前中国城乡关系的演进过程。

1. 第一阶段（1949—1952 年）：城乡融合的新型城乡关系的初步建立

面对半殖民地半封建经济对中国城乡经济的巨大冲击以及出现的城乡分离的局面，中国共产党在新中国成立前夕就产生了建立新型城乡关系的想法。毛泽东在 1949 年 3 月召开的中央七届二中全会上强调，"从现在起，开始了由城市到乡村并由城市领导乡村的时期"，但这并不意味着要只重视城市，忽视农村。1949 年 4 月，刘少奇在著名的田间讲话中也做了类似的强调。

在实践中，主要开展了两项工作：一是恢复和发展农村商品经济。建立了国营商业和供销合作社体系，掌握重要物资；发展集市贸易，推动城乡物资相互流动。二是处理好农副产品与工业产品两类商品之间价格的关系，制定合理的价格。国家于 1951 年 11 月、1952 年 2 月、9 月和 12 月四次提高了农副产品的价格，涨幅达 21.6%，农村工业品零售价格提高 9.7%，工农业产品比价平均指数从 1950 年的 100 下降至 1952 年的 90.3①，这样，工农业产品价格"剪刀差"得以缩小。经过以上两项措施，城乡关系初步向好发展。这一阶段，全国工农业总产值达到 827.2 亿元，比中国历史最高水平的 1936 年增长 20%；中国城市人口由 5765 万人增加到 7163 万人，增加了将近 1400 万人。②

---

① 陈明：《国民经济恢复时期（1949—1952）的城乡关系研究》，《四川大学学报（哲学社会科学版）》2004 年第 S1 期。

② 高佩义：《中外城市化比较研究》，南开大学出版社 1992 年版，第 88 页。

2. 第二阶段(1953—1957 年):城乡融合的新型城乡关系不断发展

国民经济恢复后,1953 年我国开始执行第一个五年计划,城乡关系总体上沿着城乡协调的方向发展。这一时期城乡之间的生产要素流动相对自由,而且可以城乡对流,城乡融合的新型城乡关系不断发展。国家为了进一步促进城乡融合,一是在上一阶段的基础上,进一步提高农产品收购价格。"一五"期间,国家进一步缩小了工农业产品的价格"剪刀差":农副产品收购价格和农村工业品销售价格指数分别从 1952 年的 121.6 和 109.7 上升为 1957 年的 146.2 和 112.1①——农副产品收购价格指数提高了 20.2%,而农村工业品的销售价格指数只提高了 2.2%。② 二是新建和扩建部分城市,城镇人口比重逐渐上升。"一五"时期,国家进行了大规模的工业建设,新建和扩建了部分城市,1952—1957 年新增城市 22 座。③ 城市数量的增加和规模的扩张带来了更多的就业机会,在尚没有进行户籍限制的情况下,城镇人口从 1952 年的 7163 万人增加到 1957 年的 9949 万人,净增人口中,从农村迁入的约有 1500 万人。④

3. 第三阶段(1958—1978 年):中国城乡关系在曲折中发展

1958 年,党的八大二次会议通过了"鼓足干劲、力争上游、多快好省地建设社会主义"的总路线,一年多之前在党的八大上提出的正确的社会主义建设思想遭到否定,反映到我国城乡关系实践中:发动了"大跃进"和人民公社化运动。但是,本着快速实现工业化的目的,"大跃进"违背了生产力发展规律和经济结构综合平衡规律,以人民公社的形式来组织农业生产和农业剩余分配又在一定程度上背离了人的经济本性,加之自然灾害,国民经济出现困

---

① 以 1950 年价格指数为 100。

② 张立艳:《建国以来城乡关系演变的历史考察与现实思考》,东北师范大学 2005 年硕士学位论文。

③ 其中人口超 100 万的特大城市 1 座,人口 50 万—100 万的大城市 8 座,人口 20 万—50 万的中等城市 13 座。具体可参见陈立:《中国国家战略问题报告》,中国社会科学出版社 2002 年版,第 99 页。

④ 陆学艺、李培林:《中国社会发展报告》,辽宁人民出版社 1991 年版,第 284 页。

难,经济比例完全失调:1957—1960 年,工业总产值由 704 亿元增加到 1637 亿元,按可比价格计算,增长 1.3 倍,而农业总产值却由 537 亿元下降至 457 亿元,按可比价格计算,下降 22.8%。[①] 同时,为保证"大跃进"的顺利进行而从农村招工却导致城镇人口的迅速扩张,带来的直接问题就是粮食产量减少、城市粮食供给困难,全国粮食总产量由 3900 亿斤降至 3200 亿斤。[②] 人口非正常死亡增加,全国总人口净减少 1000 万人。[③]

面对困难局面,我国实行了"调整、巩固、充实、提高"的方针,缓解了城乡之间的紧张状况。但"文化大革命"的爆发再次破坏了趋好的城乡关系,1966—1978 年,我国工农之间、城乡之间的发展极不协调:一是城市化速度滞缓。1966—1977 年,城市人口年均增速低于总人口年均增速 0.21 个百分点;1977 年城市化率甚至比 1965 年的城市化率还低 0.43 个百分点。[④] 而且,新设市极少,建制镇数量下降,城市规模结构更加不合理。二是工农业发展不协调。1965—1978 年,工业总产值增加了 2 倍,农业总产值只增加了 67.7%。[⑤] 三是城乡间人口流动被完全阻断。这一阶段,国家对农村劳动力向城市流动控制严,导致农村剩余劳动力大量滞留。

二、改革开放前城乡关系演进的原因

为推行重工业优先发展的战略,国家制定了一系列制度,其中涉及城乡关系的有工农业产品不等价交换、统购统销、农业合作化和人口流动控制等,形成了一个刚性制度体系确保农业对工业、农村对城市的持续贡献。

---

① 中共中央党史研究室:《中国共产党历史》第二卷,中共党史出版社 2011 年版,第 560 页。

② 陈立:《中国国家战略问题报告》,中国社会科学出版社 2002 年版,第 100 页。

③ 匡家在:《中国五年计划的演进——制度变迁与经验研究》,人民出版社 2020 年版,第 69 页。

④ 辜胜阻、刘传江:《人口流动与农村城镇化战略管理》,华中理工大学出版社 2000 年版,第 305 页。

⑤ 陈立:《中国国家战略问题报告》,中国社会科学出版社 2002 年版,第 103 页。

第一,工农业产品价格"剪刀差"确保了农村剩余用于支持工业和城市发展。为了支持工业,特别是重工业的发展,国家采取扭曲工农业产品相对价格和交换关系的政策,制造了有利于工业积累的价格关系。1952—1990年,中国工业化利用各种方式从农业中取得的剩余总量高达11594亿元,在国民收入积累额中的比重在工业化起步阶段就达到40%以上。[①]

第二,统购统销加剧了城乡分离。在工农业产品存在价格"剪刀差"的情况下,农民的自然选择就是惜售粮食,保护自己对农产品的剩余索取权。但是这样会极大影响粮食生产和供给,直接威胁国家工业化建设。为了解决这个矛盾,1953年11月,政务院通过了《统购统销命令》[②]的规定,随后陆续发布了一系列法规,进一步完善了以粮食和经济作物为主的统购统销制度。该制度有两大特点:一是统购派购的农副产品范围极广。1953年和1954年,规定了粮、棉、油等的统购统销。[③] 1961年,又把农副产品划分为三类:统购产品,包括粮食、棉花和食用油;合同派购产品,涉及烤烟、麻类、甘蔗、茶叶、生猪、牛、羊、蛋类和蔬菜水果等二十余种;其他农副产品属于第三类,其中第一、二类产品必须按照规定的品种和数量出售给国家。[④] 粮食、棉花、油料等作物的收购量占总产量的比重长期较高,其中棉花和油料的占比保持在50%以上(见表3-7)。二是统购统销的粮食占农民所生产粮食的比例极高。1955年《农村粮食统购统销暂行办法》明确:"国家向余粮户统购粮食,一般应占其余粮数量的百分之八十至九十。"[⑤]

---

① 李澂:《农业剩余与工业化资本积累》,云南大学出版社1993年版,第310页。
② 全称是《中央人民政府政务院关于实行粮食的计划收购和计划供应的命令》。
③ 对粮、油、棉统购统销的文件分别是:《中共中央关于实行粮食的计划收购与计划供应的决议》(1953年10月16日)、《中共中央关于在全国实行计划收购油料的决定》(1953年11月15日)、《政务院关于实行棉花计划收购的命令》(1954年9月9日)。
④ 中共中央文献研究室:《建国以来重要文献选编》第十四册,中央文献出版社1997年版,第68、73页。
⑤ 中共中央文献研究室:《建国以来重要文献选编》第七册,中央文献出版社1993年版,第127页。

表 3-7　1953—1980 年我国粮食、棉花、油料的收购量及占总产量的比重

年份	粮食		棉花		油料	
	收购量（万吨）	收购量占总产量的比重（%）	收购量（万吨）	收购量占总产量的比重（%）	收购量（万吨）	收购量占总产量的比重（%）
1953	4746	28.4	101.2	86.1	116.5	80.8
1960	5105	35.6	96.2	90.5	77.6	84.9
1965	4868.5	25	202.1	96.3	105.9	66.4
1970	5443.5	22.7	204.2	89.7	89.5	55.4
1975	6086	21.4	221	92.8	99.9	53.1
1980	7299	22.8	268.1	99	195.3	71.1

资料来源:中华人民共和国农业部计划司:《中国农村经济统计大全(1949—1986)》,农业出版社 1989 年版,第 410—415 页。

第三,农业合作化制度为工农业不等价交换和统购统销提供了组织保障。要维持工农业不等价交换并完成大规模统购统销任务,单纯依靠农民自组织是难以实现的。必须建立有效的组织形式对农业生产加以控制,办法就是毛泽东所讲的把"小辫子"编成"大辫子"的农业合作化制度——在短短 5 年,即 1953—1958 年,国家就完成了从初级合作社到高级合作社再到人民公社的演变。到 1958 年 10 月底,我国农村的公社化改造全部完成:74 万多个农业社合并改组为 2.6 万个人民公社,参加的农户达到 1.2 亿户,覆盖全国农户的 99%以上。① 特别要说明的是,农业合作化是全方位的生产要素集合,不仅是生产资料的集合,而且是土地的集合,更是劳动力的集合。

第四,户籍制度锁死了城乡差距和城乡分割局面。在执行以上制度的同时,一方面要保证农村留有充足的劳动力进行农业生产,另一方面要确保城市的就业机会和公共资源不被过多地流入城市的农民所分享,就必须控制农村人口向城市的流动规模。从 20 世纪 50 年代初期开始,国家开始采取禁止企业单位从农村招工、将进城农民遣送原籍、在城市建立收容机构等措施,限制

---

① 顾龙生:《中国共产党经济思想发展史》,山西经济出版社 1996 年版,第 600 页。

农民向城市自由迁移。从 20 世纪 50 年代后期开始,又逐步建立了严格的户籍管理制度体系,把城乡人口迁徙纳入国家控制之下(见表 3-8)。这一系列制度设计及其实施,进一步导致城乡分离,而且因为限制了城乡要素,特别是劳动力的自由流动,城乡差距也被逐渐固化和锁定。

表 3-8 新中国成立以来户籍制度变迁大事记

时间	事　件
1954 年 9 月	第一届全国人民代表大会第一次会议通过的我国首部《中华人民共和国宪法》,其中规定公民有"居住和迁徙的自由"
1954 年 12 月	内务部、公安部、国家统计局发出联合通知,要求建立农村户口登记制度
1956 年 3 月	全国第一次户口工作会议要求在短时期内建立一套比较严密的户口管理制度,以便"发现和防范反革命和各种犯罪分子活动"
1957 年 12 月	中共中央、国务院发布《关于制止农村人口盲目外流的指示》,要求进一步加强户口管理,控制人口流动
1958 年 1 月	全国人大常务委员会第 91 次会议通过了《中华人民共和国户口登记条例》,标志着农村人口向城镇转移开始受到真正明确而严格的管制。规定"公民从农村迁往城市,必须持有城市劳动部门的录用通知、学校的录取证明或者城市户口登记机关的准予迁入证明"。这样,抑制劳动力城乡间流动、跨区流动的户籍壁垒被正式制度化确定下来
1962 年 4 月	公安部发出《关于处理户口迁移问题的通知》,指出:"对农村迁往城市的,必须严格控制;城市迁往农村的,应一律准予落户,不要控制"
1975 年 1 月	第四届全国人大第一次会议通过的《中华人民共和国宪法》删除了"居民有居住和迁徙的自由"的条款
1977 年 11 月	国务院批转《公安部关于处理户口迁移的规定》,强调"从农村迁往市、镇,由农业户口转为非农业户口"。从此,"农转非"一词开始流行起来

资料来源:求是论坛。

三、改革开放前城乡关系的特点

同上一阶段的分析一样,我们也从城的角度、乡的角度、城乡关系的角度三个维度出发考察改革开放前城乡关系的特点。

第一,从城的角度看,改革开放前中国城市呈现三大特点。其一,从生产角度讲,城市工业生产呈现由国家主导推进的特点。一是强调工业化进程与所有制改造同步进行。1953年毛泽东提出了过渡时期总路线,可以概括为"一体两翼"和"一化三改"。其中"一体"指实现国家的社会主义工业化,"两翼"指个体农业、手工业为一翼,资本主义工商业为另一翼,并且要求这两者一起发展;"一化"——国家的社会主义工业化与"三改"——农业、手工业、资本主义工商业的社会主义改造同步完成。二是强调速度,实行"赶超"战略。这种思想集中体现在党的八大二次会议通过的"鼓足干劲、力争上游、多快好省地建设社会主义"的总路线中。会议提出了我国工业以及钢铁和主要工业产品追赶英国的目标,并提出了我国科学技术在尽快"实现'十二年科学发展规划'的基础上,尽快地赶上世界上最先进的水平"的目标①,又提出争取用7年和15年的时间,分别实现对英国和美国的赶超。三是强调重工业发展。我国在工业生产中片面强调重工业,而忽视农业和轻工业的发展。1952—1978年,我国基本建设投资中的49.2%都投向了重工业,这一比例最高时达54.0%。②

其二,从所有制角度讲,城市所有制呈现单一公有制的特点。新中国成立后,国家通过委托加工、计划订货、统购统销、公私合营等一系列形式,开始对城市资本主义工商业进行社会主义改造。经过改造,城市的所有制结构由新民主主义经济③转变为单一公有制经济。

其三,从城市化角度讲,城市化进程出现诸多问题。一是城市化进程缓慢。在计划经济时代,中国城市化水平始终没有明显提高。从1950—1980年,世界城市化率从28.4%上升到41.3%,但我国城市人口比重仅由11.2%上升到19.4%④,而且城市化速度远低于工业化速度。1978年中国工业总产

---

① 中共中央文献研究室:《建国以来重要文献选编》第十一册,中央文献出版社1995年版,第305页。

② 居占杰:《我国城乡关系阶段性特征及统筹城乡发展路径选择》,《江西财经大学学报》2011年第1期。

③ 新民主主义经济包括国营经济、合作社经济、个体经济、私人资本主义经济、国家资本主义经济五种经济成分。

④ 许涤新:《当代中国的人口》,中国社会科学出版社1988年版,第294—295页。

值比 1949 年增长了 38.18 倍,社会总产值增长 12.44 倍。当然,关于当时中国城市化进程缓慢,还有一个重要原因,是我们也有将农村剩余劳动力就地转化的思想和实践,如毛泽东主席就提出,"解决农村剩余劳动力,理想方式是在农村发展工业,使农民就地转化,而非将农村人口转移到城市的工业部门"①。而在形式上,人民公社正是农村工业化的一种尝试。显然在这个层面上,人民公社绝不是苏联集体农庄的简单翻版或是复制,这在毛泽东亲自主持制定的《关于人民公社若干问题的决议》中就有体现,《关于人民公社若干问题的决议》提出,"广泛地实现国家工业化、公社工业化和农业机械化电气化"②。二是城镇体系不合理。由于农业剩余有限,农村商品生产和集市贸易急剧萎缩,在大城市数量增加、人口增长的同时,镇的人口增长十分缓慢,小城市和镇的数量甚至出现下降(见表 3-9)。

表 3-9　1957 年与 1978 年中国各类规模城镇数量对比　　(单位:个)

年份	城市总数	特大城市	大城市	中等城市	小城市	建制镇
1957	178	10	18	36	114	3596
1978	192	13	27	60	92	2850

资料来源:张雨林:《我国城乡关系的历史考察》上,《中国农村经济》1989 年第 9 期。

　　第二,从乡的角度看,改革开放前农村呈现三大特点。其一,从生产角度讲,农业生产呈现"以粮为纲"与"全面发展"相协调的特点。1957 年 1 月,毛泽东在省市自治区党委书记会议上强调:"全党一定要重视农业。农业关系国计民生极大。要注意,不抓粮食很危险。不抓粮食,总有一天要天下大乱。"③"全面发展"就是指"以粮为纲,'粮、棉、油、菜、糖、果、烟、茶、丝、麻、药、杂'十二个

①　张慧鹏:《城乡关系:以人为本还是以资为本?——毛泽东构建新型工农城乡关系的探索与启示》,《马克思主义与现实》2017 年第 6 期。
②　中共中央文献研究室:《建国以来重要文献选编》第十一册,中央文献出版社 1995 年版,第 602 页。
③　中共中央文献研究室:《毛泽东文集》第七卷,人民出版社 1999 年版,第 199 页。

字统一安排,全面发展多种经营,商品性生产和自给性生产并举"①。但是在"大跃进"时期,"以粮为纲"不但没有得到正确的理解和执行,反而异化为一系列"左"倾错误,给农业带来了致命的打击。在随后的"文化大革命"时期,这个方针更是被简化为两个等式:农业＝种植业、种植业＝粮食生产,导致片面追求粮食增长,农业生产出现结构性失衡(见表3-10)。片面追求粮食生产的第二个后果是农村剩余劳动力无法从事副业生产,随着人口增长,单位耕地承载的劳动力又不断增多,从1966年至1976年,粮食生产投入的劳动力从0.13人/亩增加到0.16人/亩。

表3-10　1966年、1976年粮食、棉花和油料作物的产量变化

(单位:万吨)

年份	粮食	棉花	油料
1966	21400	233.7	386.4
1976	28631	205.5	400.8

资料来源:白永秀、任保平、何爱平:《中国共产党经济思想90年》,人民出版社2011年版。

其二,从所有制角度讲,农村出现"一大二公"和"一平二调"的特点。"一大二公"中的"大"一方面指人民公社的规模大——人民公社一般都在四五千户以上;另一方面指人民公社的经营范围大,初级社以农业生产为主,而人民公社则是"工农商学兵""五位一体"的社会基层组织。"公"是指人民公社的公有化程度高:由集体所有制转化为全民所有制。②"一平二调"是在公社全社范围内实

───────────

①　中共中央文献研究室:《建国以来重要文献选编》第十三册,中央文献出版社1996年版,第98页。

②　具体表现为五点:一是把农村中原属全民所有制的银行、商店和其他企业下放到公社管理,使人民公社集体所有制经济中增添了若干全民所有制的成分;二是人民公社把社员的自留地、家庭副业、家禽家畜都收归社有,进一步消除了生产资料私有制的残余;三是在人民公社举办具有社会主义性质的免费公共事业,如公共食堂、学校、幼儿园、幸福院等;四是实行工资制和主要生产资料供给制相结合的分配制度;五是实行"组织军事化、行动战斗化、生活集体化",崇尚集体、淡化家庭。

行平均分配,公社可以无偿调用社员、资金和财产,实行供给制和工资制相结合的分配制度。如《河南省遂平县卫星人民公社试行简章》就规定"各农业社合并为公社之后,应将一切固有菜场交给公社,多者不退,少者不补。原来债务除少量用于当年度生产周转者自行清理外,全归公社负责偿还,社员应交出全部自留地、私有房基、牲畜和林木归公社所有……只可以留下小量的家畜、家禽"①。

其三,从管理方式角度看,农村管理方式呈现"三级所有,队为基础"的特点。1958年12月通过的《关于人民公社若干问题的决议》规定:人民公社应当统一领导、分级管理,一般可分为公社管理委员会、生产队、生产小队三级。《人民日报》社论也强调"加强生产队的基本所有制,是当前进一步巩固农村人民公社和进一步发展农业生产力的中心环节"②。1962年2月中共中央发出的《关于改变农村人民公社基本核算单位问题的指示》奠定了此后二十多年农村经济管理体制的基本模式。

第三,从城乡关系角度看,改革开放前城乡关系呈现四大特点。其一,城乡基本经济制度异化。在计划经济形态下,城市和农村的经济制度发生了变化和分离,呈现出迥异的特点。在城市中,计划经济为主,市场经济为辅,表现为陈云1956年提出的"三个主体、三个补充"③。在农村中,以自然经济为主,计划经济和市场经济为辅。具体来说,计划经济形态下的中国农村依然保留了几千年历史所遗留下来的自然经济制度和小农经济文化,基本处于自给自足的状态下。但是统购统销和户籍制度等又将农民置于计划经济之下,同时在农村计划经济无力涉及的交易部分,还保留着市场经济的成分。

其二,城乡产业单向互动。计划经济形态下,城乡产业发展单向互动表现为农业单向支持工业发展。一是工业发展依靠农业。毛泽东在《关于正确处

---

① 卫兴华、洪银兴:《中国共产党经济思想史论》,江苏人民出版社1994年版,第423页。
② 《三级所有队为基础是现阶段人民公社的根本制度》,《人民日报》1960年12月21日。
③ 国家经营和集体经营是工商业经营的主体,一定数量的个体经营是其必要补充;计划生产是工农业生产的主体,按照市场变化组织的而在国家计划许可范围内的自由生产是其必要补充;国际市场是社会主义统一市场的主体,一定范围内国家领导的自由市场是其必要补充。

理人民内部矛盾的问题》中阐述,"发展工业必须和发展农业同时并举,工业才有原料和市场,才有可能为建立强大的重工业积累较多的资金","轻工业和农业有极密切的关系。没有农业,就没有轻工业。重工业要以农业为重要市场这一点,目前还没有使人们看得很清楚"①。二是农业对工业发展形成制约:农民供应商品粮的多寡制约着城市工业的规模。

其三,城乡分离程度加剧。从积极方面看,一整套计划经济体制加速了国家工业化进程。但从消极方面看,它阻碍了"三农"的发展,导致了城乡分离和分割:一是农业相对衰退,工农业比例失调。以1952年工业总产值指数为100,1979年已经增长到1734.4,重工业指数更是高达2991.6,而同期农业指数只有249.4。② 二是城乡差距有所拉大。工业化长期抽取农业剩余,拉大了城乡差距。1952—1978年,农村居民的消费水平增长仅为57.5%,相当于同期城市居民消费水平增长速度的一半。1978年农村居民人均纯收入133.57元,人均生活消费品支出69.63元,其中食品支出46.59元,占65.8%。以恩格尔系数衡量,农民处于绝对贫困状态。③ 1980年,在529.57万个农村基本核算单位(生产队)中,人均年收入低于50元的有145.17万个,占比高达27.41%;低于100元的达391.69万个,占比高达73.96%。④ 三是城乡间的要素流动被阻断,工农业联系被割断。

其四,城乡二元结构扩展。在计划经济时期,城乡二元结构由城乡经济二元结构向城乡政治二元结构扩展。户籍制度一方面将农民钉在土地上,需要他们完成为工业和城市提供积累的任务;另一方面又将农民排除在城市之外,他们难以享受城市较好的生活条件和公共服务水平。日益完善的户籍制度也制造了城乡居民在政治上的不平等,农民难以进入城市,更无法进入政府系

---

① 中共中央文献研究室:《建国以来重要文献选编》第十册,中央文献出版社1994年版,第101页。

② 国家统计局:《中国统计年鉴(1981)》,中国统计出版社1982年版,第18页。

③ 韩俊:《中国城乡关系演变60年:回顾与展望》,《改革》2009年第11期。

④ 国家统计局:《中国统计年鉴(1981)》,中国统计出版社1982年版,第199页。

统,影响政治决策。户籍制度造就的城乡二元政治结构一直持续到改革开放之后。

第三节 改革开放后中国城乡关系演进 （1978 年 12 月至今）

一、改革开放后城乡关系演进的过程

（一）总体概述

中国改革开放后,中国国家力量和国家能力并没有随着市场化改革而削弱,在这一阶段,中国经济建设之所以取得巨大的成就,关键是采取了符合我国国情的经济发展和改革战略——坚持中国共产党领导和社会主义道路的市场化取向的渐进式改革与深化开放战略。坚持党的领导和社会主义方向是改革的本质属性,也是中国和其他转轨国家改革的最大差别;市场化取向就是将中国的经济体制逐步由计划经济体制向市场经济体制转变,实现所有制结构的优化调整;渐进式改革是以渐进的方式最大限度地降低改革的成本、谋求改革的最大公约数,不断对现有体制的不足、现有经济（生产）关系的矛盾进行变革;全面对外开放就是在改革开放思想的指导下,积极主动地寻求与世界各个国家的对外经济交往,不断地减少甚至消除影响国家对外经济交往的制度和政策壁垒。①

---

① 具体来说,这一战略可以从五个方面展开分析:第一,坚持中国共产党领导和坚守社会主义制度是中国改革的本质属性。第二,按照市场化这一中国改革的主线,形成了富有中国特色的三维市场经济。第三,在保证公有制为主体的前提下,进行所有制结构的动态调整,同步推进国有企业改革和民营经济发展。第四,实行对外开放是建立和完善社会主义市场经济体制的必然选择。第五,处理好国家和市场、中央和地方两对关系是我国经济发展的主要经验。具体参见吴丰华:《新中国成立 70 年中国经济发展的阶段、成就与战略》,此文载于孟捷等著的《中国经济发展的逻辑》,上海人民出版社 2019 年版。

市场化取向的制度安排和改革开放的国家战略也在深深地影响着中国城乡关系的格局和演变。1978年年底,党的十一届三中全会标志着改革开放的开始,以家庭联产承包责任制改革为核心的农村土地和经营制度改革席卷全国。此后几年城乡关系向好发展。1984年10月,党的十二届三中全会通过了《中共中央关于经济体制改革的决定》,改革重点从农村转向城市。20世纪90年代初期将改革目标确定为建设社会主义市场经济体制后,城市因为发展市场经济的天然优势使得发展速度明显快于农村,又因为国家财税体制改革致使地方财力不足,导致农民负担再次加重,城乡差距也不断拉大。2003年,党的十六届三中全会把统筹城乡发展列为五大统筹发展战略之首。2004年伊始,中央再次把"三农"问题列为"一号文件",此后每年的中央"一号文件"都是以"三农"问题为主题。这一时期,中央提出了构建城乡经济社会一体化新格局的战略目标和"两个反哺"的理论,实施了统筹城乡发展、新农村建设等多项措施。在这些促进城乡发展的战略和思想的作用下,城乡收入差距在2009年到达峰值后开始下降。2012年党的十八大之后,在全面建成小康社会的战略目标指引下,国家陆续出台和实施了精准扶贫、乡村振兴、农业供给侧结构性改革等重大战略和措施,我国城乡关系持续向好发展。2017年11月,习近平总书记在党的十九大报告中进一步提出了城乡融合发展的战略思路,将它作为中国特色社会主义新时代指导我国构建新型城乡关系的核心战略。

（二）分阶段考察

依据我国城乡关系自身的阶段性变化,以及党和国家对城乡发展的重大决策和部署为节点,我们可以将改革开放以来的城乡关系发展划分为四大阶段:城乡关系趋好阶段(1978—1984年9月)、城乡再度分离阶段(1984年10月—2003年9月)、城乡统筹发展阶段(2003年10月—2012年10月)和城乡全面融合发展阶段(2012年11月至今)。在市场化改革下,市场和政府的力量共同作用,制度破冰和创新改革同步推进,城乡居民共同努力,中国城乡关系呈现出独特的发展轨迹,经历了深刻变迁并得到了极大改善。我们将党的十八大以来以习近平同志为核心的党中央形成的城乡发展理论总结为"城乡发展目标理论—城乡发展路径理论—城乡发展对策理论"组成的理论体系。下面我们将分四个阶段具体阐述改革开放后中国城乡关系的发展。

1. 第一阶段(1978—1984 年 9 月):改革开放促进城乡关系向好

党的十一届三中全会作出了实行改革开放的重大决策。关于农村改革,全会将《中共中央关于加快农业发展若干问题的决定(草案)》等文件发到各省、自治区、直辖市讨论并试行,随后正式发布。实际上,这一阶段农村改革实践领先于理论和党的文件精神,发轫自安徽省凤阳县小岗村的农村经营体制的变革——家庭联产承包责任制改革在全国的大范围推广释放了农民的生产积极性,这项改革于稍晚在 1981 年以"一号文件"的形式被中央所肯定。到 1983 年年底,共有 98% 以上的农户采取了各种形式的承包责任制,其中采取包干到户形式的达到 94.5%。① 家庭联产承包责任制也是对新中国成立前土地改革的部分制度复归。家庭联产承包责任制赋予了农民对土地的控制权、对生产的决策权和对收益的索取权,唤醒了农民的生产积极性,在生产技术几乎没有提高和播种面积小幅下降的情况下,粮食生产获得了连年丰收和快速增长。1978—1984 年,粮食、水稻和其他粮食作物的总产和单产的年均增长率都远高于 1970—1978 年的水平。②

在国家层面,为配合开展农村改革,国家密集出台了多项改革措施,促进了农业快速发展和城乡关系趋好。首先,提高粮食收购价格。1983 年农副产品的收购价格比 1978 年上涨超过 50%。这直接缩小了工农业"剪刀差",带动了农民增收。其次,放开市场。国家逐渐废除统购统销制度、放开农村市

---

① 武力:《1949—2006 年城乡关系演变的历史分析》,《中国经济史研究》2007 年第 1 期。
② 黄季焜等:《制度变迁和可持续发展》,上海格致出版社、上海人民出版社 2008 年版,第 58 页。

场,允许农民发展多种经营。1983 年,国务院先后转批了国家体改委、商业部《关于改革农村商品流通体制若干问题的试行规定》和商业部《关于完成粮油统购任务后试行多渠道经济若干问题的试行规定》,基本恢复了基层供销社的合作商业性质,放开了对吸收农民股金的限制,并且鼓励农村剩余劳动力从事农业种植之外的农村副业经营——如商业、修理、运输、餐饮等。1984 年,中共中央、国务院转发了农牧渔业部和部党组《关于积极发展农村多种经营的报告》和国家农委《关于开创社队企业新局面的报告》两份文件,鼓励发展多种经营、乡镇企业和个体工商业。再次,1985 年年初中共中央、国务院发布的"一号文件"《关于进一步活跃农村经济的十项政策》中规定"除个别品种外,国家不再向农民下达农产品统购派购任务,按照不同情况,分别实行合同订购和市场收购"①。这标志着实行三十多年的粮食统购统销制度瓦解,市场交易替代计划供应成了粮食流通的主渠道。② 同时,地方和国家开始调整农村经济组织架构,即改革人民公社制度。1982 年年底,修改后的《宪法》规定乡镇是我国农村最基层的行政区域。③ 1983 年政社分开在全国推广,到 1985年 6 月,全国共建立 9.2 万个乡镇人民政府,82 万多个村民委员会,人民公社退出历史舞台。④ 最后,国家放宽劳动力流动限制。1984 年,《国务院关于农村个体工商业的若干规定》和《国务院关于农民进入集镇落户问题的通知》放松了户籍限制,允许农民外出经营和务工,农村剩余劳动力有了新的出路,城镇化进程也随之加快。

得益于微观主体——农民的探索以及国家密集出台的涉农政策,"三农"

---

① 《中共中央国务院关于"三农"工作的一号文件汇编(1982—2014)》,人民出版社 2014年版,第 56 页。

② 谢志强、姜典航:《城乡关系演变:历史轨迹及其基本特点》,《中共中央党校学报》2011年第 8 期。

③ 谢志强、姜典航:《城乡关系演变:历史轨迹及其基本特点》,《中共中央党校学报》2011年第 8 期。

④ 本段数据来自武力:《中华人民共和国经济史》,时代经济出版社 2010 年版,第 725 页。

困境初步改善,城乡关系向好发展。第一,农业生产潜力得到释放。1984年,全国粮食产量创造了历史最高纪录。从1979年至1984年,全国农业总产值年均增长达到8.4%。① 第二,农村商品经济得到一定程度恢复。农村专业户和多种形式联合生产的出现和发展,加速了中国农村商品经济的发展。截至1984年,粮食商品率达到了30%以上,集市贸易比1978年增加了280%。② 农民非农收入明显增长,1978—1988年,农民非农收入占全部收入的比重由15%上升到36.6%。③ 第三,城乡收入差距持续缩小。1978—1984年,农民人均纯收入年均增幅高达16.17%(见图3-2)。而且,农民的收入和消费增幅均超过城市居民,1978—1985年,农民人均收入和消费增长分别比城镇居民的增长高出71个和47个百分点,城乡收入比从2.57∶1迅速缩小至1.71∶1。④ 第四,计划经济时代停滞的城镇化再次启动。1978—1984年,因为知识青年和下放干部返城、恢复高考、城镇集市开放和发展等多方面原因,我国城镇化率从17.92%提高到23.01%。⑤

2. 第二阶段(1984年10月—2003年9月):改革重点重新转向城市导致城乡再度分离

先行启动的农村改革"破坏"了计划经济下城乡相对稳定和僵化的关系,冲击了城市经济,从而倒逼城市开展改革。改革从农村转向城市,实际契合三重逻辑:一是契合市场经济追求效率的逻辑。城市的资源聚集度更高、规模经济更强、知识溢出更普遍,市场取向改革要追求最大回报,相较于农村,城市能够提供更高的回报。二是契合了中国由易到难、由点到面的渐进式改革逻辑。

① 牛若峰、郭玮、陈凡:《中国经济偏斜循环与农业曲折发展》,中国人民大学出版社1991年版,第44页。
② 本段数据来自武力:《中华人民共和国经济史》,时代经济出版社2010年版,第725页。
③ 国家统计局:《中国统计年鉴(1988)》,中国统计出版社1989年版,第743页。
④ 赵洋:《中国特色社会主义城乡关系变迁:历史、理论与现实》,《思想教育理论导刊》2016年第9期。
⑤ 武力:《1949—2006年城乡关系演变的历史分析》,《中国经济史研究》2007年第1期。

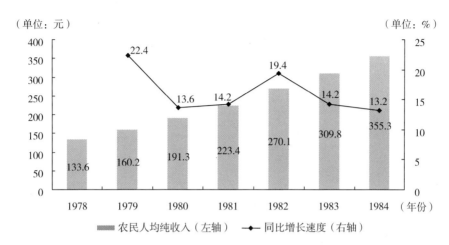

图 3-2　1978—1984 年中国农民纯收入及其增长率

资料来源:根据《中国统计年鉴》数据绘制。

三是契合了市场化改革下我国"二元结构"变化的逻辑,改革重点从农村转向城市,体现了城乡力量对比的变化,一定程度上是城市本地人群体游说的结果。① 同时,以破解"三农"问题为核心的农村改革也在推进。

对于城市改革发展,1984 年 10 月,党的十二届三中全会通过的《中共中央关于经济体制改革的决定》提出"进一步贯彻执行对内搞活经济、对外实行开放的方针,加快以城市为重点的整个经济体制改革的步伐,以利于更好地开创社会主义现代化建设的新局面。"②此后,各项改革在城市全面开展:城镇居民收入分配体制改革扭转了企业内部平均分配的局面,充分调动了城市职工的生产积极性;国有企业也通过"放权让利""两权分离"、产权制度三阶段连续的改革,激发了国有企业的活力;非公有制企业也在渡过了整个 20 世纪 80年代至 90 年代中期的艰难发展之后,在 1997 年党的十五大确立了民营经济相同市场主体地位之后,迎来了跨越式发展。

---

① 吴丰华、韩文龙:《改革开放四十年的城乡关系:历史脉络、阶段特征和未来展望》,《学术月刊》2018 年第 4 期。

② 《中共中央关于经济体制改革的决定》,人民出版社 1984 年版,第 3 页。

对于农村改革发展,一方面,国家继续采取了一系列改革措施。在价格改革方面,国家先后6次实施了较大规模的价格调整,提高了粮食、棉花、肉类等农产品和农副产品的价格。1992—1994年,国家提高了粮、煤、油、运输四大类产品的价格,其中粮食和棉花的价格提高幅度最大,分别提高了51%和40%。1997年,面对之前粮食企业亏损、粮食价格形成机制不完善、国家对粮食调度不力等问题,国家开始改革粮食流通体制。另一方面,我国农民的伟大创举——蓬勃发展的乡镇企业也带动了农村发展。从经济性质角度考察,乡镇企业之所以能够获得巨大发展,在于它多维度的混合性质——乡镇企业以农村第二产业为主,但也包含了农业和服务业;乡镇企业多以集体经济形式出现,但也包含了个私经济形式;乡镇企业囊括了承包、租赁、托管、集体、股份合作等多种经营形式,混合性质决定了在农村各种经济制度体制尚不健全、各种道路尚在探索碰撞的改革初始阶段,乡镇企业以其包容性和灵活性,在城市改革滞后、城市第二三产业发展滞后、城市建设滞后的整个20世纪80年代和90年代,不仅为中国农村开辟出广阔的生产门路,也为广大农村剩余劳动力就地转移开辟了出路,而且为中国开辟了一条根植于农村非农产业发展的独特工业化之路。现实中,中国乡镇企业在这一时期迅速发展。1978—1988年,我国乡镇企业数量从152.42万个增加至1888.16万个,总产值从493.07亿元增加至6495.66亿元,分别提高了11.4倍和12.2倍;[①]乡镇企业累计向国家缴纳税金830亿元,年均增长27%;乡镇企业就业人数从2218万人增加到9545.45万人。[②] 此外,乡镇企业的发展还带动了沿海地区小城镇的兴起,1978—1997年,全国小城镇从2173个增加到1.82万个。[③]

城乡关系改善和乡镇企业发展要求在城乡的更大范围内建立要素自由流动、价格(包括劳动力价格)市场决定的市场经济体制,这就需要进一步松绑

---

① 武力:《中华人民共和国经济史》,时代经济出版社2010年版,第788页。

② 国家统计局:《中国统计年鉴(1995)》,中国统计出版社1995年版。

③ 武力:《1949—2006年城乡关系演变的历史分析》,《中国经济史研究》2007年第1期。

户籍制度。1984 年中央"一号文件"允许务工、经商、办服装业的农民自带口粮在城镇落户。作为人口管理现代化基础的居民身份证制度于 1985 年 9 月正式实施。1993 年同城市户口挂钩的粮本与粮票退出历史。1994 年,国家不再以商品粮为标准,而是以居住地和职业划分——建立常住、暂住、寄住三类户口登记制度。1997—2001 年,国务院先后批转了公安部《小城镇户籍管理制度改革试点方案和关于完善农村户籍管理制度的意见》《关于推进小城镇户籍管理制度改革的意见》等。此后,户籍制度改革在全国大面积展开:很多中小城镇基本放开了户籍制度,不少大城市也放松了对外地人口落户的限制。户籍制度的放开带来了城镇化的快速发展,我国城镇化率从 1985 年的 23.71% 提高到 2002 年的 39.09%。[1]

　　城市中的国有经济和民营经济的改革促进了城市第二产业的发展,创造了更多的就业岗位,户籍制度改革又让农民和外来人口可以进入城市获得更高的收入,同时,农村乡镇企业快速发展起来。这些改革措施填补了上一阶段家庭联产承包责任制改革之后留出的改革真空,在提高农民收入和城镇化水平的同时,进一步改善了城乡关系。一是在乡镇企业发展带动下,农村非农产业快速发展。1994 年,农村工业增加值占全国工业总产值的比重已经超过 50%,更是占到农村社会总产值的 74.3%。[2] 二是城镇化快速发展,1992—2003 年,全国城市化率由 27.63% 提高到 40.5%。[3] 三是农民工群体发展起来。20 世纪 80 年代末农民工发展起来,1993 年党的十四届三中全会又提出"逐渐形成劳动力市场"。到 1996 年,农民工有 5000 万—6000 万人,到 2002 年,全国农民工数量增长到了 9000 万人以上。

　　但是从总体来看,因为这一阶段改革重点在城市,虽然城市和农村都有所

　　① 谢志强、姜典航:《城乡关系演变:历史轨迹及其基本特点》,《中共中央党校学报》2011 年第 8 期。
　　② 刘应杰:《中国城乡关系演变的历史分析》,《当代中国史研究》1996 年第 2 期。
　　③ 国家统计局:《中国统计摘要(2005)》,中国统计出版社 2005 年版,第 39 页。

发展,但城市发展速度明显快于农村,城乡差距不断拉大。首先,城乡收入差距扩大。城乡居民收入比从 1985 年的 1.86∶1 扩大到 1990 年的 2.2∶1、1995 年的 2.71∶1、2002 年的 3.11∶1。① 其次,农民工在身份、教育、就业、社保以及参与城市决策等方面还难以获得和城市居民平等的待遇,而且,因为这些待遇和权利的缺失,造成了二代甚至是三代农民工在身份认同方面的巨大障碍,他们一定程度上成为"既回不去农村,也无法进入城市"的一类群体。最后,城市化过程中农地问题突出,部分失地农民失去了基本的生活保障。

3. 第三阶段(2003 年 10 月—2012 年 10 月):统筹城乡战略带动城乡关系趋好

进入 21 世纪之后,我国经济出现了一些明显的结构性变化,这些带有门槛性质的变化——人均国内生产总值超过 1000 美元、第一产业增加值占GDP 比重下降到 15% 以内、工农业增加值之比超过 3∶1——均达到了国际认可的工业反哺农业的初始化阶段的条件②。党和国家高层陆续提出了关于城乡发展的新认识和新判断,并出台政策、采取实际措施,以扭转上一阶段城乡关系中出现的问题。

第一,理论上提出"两个趋向"③判断,实践上支农强度大幅提高。在"两个趋向"判断的指导下,我国一是大幅提高财政支持力度。2003—2011 年,中央支持"三农"的财政经费从 2144.2 亿元增长至 10408.6 亿元,增长了 3.85 倍。④ 2006 年全面取消农业税后,农民每年减负 1250 多亿元,人均减负 140

---

① 谢志强、姜典航:《城乡关系演变:历史轨迹及其基本特点》,《中共中央党校学报》2011 年第 8 期。

② 马晓河、蓝海涛、黄汉权:《工业反哺农业的国际经验及我国的政策调整思路》,《管理世界》2005 年第 7 期。

③ 2004 年,党的十六届四中全会提出:"综观一些工业化国家发展的历程,在工业化初始阶段,农业支持工业、为工业提供积累是带有普遍性的趋向;但在工业化达到相当程度以后,工业反哺农业、城市支持农村,实现工业与农业、城市与农村协调发展,也是带有普遍性的趋向。"具体可参见《十六大以来重要文献选编》中册,中央文献出版社 2006 年版,第 311 页。

④ 数据来自中华人民共和国财政部网站。

元左右。① 二是丰富了财政支农的方式。启动了对农民的直接补贴,"十五"期间,中央财政对农民直接补贴超过 11000 亿元,"四项补贴"②已成为农民增收的重要来源。三是加大了对农村教育、医疗、卫生等公共服务的支持。以教育为例,2005 年年底,《国务院关于深化农村义务教育经费保障机制改革的通知》规定:"全部免除农村义务教育阶段学生学杂费,对贫困家庭学生免费提供教科书并补助寄宿生生活费。"③

第二,理论上提出"城乡经济社会一体化",在实践中构建城乡经济社会一体化新格局。2007 年 10 月,党的十七大报告提出"建立以工促农、以城带乡长效机制,形成城乡经济社会发展一体化新格局"④。2008 年,党的十七届三中全会指出"把加快形成城乡经济社会发展一体化新格局作为根本要求"⑤。城乡经济社会一体化理论成为这一阶段指导我国统筹城乡实践的新指南。在实践中,一是设立统筹城乡发展综合改革试验区——2007 年,中央将成都市和重庆市列为统筹城乡综合配套改革试验区,进行统筹城乡发展的先改先试,此后,重庆市和成都市在农村土地制度、农村社会保障等多个领域探索出了一系列创新措施,形成了一些在全国推广的模式。二是大力实施社会主义新农村建设,这项建设任务始于党的十六届五中全会,核心在于促使农村发展、实现五方面目标——"生产发展、生活宽裕、乡风文明、村容整洁、管理民主"⑥。

---

① 金人庆:《扩大公共财政覆盖农村范围,建立支农资金稳定增长机制》,《求是》2006 年第 8 期。

② 即粮食直补、良种补贴、农机具购置补贴和农资综合补贴。

③ 《国务院关于深化农村义务教育经费保障机制改革的通知》,《中华人民共和国国务院公报》2006 年第 5 期。

④ 胡锦涛:《高举中国特色社会主义伟大旗帜 为夺取全面建设小康社会新胜利而奋斗——在中国共产党第十七次全国代表大会上的报告》,人民出版社 2007 年版,第 23 页。

⑤ 《中共中央关于推进农村改革发展若干重大问题的决定》,人民出版社 2008 年版,第 8 页。

⑥ 《中共中央国务院关于推进社会主义新农村建设的若干意见》,人民出版社 2006 年版,第 3 页。

第三,户籍制度和农地制度突破,实践中破冰改革。2001年,国务院转批公安部《关于推进小城镇户籍管理制度改革的意见》,标志着在中央层面户籍制度的系统突破。在地方,经济较发达、接收外来人口较多的东南沿海一些城市——如上海市、广州市开始打破原有户籍制度的束缚,主要改革措施包括:缩小城市外来人口和原住居民之间的各种差别,提高农民工待遇、赋予他们更多和城市居民一样的权利。在农地制度方面,改革重点是逐渐推进土地流转。

在上述创新的理论指导下,我国采取了一系列改革措施,城乡差距开始缩小。2010年农民人均纯收入同比增长14.9%,自1998年以来首次超过城镇居民人均可支配收入的增幅。[①] 城乡居民收入比从改革开放之后的最高值——2009年的3.33∶1下降到了2011年的3.13∶1。而且,农村居民的收入结构也在不断改善。[②] 农民工群体持续壮大,有更多农民工参与到了中国的市场化和城市化过程中。全国农民工数量从上一阶段结束时(2002年)的9000万人增长到了2011年年底的25728万人。[③] 当然,所有的问题不可能在这个阶段全部解决,面对不断发展变化的新形势和社会主要矛盾的新变化,现实呼唤新的理论指导后续的城乡关系发展实践。

4. 第四阶段(2012年11月至今):全面建成小康社会下的城乡全面发展

党的十八大以来,以习近平同志为核心的党中央统筹推进"五位一体"总体布局,提出一系列新理念和新战略,中国社会主义发展也进入新时代。在城乡关系方面,习近平总书记提出了一系列新理论和实践战略,形成了由"城乡

---

① 李力:《亿万农民得到更多实惠》,《经济日报》2011年2月16日。

② 1990—2011年,农村居民工资性收入占比从20.2%上升至42.5%,家庭经营纯收入从75.6%下降至46.2%,而财产性收入和转移性收入从4.2%上升至11.4%。农民非农业生产的收入占比越来越高,而农业生产的收入占比越来越低,说明农民参与市场的程度逐步提高。具体数据来自《中国统计年鉴(2012)》,国家统计局官方网站。

③ 从输出地区看,东部地区输出农民工10790万人,占全国农民工总量的42.7%;中部地区农民工7942万人,占全国农民工总量的31.4%;西部地区农民工6546万人,占全国农民工总量的25.9%。具体数据来自《2011年我国农民工调查监测报告》,国家统计局官方网站,2012年4月27日。

发展总目标理论—城乡发展路径理论—城乡发展对策理论"组成的"三位一体"的有机理论体系。①

第一,城乡发展总目标理论,即以城乡高质量融合发展为总目标。可以分为两步实现,第一步,在全面建成小康社会阶段(2012—2020 年),目标是农村绝对贫困人口全部脱贫。习近平总书记上任伊始就强调:"全面建成小康社会,最艰巨最繁重的任务在农村,没有农村的小康,特别是没有贫困地区的小康,就没有全面建成小康社会。"②后来又进一步指出,"农业还是'四化同步'的短腿,农村还是全面建成小康社会的短板"。"中国要强,农业必须强;中国要美,农村必须美;中国要富,农民必须富。"③为实现上述目标,全国开展了以精准扶贫精准脱贫为核心要义的脱贫攻坚工作。第二步,从 2020 年到 2050 年,目标是实现城乡高质量融合发展。习近平总书记在党的十九大报告中提出要"按照产业兴旺、生态宜居、乡风文明、治理有效、生活富裕的总要求,建立健全城乡融合发展体制机制和政策体系,加快推进农业农村现代化"④。2018 年中央"一号文件"提出要"使市场在资源配置中起决定性作用,更好发挥政府作用,推动城乡要素自由流动、平等交换,推动新型工业化、信息化、城镇化、农业现代化同步发展,加快形成工农互促、城乡互补、全面融合、共同繁荣的新型工农城乡关系"⑤。实施乡村振兴战略、构建新型城乡关系,这既是对马克思主义城乡思想的回归,也是对新时代城乡关系发展提出的新要求和新战略。2019 年中央"一号文件"指出要推进农业农村优先发展战略,继

① 吴丰华、韩文龙:《改革开放四十年的城乡关系:历史脉络、阶段特征和未来展望》,《学术月刊》2018 年第 4 期。

② 此话为 2012 年 12 月底,习近平总书记到贫困地区和革命老区河北省阜平县看望困难群众时所讲。具体可参考新华社评论员:《没有农村小康就没有全面小康》,《新华每日电讯》2012 年 12 月 31 日。

③ 《关于全面深化农村改革　加快推进农业现代化的若干意见》,人民出版社 2014 年版,第 27 页。

④ 习近平:《决胜全面建成小康社会　夺取新时代中国特色社会主义伟大胜利——在中国共产党第十九次全国代表大会上的报告》,人民出版社 2017 年版,第 32 页。

⑤ 《中共中央国务院关于实施乡村振兴战略的意见》,人民出版社 2018 年版,第 7 页。

续将"三农"问题作为工作的重中之重。乡村振兴是解决我国新时代主要矛盾的重大举措,是弥补我国发展短板的重要抓手,要实现乡村振兴,可以从以下三个方面着手:一是加强城乡间要素的自由流动,使人才、资本、技术等要素实现双向流动,有效解决乡村振兴的人才和资金短缺,以提升农村医疗、教育、卫生、社会保障等公共服务的供给能力和供给水平,并进一步改善农村基础设施建设,构建宜居乡村;二是矫正城乡统筹下政府干预力量过强、市场力量不足,而导致的城乡发展失衡的局面,加大市场调节力度,使城市和乡村发挥各自的优势,逐步实现二者之间的平等发展权;三是重视对农村潜在价值的挖掘,坚持"绿水青山就是金山银山"的发展理念,深度挖掘农村多维价值的表现形式和表现领域,改善生产生活环境,建设成美丽宜居的乡村。

第二,城乡发展路径理论,即以五大发展理念指导新时代的城乡关系发展。创新是驱动城乡发展的核心动力,其中既包括农业现代化技术的创新,也包括农业生产组织方式和经营方式的创新,还包括涉及"三农"的制度的创新;协调是要统筹推进城乡在空间、居民、产业、公共服务等层面协调发展,实现发展机会和权利的均等化;绿色是要以"绿水青山就是金山银山"为理念,改善城乡生态环境,实现城乡产业和资源可持续利用和发展;开放是要让我国农业能够更多参与国际分工、融入国内国际大市场;共享是要保证城乡居民,特别是城乡贫困群体通过城乡融合发展,分享我国在新时代经济社会发展中的成果和收益。

第三,城乡发展对策理论,即以实施乡村振兴战略推动城乡融合发展。乡村振兴"是解决人民日益增长的美好生活需要和不平衡不充分的发展之间矛盾的必然要求,是实现'两个一百年'奋斗目标的必然要求,是实现全体人民共同富裕的必然要求"[1]。重点包括"巩固和完善农村基本经营制

---

① 《中共中央国务院关于实施乡村振兴战略的意见》,人民出版社2018年版,第3页。

度、深化农村土地制度和集体产权制度改革、深入推进农业供给侧结构性改革、促进农村一二三产业融合发展、构建现代农业产业、生产和经营体系、健全乡村治理体系、培养造就懂农业、爱农村、爱农民的'三农'工作队伍"①等内容。

在实践中,在这个三位一体的理论指导下,党的十八大以来,我国出台了一系列涉及"三农"问题的政策文件,其中既有涉及城乡发展的顶层设计和整体规划,也有在具体领域的专项规划、专项方案和专项意见(见表3-11)。上述顶层设计和系列实践促进了近年来我国城乡关系的持续改善:考察城乡收入,2019年我国城乡收入比为2.64∶1,远低于上一阶段末2011年的3.13∶1,这得益于2012年以来我国农村居民实际收入增长速度连续快于城市居民。而且,直接缩小城乡收入差距的精准扶贫和精准脱贫成效巨大,据国家统计局数据,"按照每人每年2300元(2010年不变价)的农村贫困标准,2019年我国尚有农村贫困人口551万人,比2018年减少1109万人"②,比精准扶贫刚开始的2013年减少了7698万人。增长成果在分配上更多地向农村倾斜,是共享发展的体现。考察城镇化率,我国城镇化水平稳步上升。截至2019年年底,我国常住人口城镇化率已达到60.60%,比2012年的52.6%提高了8个百分点。③ 考察三次产业结构变化,我国产业结构持续优化。我国第一产业增加值占比从2012年的9.4%下降至2019年的7.1%,第二产业增加值占比则从45.3%下降至39.0%,第三产业增加值占比从45.3%上升至53.9%。④

①　吴丰华、韩文龙:《改革开放四十年的城乡关系:历史脉络、阶段特征和未来展望》,《学术月刊》2018年第4期。
②　国家统计局:《中华人民共和国2019年国民经济和社会发展统计公报》,《人民日报》2020年2月29日。
③　以上数据来自相应年度《中华人民共和国国民经济和社会发展统计公报》。
④　国家统计局:《中华人民共和国2019年国民经济和社会发展统计公报》,《人民日报》2020年2月29日。

表 3-11　党的十八大以来中国城乡发展一体化政策梳理

时间	文件名称	文件类型
2012 年 11 月	《坚定不移沿着中国特色社会主义道路前进　为全面建成小康社会而奋斗》	胡锦涛在中国共产党第十八次全国代表大会上的报告
2013 年 1 月	《中共中央 国务院关于加快发展现代农业进一步增强农村发展活力的若干意见》	2013 年中共中央第一号文件
2013 年 11 月	《中共中央关于全面深化改革若干重大问题的决定》	党的十八届三中全会核心文件
2014 年 1 月	《中共中央 国务院关于全面深化农村改革加快推进农业现代化的若干意见》	2014 年中共中央第一号文件
2014 年 1 月	《关于创新机制扎实推进农村扶贫开发工作的意见》	中共中央办公厅、国务院办公厅出台的专项意见
2015 年 1 月	《中共中央 国务院关于加大改革创新力度加快农业现代化建设的若干意见》	2015 年中共中央第一号文件
2015 年 11 月	《深化农村改革综合性实施方案》	中共中央、国务院出台的专项方案
2015 年 11 月	《中共中央 国务院关于打赢脱贫攻坚战的决定》	中共中央、国务院出台的专项决定
2016 年 1 月	《中共中央 国务院关于落实发展新理念加快农业现代化　实现全面小康目标的若干意见》	2016 年中共中央第一号文件
2016 年 12 月	《"十三五"脱贫攻坚规划》	国务院发布的专项规划
2017 年 1 月	《中共中央 国务院关于深入推进农业供给侧结构性改革　加快培育农业农村发展新动能的若干意见》	2017 年中共中央第一号文件
2017 年 11 月	《决胜全面建成小康社会　夺取新时代中国特色社会主义伟大胜利》	习近平在中国共产党第十九次全国代表大会上的报告
2018 年 1 月	《中共中央 国务院关于实施乡村振兴战略的意见》	2018 年中共中央第一号文件
2018 年 8 月	《中共中央 国务院关于打赢脱贫攻坚战三年行动的指导意见》	中共中央、国务院出台的专项意见
2018 年 9 月	《乡村振兴战略规划(2018—2022 年)》	中共中央、国务院出台的专项规划
2019 年 1 月	《中共中央 国务院关于坚持农业农村优先发展做好"三农"工作的若干意见》	2019 年中共中央第一号文件

续表

时间	文件名称	文件类型
2020 年 1 月	《中共中央 国务院关于抓好"三农"领域重点工作确保如期实现全面小康的意见》	2020 年中共中央第一号文件
2021 年 1 月	《中共中央 国务院关于全面推进乡村振兴加快农业农村现代化的意见》	2021 年中共中央第一号文件

资料来源:笔者整理。

二、改革开放后城乡关系演进的原因

市场化取向的改革带给中国经济久违的活力,伴随中国经济快速发展,我国城乡关系也在快速变迁,呈现出既融合发展向好,也在部分领域差距扩大这两种状态并存的特征。究其原因,一方面,改革开放作为一个制度变革过程,带来了多种制度(主要是涉农制度)本身的变化,这些制度驱动了乡村发展、加强了城乡互动。同时,随着改革开放,我国国力在不断增强,为我们出台并实施一系列促进城乡一体化发展的政策提供了充分的经济准备。另一方面,市场化取向的改革开放的增长效应在城乡之间并不均等,城市显然获得了更大更快的发展,这既是因为市场经济本就非均衡发展,也是因为我们对农民群体的关照还不够。

对于改革开放后促进城乡融合的原因,至少可从三方面进行总结。第一,市场化制度变革带动了农业农村发展,一定程度上促进了城乡融合。首先,家庭联产承包责任制改革释放了农民的生产积极性。就微观个体而言,市场化改革意味着通过制度变革,赋予农户更多的权利,形成一定的正向激励,进而促进生产力的发展,并最终传导到宏观,促进一个部门、一个区域,甚至是一个国家的经济增长。家庭联产承包责任制改革恰好起到了这样的作用,它赋予了农民对农业生产经营的决策权和对收益的索取权,尽管这种权利并不完整,也几乎根本没有改变生产要素过于分散且存在错配——这

141

个造成我国"三农"问题的根源,但它已经足以成为驱动中国经济改革的一个起点和动因。改革的效果举世瞩目,农业总产值和农民收入明显增长,城乡收入差距在改革开放开始的几年不断缩小。更为重要的是,这项改革将长期和市场隔离的农民又再次和市场连接了起来,这为后来的乡镇企业发展、农民工进城做了相当程度的思想动员和制度准备。其次,配套进行的农业多种经营和流通体制改革也恢复了农村的商品经济。前者鼓励和支持在农村发展多种经营,发展乡镇企业和个体工商业,后者则取消了统购统销制度,代之以合同订购和市场收购,农村商品经济在部分程度上恢复。最后,农村土地承包经营权流转制度不断变革。从 1995 年《国务院批转农业部关于稳定和完善土地承包关系意见的通知》明确提出"允许承包方在承包期内,对承包标的依法转包、转让、互换、入股"①,到 2005 年《农村土地承包经营权流转管理办法》对土地承包经营权流转的更多事宜做了具体规定,再到 2008 年《中共中央关于推进农村改革发展若干重大问题的决定》明确"建立健全土地承包经营权流转市场,按照依法自愿有偿原则,允许农民以转包、出租、互换、转让、股份合作等形式流转土地承包经营权,发展多种形式的适度规模经营"②,直至 2016 年中共中央办公厅、国务院办公厅颁布的《关于完善农村土地所有权承包权经营权分置办法的意见》首次提出农村耕地所有权、承包权、经营权"三权分置"的改革意见,并且在党的十九大和此后两年的中央"一号文件"中进一步完善。这几项农村市场化改革涉及农村经营制度、农地制度、流通制度等多方面,赋予了农民更多权利,激发了农民更多热情,提高了农民收入,促进了城乡融合发展。但要特别注意的是,我国农村土地制度的变革是以农村土地集体所有为根本的,这在多次

---

① 《国务院批转农业部关于稳定和完善土地承包关系意见的通知》,《中华人民共和国国务院公报》1995 年第 9 期。

② 《中共中央关于推进农村改革发展若干重大问题的决定》,人民出版社 2008 年版,第13 页。

改革中都得到了确认。

第二,户籍改革促进了农业劳动力转移,中国经济增长收获了"农民工制度红利"。20 世纪 80 年代中期,国家开始放松户籍制度的限制,陆续出台了《国务院关于农村个体工商业的若干规定》和《国务院关于农民进入集镇落户问题的通知》等政策文件,1989 年开始,农民开始大批外出经营和务工,农民工群体形成并不断壮大。户籍制度改革,一方面解决了大批农村剩余劳动力的出路问题。另一方面,是这项改革为中国工业化和城镇化作出了巨大贡献:农地既可以作为农民工社会保障的替代品,也是他们从城市回到农村的退路,这样就避免了我国数量巨大的农民工①失去土地而沦为城市游民,中国城市发展也不至于沦为像拉美、南亚和非洲某些城市在快速城市化过程中所出现的被贫民窟包围的状态。更为重要的是,农民工就可以承受低工资和低社会保障而在城市工作,从而将更多的剩余留在了城市,帮助中国进一步完成市场化改革之后的原始积累任务。实际上,中国工业化和城市化既获得了我们常说的人口红利,也获得了农民工群体的制度红利,而这本不在改革的目标范围之内,可以说是这项改革的最大收获。

第三,促进城乡发展的顶层设计和具体政策推动城乡融合发展。改革开放之初到 20 世纪末,我国关于城乡发展和"三农"问题所出台的主要是一些专项文件和措施,站在全局角度系统论述城乡问题,并在进入 21 世纪之后进行相关顶层设计。2002 年提出的统筹城乡发展,2004 年提出的"两个反哺"思想,2007 年党的十七大提出的"形成城乡经济社会发展一体化新格局",以及 2008 年党的十七届三中全会通过的《中共中央关于推进农村改革发展若干重大问题的决定》,2017 年党的十九大提出的"城乡融合发展"和实施"乡村振兴战略"等,先后成为指导我国处理城乡关系、促进城乡发展的纲领性文

---

① 截至 2018 年年底,中国共有农民工 28836 万人,其中进城农民工为 13506 万人。具体可参见《2018 年农民工监测调查报告》,《中国信息报》2019 年 4 月 30 日。

件。在这些带有顶层设计意味的文件和思想指导下,我国陆续出台了一系列改革措施:2006年起,国家全面取消了延续了两千多年的农业税,大大减轻了农民负担,与全面取消农业税之前相比,全国农民平均每年减负1250多亿元,人均减负140元左右。① 2002年开始推行的以大病统筹为主的新型农村合作医疗制度(一般简称新农合,2009年进一步确立为农村基本医疗保障制度),2009年开始的新型农村社会养老保险(一般简称新农保)试点,以及2005年《关于深化农村义务教育经费保障机制改革的通知》等制度文件的出台和采取的相关政策,提高了我国农村医疗、养老、教育三大公共服务的覆盖面和供给水平。上述惠农政策和制度建设极大地提高了农民的幸福感,极大地缩小了城乡居民的生活水平差距。

对于另一方面——改革开放后部分领域出现的城乡分离,特别是从20世纪80年代中期开始一直持续到2009年前后的城乡居民收入差距不断扩大的问题,应该做何解释,这是我们必须回答的问题。现有研究更多聚焦城市偏向理论,或认为城市偏向的根源在于发展中国家政治结构的特殊性②③,或关注到了后发国家的发展战略——以农业补贴对经济起飞更有作用的工业,导致城乡差距拉大④。又因为经济发展阶段和国家能力的限制,发展中国家的"反哺"往往落后于"哺育",从而导致拉大的城乡差距难以在短时间内缩小。⑤

---

① 金人庆:《扩大公共财政覆盖农村范围,建立支农资金稳定增长机制》,《求是》2006年第8期。

② Lipton Michael, *Why Poor People Stay Poor*: *Urban Bias in World Development*, Harvard University Press,1977.

③ Bates Robert,*Markets and States in Tropical Africa*,Berkeley,University of California Press,1981.

④ Krueger, Anne, Maurice Schiff, and Alber to Valdes (eds.), *The Political Economy of Agricultural Pricing Policy*,The Johns Hopkins University Press,1991.

⑤ 洪银兴:《工业和城市反哺农业、农村的路径研究——长三角地区实践的理论思考》,《经济研究》2007年第8期。

三、改革开放后城乡关系的特点

与前两个阶段一样,改革开放后中国城乡关系的特点可以从城的角度、乡的角度、城乡关系的角度三个维度进行考察。

第一,从城的角度看,改革开放后中国城市发展呈现三大特点。其一,城市化快速发展,但水平滞后于工业化进程。改革开放之后,中国城市化水平快速发展,中国城市化率从 1978 年的 17.9% 提高到 2018 年的 59.58%,城镇常住人口由 1.7 亿人增长到 8.31 亿人,城市数量由 193 个增加到 657 个。这个过程中,从东部沿海城市、外贸明星城市的崛起,到 21 世纪之后中西部省会城市的高速发展,再到数个国际化大都市、超一线城市和国家中心城市的快速发展,我国人口也逐步向超一线和一、二线大城市集聚。但同时,改革开放后,我国也存在城市化滞后于工业化的问题。2018 年中国第二、第三产业增加值之和占 GDP 的比重是 92.9%,但当年城市化率是 59.58%[①],两者相差 33 个百分点。换言之,与其他工业化国家相比,中国的人口城市化(人口层面的城乡融合)速度远远低于工业化发展的速度。[②] 这种情况可以通过图 3-3 简单反映出来。

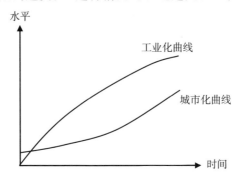

图 3-3　中国城市化水平和工业化水平的非同步性

资料来源:朱信凯:《农民市民化的国际经验及对我国农民工问题的启示》,《中国软科学》2005 年第 1 期。

---

① 国家统计局:《中华人民共和国 2018 年国民经济和社会发展统计公报》,《人民日报》2019 年 3 月 1 日。

② 陈钊:《中国城乡发展的政治经济学》,《南方经济》2011 年第 8 期。

其二,中国城市群快速发展起来。改革开放之后,虽然中国城市化发展速度相对滞后于工业化进程,但是中国城镇化依然取得了巨大发展,其中一项重要进展就是我国城市群从无到有,快速发展起来。经过40年的发展,中国长三角城市群已经跻身世界六大城市群①之列(世界其他五大城市群情况见表3-12)。同时,我国也发展出了十几个规模不等、各具特色的城市群(我国代表性八大城市群经济指标见表3-13)。

表3-12　世界五大城市群概况及主要经济指标

城市群	美国东北部大西洋沿岸城市群	北美五大湖城市群	日本太平洋沿岸城市群	欧洲西北部城市群	英伦城市群
概况	1. 世界第一大城市群,在沿海岸600多公里长、100多公里宽的地带上形成一个由5大都市和40多个中小城市组成的超大型城市群。 2. 从波士顿到华盛顿,以波士顿、纽约、费城、巴尔的摩、华盛顿几个大城市为核心。	1. 分布于五大湖沿岸,从芝加哥向东到底特律、克利夫兰、匹兹堡,并一直延伸到加拿大的多伦多和蒙特利尔。包括数十个大中小城市,其中10多个城市人口超过百万。 2. 东西向跨度约1200公里,南北向跨度900多公里	1. 世界第二大城市群,形成了东京湾、伊势湾、大阪湾及濑户内海的"三湾一海"沿岸地区,由东京、名古屋、大阪三大都市圈组成。 2. 城市总数310个,日本11座人口超100万的大城市中的10座在该城市群,如东京、横滨、川崎、名古屋、大阪、神户、京都等	1. 世界第三大城市群,由大巴黎地区都市圈、莱因-鲁尔都市圈、荷兰-比利时都市圈构成。 2. 10万人口以上的城市有50座,主要城市有巴黎、阿姆斯特丹、鹿特丹、海牙、安特卫普、布鲁塞尔、科隆等	1. 世界六大城市群中地域面积最小、发展最早、城市密度最大的城市群。 2. 以伦敦为中心,以伦敦-利物浦为轴线,包括伦敦大城市经济圈、伯明翰城市经济圈、利物浦城市经济圈、曼彻斯特城市经济圈、利兹城市经济圈
世界性中心城市(首位城市)	纽约	芝加哥	东京	巴黎	伦敦
面积	13.8万平方公里,占美国面积的1.5%	24.5万平方公里,占美国面积的2.5%	3.5万平方公里,占日本面积的20%	14.5万平方公里	4.5万平方公里,占英国面积的18.4%

---

① 世界六大城市群是指:美国东北部大西洋沿岸城市群、北美五大湖城市群、日本太平洋沿岸城市群、欧洲西北部城市群、英伦城市群和中国长三角城市群。

续表

城市群	美国东北部大西洋沿岸城市群	北美五大湖城市群	日本太平洋沿岸城市群	欧洲西北部城市群	英伦城市群
人口	6500 万人,占美国总人口的20%	5000 万人,占美国总人口的15.4%	7000 万人,占日本总人口的61%	4600 万人	3650 万人,占英国总人口的55.6%
GDP(亿美元)	40320	33600	33820	21000	20186
人均 GDP(美元/人)	62030	67200	48315	45652	55305
地均 GDP(万美元/平方公里)	2920	1370	9662	1448	4485
经济与产业	美国经济核心地带,城市化水平达到90%以上,是美国最大商业贸易中心和世界最大的国际金融中心。制造业产值占全国的30%。各主要城市功能定位明确,优势产业部门突出,城市之间分工协作紧密	美国的"钢铁城"匹兹堡、"汽车城"底特律都在这里。云集通用、福特、克莱斯勒三大车厂,汽车产量和销售额约占美国总数的80%	拥有京滨、名古屋、阪神、北九州四大工业区,工业产值占日本全国的65%,分布着日本80%以上的金融、教育、出版、信息和研发机构	巴黎是法国的经济中心和最大的工商业城市;莱因—鲁尔都市圈是德国最大的工业中心;鹿特丹和安特卫普构成亚欧大陆桥的西端桥头堡,有"欧洲门户"之称	产业革命后英国主要生产基地;曼彻斯特是世界纺织工业之都,利兹、伯明翰、谢菲尔德是机械重镇。伦敦是世界主要金融中心之一。经济总量占英国的80%

资料来源:姚士谋、潘佩佩、程绍铂:《世界六大城市群地位与作用的比较研究》,《环球人文地理》2011年第 12 期;屠烜:《长三角城市群与国际城市群的比较及启示》,《上海市经济》2015 年第 4期;维基百科,五大湖区城市群;百度百科、维基百科:美国城市群。

表 3-13　中国八大城市群经济数据对比

序号	城市群	城市数量	常住人口(亿人)	面积(万平方公里)	GDP(万亿元)	人均收入(万元/人)	三次产业结构(%)	占全国GDP(%)	占全国面积(%)	占全国人口(%)
1	长三角城市群	26	1.54	21.2	17.7	11.6	3.2 : 43.4 : 53.4	19.7	2.2	11
2	京津冀城市群	13	1.13	21.5	8.4	7.44	4 : 36 : 60	9.3	2.20	8.1
3	长江中游城市群	31	1.27	32.6	8.3	6.56	9.0 : 47.2 : 43.8	9.2	3.4	9.1
4	珠三角城市群	9	0.63	5.6	8.1	12.86	1.5 : 41.3 : 57.2	9.0	0.6	4.5

续表

序号	城市群	城市数量	常住人口(亿人)	面积(万平方公里)	GDP(万亿元)	人均收入(万元/人)	三次产业结构(%)	占全国GDP(%)	占全国面积(%)	占全国人口(%)
5	成渝城市群	16	1.00	18.5	5.8	5.74	9.5:47.6:42.9	6.4	1.9	7.2
6	中原城市群	30	0.69	28.7	3.8	5.49	10:47.8:42.4	4.2	3	4.9
7	武汉市都市圈	9	0.32	5.81	2.76	8.62	8.4:45.7:45.8	3	0.61	2.2
8	关中平原城市群	11	0.40	10.71	1.8	4.46	8.2:43.3:48.5	2.0	1.12	2.9

注:表中城市群按照 GDP 总量进行排序。

在三次产业结构数据中,长三角城市群、长江中游城市群、中原城市群是2017 年的数据,珠三角城市群是预计 2018 年的数据,成渝城市群、武汉市都市圈是 2016 年的数据;其余数据均为 2018 年的数据。其余数据根据各城市《2019 年国民经济和社会发展统计公报》和《政府工作报告》中相关内容整理。

其三,城市内部的"二元结构"逐渐形成。城市内部二元结构主要指进城农民工和城市居民之间出现的二元分割,之所以我国庞大的农民工群体难以真正彻底变为城市人,原因在于一方面"农民离开土地的前提必须是农业可以养活足够的城市人口,以及城市有足够的工作机会和生存空间提供给农民"[1]。而这两个条件在中国都没有完全实现。

具体来说,城市内部的"二元结构"具体表现为以下几方面:一是农民工的劳动待遇更差,农民工群体一般从事稳定性更差、更加危险的工作,工作选择更少、搜寻工作和失业的成本更高[2];劳动力市场还存在针对农民工在职业、岗位、

---

[1] 吕新雨:《乡村危机与新乡土主义——一个世纪以来的中国城乡关系》,《21 世纪经济报道》2012 年 1 月 17 日。

[2] Huafeng Zhang, "The Hukou System's Constraints on Migrant Workers' Job Mobility in Chinese Cities", *China Economic Review*, Vol.21, No.1, 2009, pp.51-64.

待遇等各方面的歧视。二是农民工群体难以和城市居民一样享受公共服务,事实上他们生活在城市的公共服务体系之外。三是城市中大量"城中村"的出现。"城中村"本身就是城乡分割制度的产物。快速的城市化借助土地使用权转换产生了大量的城市用地,当这些用地又开始包围原来的农村时,农村土地在功能上就已经接近城市用地,但事实上却仍处于原先集体土地制度的管理之下,于是"城中村"便出现了。近年来,围绕城中村拆迁、安全事故,以及"城中村"的社会治安和犯罪等问题屡屡见诸媒体,已经成为影响城乡健康发展的一大难题。

第二,从乡的角度看,改革开放后中国农村呈现三大特点。其一,农业生产力快速发展,生产总量扩张,产业结构发生重大变化。改革开放以来,我国农业现代化建设取得长足发展,农业机械化全面普及,主要农作物耕种收综合机械化率超过67%,农业科技进步贡献率超过58.3%[1];土地适度规模经营占比达到40%。[2] 从1978—2018年,中国粮食产量从30476.5万吨增长到了65789万吨,增长了115.9%,在粮食播种面积有所减少的情况下取得这样的增产,可以说是世界农业史上的一个奇迹。在总量增长的同时,农业产业结构的变化反映了农业的进步和百姓生活质量的提高。1978年,种植业占农业总产值比重超过80.0%,而到2018年,这一比例下降到了57.1%;畜牧业产值的比重从1978年的14.9%上升到2018年的26.6%;渔业从1978年的1.58%上升至2018年的11.3%。

其二,农民收入快速增长,收入结构有所优化。从总量上看,1978年中国人均农民名义收入只有133.57元/年,到1994年突破了千元大关,2014年突破了万元大关[3],2018年,农民人均可支配收入达到了14617元[4]。从结构上

---

① 国家统计局农村司:《农村经济持续发展　乡村振兴迈出大步》,《中国信息报》2019年8月8日。

② 李楠、李源峰:《40年农村改革发展的成就与经验》,《湖北日报》2018年10月9日。

③ 温涛、何茜、王煜宇:《改革开放40年中国农民收入增长的总体格局与未来展望》,《西南大学学报(社会科学版)》2018年第4期。

④ 国家统计局:《2018年居民收入和消费支出情况》,国家统计局官方网站,2019年1月21日,见 http://www.stats.gov.cn/tjsj/zxfb/201901/t20190121_1645791.html。

看,农村居民收入结构中最大的问题是财产性收入占比太低。从1990年到2018年,我国农民财产性收入占总收入比重徘徊在3%,2018年仍只有2.3%,比2007年还低了3.1个百分点。好的方面一是家庭经营收入(对农民来说主要指农林牧渔业收入)占比从1990年的75.6%下降到了2018年的36.7%,减少了38.9个百分点,而工资性收入占比从1990年的20.2%上升到2018年的41%,增长了20.8个百分点。二是转移性收入占比从1990年的4.2%上升到2018年的20%(见图3-4)。以上两点变化说明我国农民更多地进入市场,获得了更多的非农收入,这反映在农民经营性收入和工资性收入的此消彼长的变化中;同时也说明国家直接支农力度的加大,这反映在农民转移性收入的快速增长中。

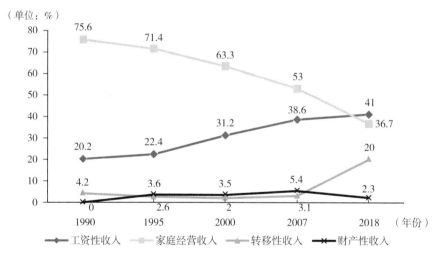

图 3-4 1990—2018 年中国农村居民人均收入结构变化

资料来源:1990年、1995年、2000年和2007年数据来自劳动和社会保障部、国家统计局:《居民收入》,中华人民共和国中央人民政府官方网站,见 http://www.gov.cn/test/2005-07/27/content_17541_2.htm。2018年数据来自国家统计局:《2018年居民收入和消费支出情况》,国家统计局官方网站,2019年1月21日,见 http://www.stats.gov.cn/tjsj/zxfb/201901/t20190121_1645791.html。

其三,农村面貌发生巨大变化,农民生活质量显著提高。一是农村贫困人口数量大幅减少,伴随改革开放后连续四轮的扶贫工作,特别是2013年年底开始的精准扶贫、精准脱贫的脱贫攻坚战的开展,在贫困标准大幅提高的前提下,中国农村贫困人口从 1978 年的 7.7 亿人下降到 2018 年的 1660 万人,占全球减贫人口的 70%以上;农村贫困发生率从 1978 年的 97.5%下降到 2018 年的 1.7%。① 二是农民生活质量极大提升。截至 2016 年年底,农村经过净化的自来水比例为 47.7%,水冲式卫生厕所的比例为 36.2%,53.5%的农村完成或部分完成了改厕;73.9%的农村生活垃圾集中处理或部分集中处理;②农村居民"恩格尔系数由 1978 年的 67.7%下降到 2017 年的 29.3%"③。三是农村社会保障覆盖面和水平实现双提高。改革开放以来,我国社会保障城乡分割的局面被打破,建立起了从主要面向城镇居民提升为全民共享的福利制度,城乡居民的养老保险、医疗保险、社会救助等基本实现了一体化。④ 在教育方面,"根据教育部数据,截至 2019 年 3 月,全国 92.7%的县实现义务教育基本均衡发展,建立起了覆盖从学前到研究生教育的全学段学生资助政策体系"⑤。四是农村文化受到保护,出现一定复兴态势。目前,"已有 4153 个有重要保护价值的村落列入中国传统村落名录,实现村村建立档案、编制保护规划"⑥。

第三,从城乡关系角度看,改革开放后中国城乡关系呈现三大特点。

其一,城乡收入差距在扩大后又呈现缩小趋势。改革初期的制度复归效应⑦、提高粮食收购价格等政策实施带动了农民增收,1978—1984 年,农民人

---

① 本段数据来自国家行政学院编写组:《中国精准脱贫攻坚十讲》,人民出版社 2016 年版,第 41 页;顾仲阳、沈亦伶:《中国创造了人类减贫史奇迹(大数据观察·辉煌 70 年)》,《人民日报》2019 年 6 月 13 日。

② 孔祥智:《改革开放以来国家与农民关系的变化》,《中国人民大学学报》2018 年第 3 期。

③ 李楠、李源峰:《40 年农村改革发展的成就与经验》,《湖北日报》2018 年 10 月 9 日。

④ 郑功成:《新中国 70 年社会保障发展的理论与实践逻辑》,《光明日报》2019 年 10 月 8 日。

⑤ 国家统计局农村司:《农村经济持续发展　乡村振兴迈出大步》,《中国信息报》2019 年 8 月 8 日。

⑥ 高云台:《农村改革开放 40 年成就辉煌——改革铺展乡村振兴之路》,《人民日报》2018 年 12 月 29 日。

⑦ 指家庭联产承包责任制对最早土改制度的复归。

均年收入增长达到 16.5%,快于城市居民 12.2% 的年均增长速度,1983—1984年,城乡居民收入比下降至 1.8:1。但此后,改革重点逐渐转向城市,农民收入增长率逐年下降,甚至出现了 1989 年的绝对负增长(-1.6%)。1985—1994 年,农民收入年均增长仅为 4.35%,城乡居民收入差距也由 1989 年的2.3:1 上升至 1994 年的 2.9:1。随后,乡镇企业的大发展帮助城乡收入差距连续 4 年下降,城乡居民收入比从 1994 年的 2.9:1 下降为 1998 年的 2.5:1。但是 1999 年之后,城乡收入差距持续扩大,2009 年达到峰值 3.3:1。[①] 此后,取消农业税、加强农村转移支付、精准扶贫、乡村振兴等统筹城乡发展、促进城乡融合的政策措施开始发挥效力,2018 年城乡居民人均可支配收入比值下降为 2.69:1。[②]

其二,城乡公共服务水平仍有差距。虽然前文提及中国农村在改革开放之后的公共服务水平有了很大提高,基本实现了义务教育、医疗、养老、社会救济等在农村的全覆盖。但是也应该看到,我国农村社会保障的水平和质量与城市还有较大的差距。在教育方面,虽然农村基本实现了义务教育的百分之百覆盖,但是其教育质量与城市仍有较大差距,同时,不应忽视我国农村在学前教育和高等教育方面的短板,如农业普查结果显示,截至 2016 年年底,我国农村居民中,初中文化程度占 42.5%,高中或中专文化程度占 11.0%,大专及以上文化程度占 3.9%[③],虽然和之前相比已经有很大进步,但是和城市相比仍有较大差距。在医疗和养老方面,情况也类似,虽然新农合、新农保已经实行了 10 年以上的时间且效果良好,但是和城镇职工的医疗和养老水平还是存在不小的差距。而且,因为我国的发展阶段,这种差距短时期内很难缩小,这

---

① 白永秀、吴丰华:《中国城乡发展一体化:历史考察、理论演进与战略推进》,人民出版社2015 年版,第 151 页。

② 国家统计局农村司:《农村经济持续发展 乡村振兴迈出大步》,《中国信息报》2019 年8 月 8 日。

③ 国家统计局农村司:《农村经济持续发展 乡村振兴迈出大步》,《中国信息报》2019 年8 月 8 日。

也成为我国未来社会保障发展的重点努力方向。

其三,城乡文化差距依然存在。经过 40 多年的改革开放,公平竞争、创新、诚信、法治、开放包容等文化和理念逐渐在城市中建立起来,为绝大多数的城市居民所认同。但是在我国农村,尤其是在广大中西部地区农村的市场经济文化发展出现滞后态势:既滞后于城市市场经济文化的发展,也滞后于东部地区农村市场经济文化的发展。在广大中西部地区农村,自然经济文化还占有相当大的比重,封闭、守旧、人情关系文化还很有市场。城乡文化之间的差距还存在。

第四章 中国城乡关系的现状

在系统梳理中国近代以来城乡关系发展历史之后,我们将进一步刻画中国城乡关系的现状,为构建中国新型城乡关系提供现实的分析基础。我们将首先刻画中国城乡关系的现状,其中既有在全国层面对城乡关系现状的描述,也有在区域层面对东部地区、中部地区、西部地区城乡发展水平差距的分析。进一步,我们还将对中国省域城乡融合发展水平进行测度,以更加精确地刻画我国城乡发展水平的现状。明确城乡融合发展的含义与主要内容,进而构建中国省域城乡融合发展水平评价的指标体系,确定评价方法,最后总体评价 2017 年中国省域城乡融合发展水平,并考察 2006 年至 2017 年中国各省份城乡融合发展水平的变化情况。

第一节 中国城乡关系的整体刻画

一方面,我国将从城乡经济发展总体水平、城镇化水平、产业结构、城乡收入及消费差距、城乡基础设施、城乡公共服务六个方面,对中国城乡关系,特别是 21 世纪以来的发展进程和现状进行刻画。另一方面,我们还将关注中国城乡关系中的特殊性——区域间城乡发展水平不平衡进行分析,这也是对我们在文献综述中提出的现有关于城乡关系现状和新型城乡关系的研究缺少区域差异分析的一个回应。

一、我国城乡关系的发展情况与基本特征

第一,我国经济快速发展,为城乡发展奠定了坚实基础。1952—1978 年,中国 GDP 从仅为 679 亿元上升到 3700 亿元,到 2020 年,又进一步提高到 101.6 万亿元。1978—2020 年,中国经济增长速度虽有波动,但是总体保持了高速增长,42 年间名义平均增速高达 9.5%。1950 年,中国 GDP 占世界 GDP 总量的 4.5%,1978 年,中国占世界 GDP 总量的 4.9%①,2020 年这一比重已达到约 17%。中国先后于 1999 年和 2010 年跨入下中等收入国家和上中等收入国家的行列②,正在向高收入经济体迈进。表 4-1 显示了 21 世纪以来中国 GDP 和人均 GDP 的增长情况。总体而言,中国经济的快速增长为我们促进城乡融合发展、构建新型城乡关系打下了坚实的经济基础。

表 4-1　2000—2020 年中国经济发展水平

年份	GDP（亿元）	人均 GDP（元）	GDP 增长率（%）
2000	100280.1	7942	8.5
2001	110863.1	8717	8.3
2002	121717.4	9506	9.1
2003	137422.0	10666	10
2004	161840.2	12487	10.1
2005	187318.9	14368	11.4
2006	219438.5	16738	12.7
2007	270092.3	20494	14.2
2008	319244.6	24100	9.7
2009	348517.7	26180	9.4
2010	412119.3	30808	10.6
2011	487940.2	36302	9.6

---

① ［英］安格斯·麦迪森:《中国经济的长期表现:公元 960—2030 年》,伍晓鹰、马德斌译,上海人民出版社 2008 年版,第 1 页。
② 曲青山:《新中国六十九年的成就、经验及历史启示》,《中共党史研究》2018 年第 9 期。

续表

年份	GDP(亿元)	人均 GDP(元)	GDP 增长率(%)
2012	538580.0	39874	7.9
2013	592963.2	43684	7.8
2014	641280.6	47005	7.3
2015	685992.9	50028	6.9
2016	740060.8	53680	6.7
2017	820754.3	59201	6.8
2018	900309.0	64644	6.6
2019	990865.0	70892	6.1
2020	1015986.0	72447	2.3

资料来源:根据历年《中国统计年鉴》数据整理。

第二,我国城镇化水平持续快速增长,东部地区城镇化水平高于西部。改革开放之前,我国城镇化水平一直较低,始终没有超过 20%,甚至在"三线"建设时期和"上山下乡"运动期间,我国还出现了逆城市化现象。改革开放之后,农村经济体制改革、城镇工业发展、城镇对外贸易发展等因素先后推动了城镇化发展,中国城镇化率由 1978 年的 17.92%上升到 2000 年的 36.2%,2019 年又快速增长到 60%以上。① 从 2000 年到 2019 年,我国的城镇化率提高了 24 个百分点以上,发展十分迅速(见图 4-1)。2014 年,国务院发布的《国家新型城镇化规划(2014—2020 年)》提出 2020 年要实现常住人口城镇化率达 60%左右,显然我们已经提前完成了这个目标。当然也要注意到,国际经验表明,城镇化率在 30%—60%属于"快速发展区间",城镇化达到 60%之后意味着其已经到达了相对成熟的发展阶段,未来发展可能放缓。观察数据可以发现,中国近年来也出现了城镇化率增速下降的趋势,2000 年以来,我国城镇化率增速在 2010 年达到峰值(1.7%),之后增速便开始逐年下降,2016 年、2017 年、2018 年、2019 年的城镇化率增速分别为 1.3%、1.1%、1.06%和 1.02%,这从

---

① 本段数据来自相应年份的《中国经济社会发展统计公报》。

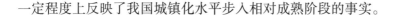

一定程度上反映了我国城镇化水平步入相对成熟阶段的事实。

（单位：%）

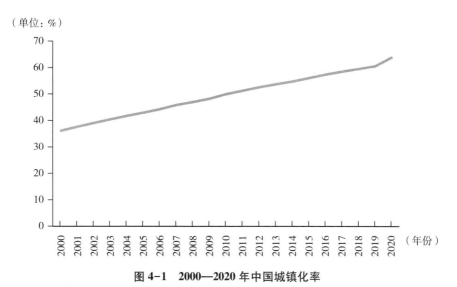

图 4-1　2000—2020 年中国城镇化率

资料来源：根据历年《中国统计年鉴》数据整理。

但是要注意的是,我国户籍人口城镇化率依然偏低,尚有大量农业转移人口不能落户城市,亟须放宽城乡落户限制、破解城乡二元户籍制度。2020 年我国户籍人口城镇化率为 45.4%,远低于 63.89%①的常住人口城镇化率,而且这一缺口已持续多年(见图 4-2),这些落户难人口中大量是农民工。数量庞大的农民工群体(截至 2020 年年底,全国农民工达到 2.856 亿人)为我国经济发展和现代化建设作出了重要贡献,但由于二元户籍制度掣肘和城市落户限制,大部分农民工虽脱离农业进入了城市,但劳动条件差、签订劳动合同比例低(2019 年为 58.2%)、工资拖欠问题仍然存在;②在医疗、社保、养老、子女教育等方面不能享受与城市居民同等的待遇③。这都影响了农民工及其后代的人力资本接续发展,制约了中国特色社会主义的整体进步和发展。

---

① 63.89%这一数字来自"全国第七次人口普查"。

② 该处数据均来自国家统计局发布的《2019 年农民工监测调查报告》。

③ 宁夏、叶敬忠:《改革开放以来的农民工流动——一个政治经济学的国内研究综述》,《政治经济学评论》2016 年第 1 期。

（单位：％）

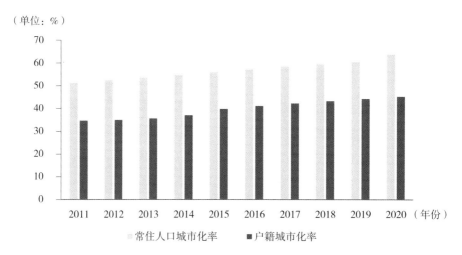

图 4-2　2011—2020 年中国常住人口城市化率与户籍人口城市化率
资料来源：根据历年《中国统计年鉴》数据整理制图。

对于城镇化率已经达到 70％及以上的北上广深一线城市和众多东部沿海地区来说，未来的城镇化的重点不再是提高名义城镇化率，而是提高户籍和常住人口之外的城镇化率水平、实现高质量的城镇化，并帮助更多农业转移人口真正落户城市、能够公平享受城市提供的公共服务和发展机会。同时，对中西部地区来说，未来将成为我国提高城镇化率又一重点增长区域。

第三，中国三次产业结构不断向高级化方向发展，但是工农业就业结构和劳动生产率水平仍有较大的提升空间。1952 年，中国三次产业增加值占比为 50.5：20.9：28.6，中国是典型的农业国。1978 年，这一比例变化为 27.7：47.7：24.6，农业和工业之间发生了明显的此消彼长，中国的工业化进程迅速，但是服务业发展明显滞后。[1] 2020 年，中国三次产业增加值占比已经变化为 7.7：37.8：54.5。按照钱纳里的工业化阶段理论，中国已经整体进入了工业化后期阶段。除第三产业增加值占比快速提升之外，中国产业结构升级的另一个表

---

① 1978 年，中国服务业占 GDP 比重为 24.6％，这一数值不仅低于世界代表性发达国家（美国、法国），也低于东亚模式的典型代表（日本、韩国、新加坡），而且还低于巴西、阿根廷、马来西亚、泰国等发展中国家。

现是中国制造业在改革开放后的快速发展——中国制造业正在实现由大到强、迈向中高端的历史跨越。

进一步考察劳动力在三次产业之间的占比。新中国成立后很长一段时间,我国大部分劳动力从事第一产业、第二产业和第三产业就职人数比例在21世纪之前都未达到30%。将这一比例与三次产业增加值占比的数据相联系,可以发现,我国三次产业结构和劳动力就业结构存在较大偏差:农业的就业比重明显高于农业的产值比重,而工业和服务业刚好相反。这是"二元经济结构"的典型特征。直到2011年左右,劳动力在第三产业就业比例首次超过第一产业,并在2013年左右达到40%以上,基本上与同时段三次产业结构的变化相契合。近几年,各个产业就业比重基本契合其在产业结构中所占的比重,但依然有较大的发展和改善空间。

再来考察我国工农业的劳动生产率。新中国成立以来,我国工业劳动生产率始终高于农业劳动生产率。以1952年的值为1,20世纪90年代以前,工业劳动生产率指数基本稳定在2—3,而农业劳动生产率指数则稳定在1左右。而在90年代后,两者都开始出现较大幅度上涨。显然,这得益于我国1992年启动的社会主义市场经济体制建设。到2020年,我国农业与工业、服务业的劳动生产率之比为1:3.7,差距仍较大。[①] 新时代下,通过促进农业现代化、加快农村劳动力进一步向城市转移、适当加快土地流转速度和扩大土地流转规模,以尽快提高农业劳动生产率、缩小工农业劳动生产率的差距将是我们政策发力的重点方向。

第四,我国城乡居民的收入和消费水平稳步提升但差距仍较大。2020年,城镇居民人均收入与消费分别为43834元/年和27007元/年,农村居民的对应数值为17131元/年和13713元/年。城镇和农村居民的人均可支配收入分别比2000年增长了6倍和6.5倍,而城镇和农村居民的人均消费性支出分

---

① 黄季焜等:《面向2050年我国农业发展愿景与政策研究》,《中国工程学报》2022年第1期。

别比 2000 年增长了 4.4 倍和 7.2 倍。这些数据直观地表明了城乡居民收入和生活水平总体向好的态势。但是,从城乡人均收入和消费比的变化看,经历了先拉大后缩小的发展趋势。全国城乡居民的人均收入和消费差距(比值)在改革开放之初曾经缩小,之后一直扩大,在 2007 年差距达到改革开放后的峰值。随后在国家一系列统筹城乡发展、促进城乡发展一体化的政策推动下,城乡居民的收入和消费差距开始缩小,但直到 2020 年,这一差距仍有两倍左右——城乡居民人均可支配收入比为 2.56,人均消费比为 1.97,城乡居民生活水平之间的差距还需要进一步缩小(见表 4-2)。

表 4-2　2000—2020 年我国城乡人均收入及消费情况对比

年份	人均可支配收入情况			人均消费支出情况		
	城镇(元)	农村(元)	比值	城镇(元)	农村(元)	比值
2000	6255.7	2282.1	2.74	4998	1670.1	2.99
2001	6824	2406.9	2.84	5309	1741.1	3.05
2002	7652.4	2528.9	3.03	6029.9	1834.3	3.29
2003	8405.5	2690.3	3.12	6510.9	1943.3	3.35
2004	9334.8	3026.6	3.08	7182.1	2184.7	3.29
2005	10382.3	3370.2	3.08	7942.9	2555.4	3.11
2006	11619.7	3731	3.11	8696.6	2829	3.07
2007	13602.5	4327	3.14	9997.5	3223.9	3.10
2008	15549.4	4998.8	3.11	11242.9	3660.7	3.07
2009	16900.5	5435.1	3.11	12264.6	3993.5	3.07
2010	18779.1	6272.4	2.99	13471.5	4381.8	3.07
2011	21426.9	7393.9	2.90	15160.9	5221.1	2.90
2012	24126.7	8389.3	2.88	16674.3	5908	2.82
2013	26467	9430	2.81	18488	7485	2.47
2014	28844	10489	2.75	19968	8383	2.38
2015	31195	11422	2.73	21392	9223	2.32
2016	33616	12363	2.72	23079	10130	2.28
2017	36396	13432	2.71	24445	10955	2.23

续表

年份	人均可支配收入情况			人均消费支出情况		
	城镇（元）	农村（元）	比值	城镇（元）	农村（元）	比值
2018	39251	14617	2.69	26112	12124	2.15
2019	42359	16021	2.64	28063	13328	2.11
2020	43834	17131	2.56	27007	13713	1.97

资料来源：根据相应年份《中国统计年鉴》数据整理计算。

第五，城乡固定设施投入差距逐渐扩大。固定资产投资是城乡基本建设的基础，能够反映城乡基础设施的投入和建设水平。21世纪以来，我国城镇和乡村固定资产投资都有上涨，但是差距巨大。如表4-3显示，城镇固定资产投资在不到20年的时间内，由23554.07亿元上升至518907亿元，上涨了21倍之多；农村固定资产投资则由2904.25亿元上升至8363亿元，上升幅度仅有1.88倍。结合城乡固定资产投资比的变化可以发现，城乡固定投资差距在本来就不小的基础上进一步扩大：城乡固定资产投资比从2000年的8倍多增长到2020年的62倍以上。

表4-3 2000—2020年我国城乡固定资产投资情况对比

年份	城镇固定资产投资额（亿元）	农村固定资产投资额（亿元）	城乡固定资产投资比
2000	23554.07	2904.25	8.11
2001	29046.36	2976.55	9.76
2002	34094.28	3123.21	10.92
2003	44931.45	3200.98	14.04
2004	57866.04	3362.69	17.21
2005	73450.21	3940.59	18.64
2006	91646.38	4436.20	20.66
2007	115247.92	5123.24	22.50
2008	145220.86	5951.81	24.40
2009	188970.04	7434.54	25.42

续表

年份	城镇固定资产投资额（亿元）	农村固定资产投资额（亿元）	城乡固定资产投资比
2010	249177.37	7885.80	31.60
2011	290915.62	9089.04	32.01
2012	351497.73	9840.58	35.72
2013	420765.58	10546.66	39.90
2014	487428.69	10755.78	45.32
2015	546337.62	10409.78	52.48
2016	589526.68	9964.92	59.16
2017	624488.01	9554.44	65.36
2018	635636	10039	63.32
2019	551478	9396	58.69
2020	518907	8363	62.05

资料来源：根据历年《中国统计年鉴》数据整理。

　　第六,城乡公共服务水平在整体提升。我们用城乡公共财政支出规模(用各省一般公共预算财政支出中用于城乡社区事务财政支出的比例来衡量)来反映城乡公共服务的整体水平。① 表4-4 显示了我国财政用于城乡社区服务的支出经费及其占一般预算支出的比例。可以看出,从 2007 年开始,我国总体用于城乡社区服务的财政支出在不断上升,短短十二年间,该项支出就由 3238.49 亿元上升至 25681 亿元,上升幅度接近 7 倍。同时,城乡社区服务财政支出占全国整体财政支出的比重也在不断上升,从 2007 年到 2019 年,这一比例从 8.45% 上升到 10.75%。以上数据表明我国越来越重视城乡社区服务,这也佐证了我国在城乡公共服务方面取得的进步。

---

　　① 需要说明的是,我国财政收支科目在 2007 年进行了调整,一般公共预算财政支出的分类中多出了用于城乡社区事务的财政支出专项,包括城乡社区事务、规划与管理、公共设施、住宅、环境卫生等方面的支出。因此,我们的数据只能从 2007 年开始衡量。

表 4-4 2007—2019 年全国城乡社区服务支出比例

年份	全国用于城乡社区服务的财政支出（亿元）	全国一般预算支出（亿元）	城乡社区服务财政支出占全国整体财政支出的比重（%）
2007	3238.49	38339.29	8.45
2008	4191.80	49248.50	8.51
2009	5103.76	61044.12	8.36
2010	5977.31	73884.42	8.09
2011	7608.92	92733.70	8.21
2012	9060.93	107188.36	8.45
2013	11146.54	119740.35	9.31
2014	12942.31	129215.50	10.02
2015	15875.55	150335.65	10.56
2016	18374.86	160351.36	11.46
2017	20561.53	173228.35	11.87
2018	22700.00	220906	10.27
2019	25681	238874	10.75

资料来源：根据相应年份《中国统计年鉴》数据整理。

二、我国区域间城乡关系发展水平的差异

在我国城乡取得巨大发展的同时，不能否认我国不同区域之间城乡发展水平差异较大，东部地区城乡发展水平远远高于中西部地区，而且随着中国经济的发展，这种差距还在不断拉大。

首先，考察反映城乡发展总体水平的城镇化水平。东部地区城镇化率始终处于领先地位，在 2020 年达到了 73% 的水平，东北地区的城镇化率次之，而西部地区的城镇化率最低，在 2020 年才达到 51%，才达到东部地区 2004 年时的水平（50%），可见城镇化水平与地区的经济发展水平是高度正相关的（见图 4-3）。不过结合以上数据可以发现，随着党和国家对于城乡问题的不断重视，西部地区与其他地区的差距也在缩小。

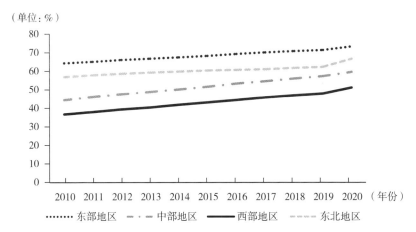

图 4-3 2010—2020 年东部地区、中部地区、西部地区及东北地区城镇化率

资料来源:根据国家统计局、中国经济与社会发展数据统计局及各省统计年鉴数据进行整理并计算得出。

其次,观察四大地区的非农及农业产值比。我国各个区域非农与农业产值比都在不断扩大,东部地区比值始终最大且上升趋势最为突出。从 2010 年到 2019 年,东部地区非农业产值与农业产值之比由 12 倍上升为 16 倍。中部地区非农与农业产值之比由 7 倍上升为 11 倍,西部地区和东北地区的产业差距相对缓和。2020 年,由于新冠疫情,各区域非农业产值与农业产值比出现波动。总体来说,这种产业间差距的扩大是城镇化水平提高的必然结果。

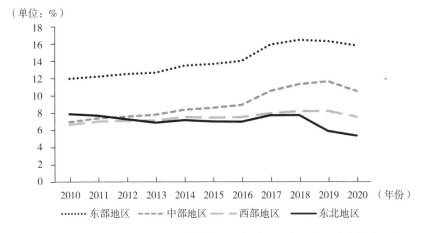

图 4-4 2010—2020 年东部地区、中部地区、西部地区及东北地区非农与农业产值比

资料来源:根据国家统计局数据整理计算并绘图。

最后,考察直接反映城乡居民生活水平的城乡居民收入和消费水平比。2000—2020年,各省的城乡人均收入及消费绝对值都不断上升,城乡人均收入比整体减小,除上海市外,其他地区的城乡人均消费比整体下降。观察三大地区的平均水平(见表4-5),三大区域的城乡人均收入及消费差距都经历了先略微扩大,而后逐步缩小的趋势,与上文提及的"先分离后融合"理论相一致。东部地区整体城乡人均收入差距最小,中部地区居中,西部地区最大。另外,西部地区城乡人均消费差距最大,2012年以前东部地区最小,但在2012年后,中部地区成为城乡人均消费差距最小的地区并持续保持。聚焦于本节关注的地域差距问题,2000年东部地区、中部地区、西部地区的平均城乡人均收入比分别为2.24、2.49和3.53,2020年为2.24、2.30和2.77,西部地区在城乡融合方面逐步赶上了东中部地区的步伐。2000年东部地区、中部地区、西部地区的平均城乡人均消费比分别为2.56、2.81和3.62,2020年这一组数据变为1.91、1.71和2.10,各地区自身城乡消费差距缩小的同时,西部地区与东部地区、中部地区的差距也大幅减小。这两方面数据显示,西部地区城乡人民生活水平差距基数虽然较大,但这也同时意味着其具有较大的发展潜力。西部地区大开发后,西部地区在抑制城乡生活水平差距方面成就突出,逐渐追赶上东部地区、中部地区进度。

表4-5　2000—2020年各地区平均城乡人均收入及消费比

年份	平均城乡人均收入比			平均城乡人均消费比		
	东部地区	中部地区	西部地区	东部地区	中部地区	西部地区
2000	2.24	2.49	3.53	2.56	2.81	3.62
2001	2.31	2.60	3.68	2.67	2.84	3.73
2002	2.38	2.78	3.77	2.80	2.98	4.02
2003	2.45	2.93	3.77	2.84	3.10	4.07
2004	2.47	2.84	3.77	2.82	3.03	3.83
2005	2.50	2.90	3.74	2.62	2.85	3.51
2006	2.56	2.93	3.74	2.64	2.79	3.36

续表

年份	平均城乡人均收入比			平均城乡人均消费比		
	东部地区	中部地区	西部地区	东部地区	中部地区	西部地区
2007	2.59	2.92	3.75	2.67	2.79	3.34
2008	2.61	2.86	3.69	2.66	2.69	3.31
2009	2.63	2.90	3.69	2.68	2.72	3.26
2010	2.59	2.78	3.51	2.61	2.75	3.22
2011	2.54	2.69	3.38	2.46	2.55	3.02
2012	2.52	2.67	3.32	2.38	2.47	2.94
2013	2.41	2.46	3.04	2.29	2.12	2.49
2014	2.37	2.41	2.97	2.19	2.06	2.42
2015	2.35	2.41	2.96	2.12	2.02	2.38
2016	2.34	2.40	2.94	2.09	1.98	2.37
2017	2.34	2.39	2.92	2.06	1.97	2.29
2018	2.33	2.43	2.92	2.04	1.92	2.28
2019	2.27	2.39	2.86	1.98	1.82	2.14
2020	2.24	2.30	2.77	1.91	1.71	2.10

资料来源:根据国家统计局数据整理计算。

通过对 2000—2020 年东中西部地区的数据进行横向分析,可以发现西部地区城乡发展水平相对滞后。以 2020 年的数据来看,西部地区仍然是三大区域中城乡融合发展最慢的一个。但同时,数据的变化显示出西部地区拥有强劲的发展潜力,较为薄弱的基础和国家的全力支持让西部地区成为 1999 年以后 20 年间城乡经济发展最为迅速的地区。以上分析表明,2000 年以来全国的经济水平都在不断上升。由于基础较弱,中西部地区的发展仍然落后于东部地区,但表现出了不俗的发展势头。尤其是西部地区,在城镇化、经济发展以及产业优化方面都获得了不小的进展,不仅自身城乡融合成效显著,其与东中部地区的整体差距也在不断缩小。

第二节　中国省域城乡融合发展水平评价

一、城乡融合发展的含义与主要内容

城乡融合发展是当工业化和城市化发展到一定阶段,打破城乡分割、建立城乡互动发展新机制,实现城乡空间、经济、政治、社会、文化、生态环境等在时间上同步增长、在内容上互相渗透、在过程中融为一体的过程。城乡融合发展是一个长期的历史过程,其关键是在城乡共同发展的前提下,生产要素在城乡自由流动、公共资源在城乡均衡配置,城乡差距不断缩小,城乡空间、经济、政治、社会、文化、生态环境等方面均实现高度融合。

我们对城乡融合发展的认识和党中央提出的"经济建设、政治建设、文化建设、社会建设、生态文明建设五位一体总体布局"①是高度一致的。我们团队的研究也表明,中国城乡间存在经济、政治、社会、文化、生态环境五维二元结构②。但在城乡融合发展的水平评价中,城乡政治融合存在着指标设计与数据可得性的双重困难,很难有效地进行评价。所以本节将从空间、经济、社会、文化、生态环境五个维度构建城乡融合发展的评价指标体系,以量化评价我国当前和过去一段时间的城乡融合发展的水平。

第一,城乡空间融合发展。空间承载着城乡居民的生产和居住功能、生产要素的城乡间流动功能。随着城乡关系的发展,城市与农村在空间、结构、布局等方面都会发生变化。发达国家城市化和城乡关系演变的经验表明,当城市化率低于30%时,城市文明普及率与城市化率是同步的,此时占主导地位的聚集效应使得大量生产要素从农村流向城市;当城市化率达到

---

① 胡锦涛:《坚定不移沿着中国特色社会主义道路前进　为全面建设小康社会而奋斗——在中国共产党第十八次全国代表大会上的报告》,人民出版社2012年版,第9页。
② 白永秀等:《中国省域城乡发展一体化水平评价报告(2013)》,中国经济出版社2013年版,第27页。

30%时,城市文明将加快向农村渗透和传播;当城市化率达到50%时,城乡文明普及率加速扩散,"涓流效应"开始显现,生产要素在城乡之间开始双向流动;城市化率达到70%时,占据主导地位的"涓流效应"使得生产要素加速回流到农村,城乡差别明显缩小,城乡融合步伐加快;当城市化率在70%以上时,城乡基本实现发展一体化。基于此,城乡空间一体化是指在城市化带动下,城市和乡村两种空间形式,通过自我发展和科学规划、布局而有机结合,实现城市与农村在人口分布、交通往来、信息交互、要素流转等方面的融合发展。

第二,城乡经济融合发展。城乡经济关系是在城乡关系学术研究中最早被关注的内容。无论是马克思恩格斯对城乡生产力和生产方式的考察,还是发展经济学对城乡二元经济结构的分析,都表明其在城乡关系中的核心地位。如果说城乡空间承载着生产要素的流动,那么城乡经济则直接指向代表各类生产要素的流动——资本、劳动力、信息、技术等在城乡之间的流动与分配。而一谈到分配,除了市场力量之外,一个不可忽视的力量便是国家和政府。所以,城乡经济融合发展是指在市场和国家双重力量的作用下,各类要素在城乡之间自由流动,并在互补互惠的基础上,实现资源在城乡之间共享和合理配置,生产效率在城乡产业趋近、城乡市场融合,最终促进城乡收入差距缩小、实现城乡居民共同富裕。

第三,城乡社会融合发展。城乡社会融合发展关系着一个国家是否稳定,是城乡融合发展的直接表现。对发展中大国的中国尤其如此。前文在论述中国城乡二元社会结构的形成和扩展过程中,已经分析了导致中国出现城乡二元社会结构的原因。基于此,我们认为城乡社会融合发展指城乡居民的社会地位和连接进入社会的机会的实质平等,具体包括住房、就业、教育、医疗卫生、养老等公共服务的均等化,以及城乡社会治理、自治能力和治理体系的一体化与协同化。现实中推进城乡社会融合发展的关键在于纠正计划经济下赶超战略所形成的一系列带有城市偏向的户籍制度、就业制度和社会保障制度,在制度层面重构城乡社会融合的制度体系。

第四,城乡文化融合发展。文化是人类在社会历史实践中所创造的精神财富,表现为精神信仰与文学艺术、风俗习惯、价值取向和道德情操等。在当今时代,城乡文化一方面在精神内涵和呈现方式上存在差异——城市文化是工业化、现代化社会的精英文化和主流文化,农村文化则是一种"自在自为"的传统文化,农村的风俗节日、家族文化及人际交往等习俗文化明显不同于城市文化。另一方面,在城乡公共文化资源配置上也存在不均——城市集聚了绝大多数的文艺人才、文化产品和公共文化服务设施。蔡武(2013)认为,城镇化的重要表现是"城市文明的扩展和城乡文化的融合"①。党的十七届六中全会通过的《中共中央关于深化文化体制改革推动社会主义文化大发展大繁荣若干重大问题的决定》也阐述了加快城乡文化融合的重要性:"增加农村文化服务总量,缩小城乡文化发展差距,对推进社会主义新农村建设、形成城乡经济社会发展一体化新格局具有重大意义。"②

基于上述分析,城乡文化融合发展是在承认城乡文化异质性和互补性的基础上,用社会主义核心价值观将城乡文化统一起来,增加农村文化服务总量、提高其质量,缩小城乡公共文化差距、实现城乡文化相互包容、相互融合的过程。实践中要促进城乡文化融合发展,就要统筹城乡文化产业发展,既以城市文化辐射带动农村文化,又将农民文化艺术引入城市,促进城乡文化交流与融合;就要因地制宜培植具有地方特色的乡土文化,推动农村民俗文化产业、农村旅游产业的发展;就要统筹城乡文化政策支撑和文化体制改革,实现文化产品和服务在城乡之间的合理配置。

第五,城乡生态环境融合发展。改革开放以来,中国虽然实现了经济社会的跨越式发展,但也付出了巨大的资源环境代价。在粗放型经济增长方式下,

---

① 蔡武:《城镇化不能只有物质经济的现代化》,《中国文化报》2013 年 3 月 11 日。
② 《中共中央关于深化文化体制改革推动社会主义文化大发展大繁荣若干重大问题的决定》,人民出版社 2011 年版,第 26—27 页。

自然资源被过度开采,生态环境遭受重创,中国经济增长依赖的"资源红利"和"生态环境红利"逐渐递减,生态环境对经济社会发展的"约束效应"和"瓶颈效应"日益显现。2012年党的十八大报告指出,"必须树立尊重自然、顺应自然、保护自然的生态文明理念,把生态文明建设放在突出地位,融入经济建设、政治建设、文化建设、社会建设各方面和全过程,努力建设美丽中国,实现中华民族永续发展"①。2015年10月,党的十八届五中全会提出创新、协调、绿色、开放、共享五大发展理念。其中,绿色发展就是要通过转变发展方式、保护生态环境,实现可持续发展。沈清基(2012)从城乡生态效益指标体系、城乡生态效益总体状态及类型评价、城乡生态效益关联性、城乡生态效益协调性、城乡生态效益的共生性等方面阐述城乡生态效益的内容,他认为中国城乡生态环境存在明显的二元化倾向。②

基于上述分析,城乡生态环境融合发展是将城市与农村生态环境看作一个整体,将两者纳入同一个体系中进行生态环境的协调治理,通过发展绿色循环经济和绿色产业、严控污染源、最严格保护生态物种多样性、城乡生态环境协同治理,使城市生态乡村化,乡村环境城市化,促进城乡生态环境优势互补、相互融合,最终力争实现人与自然在城市与农村相互融合的空间中和谐相处。

二、城乡融合发展评价指标体系的构建

遵循全面、科学、可比、区域均等、典型代表和可操作性原则,综合使用理论分析法、频度统计法、专家咨询法,结合城乡融合发展的含义与内容,我们构建了城乡融合发展指标体系(见表4-6)。

---

① 胡锦涛:《坚定不移沿着中国特色社会主义道路前进　为全面建设小康社会而奋斗——在中国共产党第十八次全国代表大会上的报告》,人民出版社2012年版,第39页。
② 沈清基:《城乡生态环境一体化规划框架探讨——基于生态效益的思考》,《城市规划》2012年第12期。

表4-6 中国省域城乡融合发展水平评价指标体系

总(指标)	维度(指标)	基础(指标)		指标的属性	指标的含义或算法
城乡融合发展	城乡空间融合发展	城乡空间集聚	X1 城市化水平	正向	城镇人口数/总人口数
		城乡往来	X2 交通网密度(公里/平方公里)	正向	(公路运营里程+铁路运营里程)/区域土地面积
			X3 城乡人均道路面积比	逆向	城市人均道路面积/乡村人均道路面积
			X4 旅客周转量(亿人次/公里)	正向	旅客周转量
			X5 城乡每百户家用汽车拥有量比	逆向	城市每百户家用汽车拥有量/农村每百户家用汽车拥有量
		城乡信息交互	X6 城乡每百户移动电话拥有量比	逆向	城市每百户移动电话拥有量/农村每百户移动电话拥有量
			X7 城乡每百户计算机拥有量比	逆向	城市每百户计算机拥有量/农村每百户计算机拥有量
			X8 人均长途光缆线路长度(公里/万人)	正向	长途光缆线路长度/总人口
	城乡经济融合发展	城乡经济总量	X9 人均GDP(元/人)	正向	人均GDP
		城乡资本形成	X10 城乡人均固定资产投资比	逆向	城镇人均固定资产投资/农村人均固定资产投资
			X11 人均财政支农比	正向	地方农林水事务人均支出/地方一般公共预算人均支出
		城乡技术进步	X12 城乡技术人员比重比	逆向	公有经济企事业单位非农业技术人员占城镇人口比重/公有经济企事业单位农业技术人员占农村人口比重
			X13 农业机械化水平	正向	农业机械总动力(千瓦)/区域耕地面积(公顷)
		城乡产业结构	X14 非农产业与农业产值比	正向	(第二产业产值+第三产业产值)/第一产业产值
			X15 二元对比系数	正向	(第一产业产值占比/第一产业从业人员占比)/(非第一产业产值占比/非第一产业从业人员占比)
			X16 二元反差系数	逆向	非农产业产值占比-非农产业从业人员占比

总 （指标）	维度 （指标）	基础（指标）		指标的 属性	指标的含义或算法
城 乡 融 合 发展	城 乡 经 济 融 合 发展	城乡就业结构	X17 非农从业人员与农业从业人员比	正向	非第一产业从业人员/第一产业从业人员
			X18 农村从业人员非农比	正向	第一产业从业人员/乡村从业人员
		城 乡 居 民 收 入 和消费	X19 城乡居民人均收入比	逆向	城镇家庭人均全年可支配收入/农村家庭人均全年纯收入
			X20 城乡家庭人均消费比	逆向	城市家庭人均消费/农村家庭人均消费
			X21 城乡恩格尔系数比	正向	城市家庭恩格尔系数/农村家庭恩格尔系数
	城 乡 社 会 融 合 发展	城乡基础教育	X22 财政中用于教育支出比重	正向	教育支出/一般预算公共支出
			X23 城乡小学生师比重比	正向	（城镇小学在校学生数/城镇小学专任教师数）/（农村小学在校学生数/农村小学专任教师数）
		城 乡 医 疗卫生	X24 城乡医疗保险覆盖率比	逆向	城镇居民和职工基本医疗保险参保人数比/参加新农合人数比
			X25 城乡医疗保健支出比重比	逆向	城镇居民医疗保健支出占消费性支出比重/农村居民医疗保健支出占消费性支出比重
		城 乡 社 会保障	X26 城乡低保支出水平比	逆向	城市人均低保资金全年计划支出/农村人均低保资金全年计划支出
			X27 城乡居民最低生活保障人数比重比	逆向	（城镇居民最低生活保障人数/城镇人口）/（农村居民最低生活保障人数/农村人口）
	城 乡 文 化 融 合 发展	城 乡 艺术	X28 城乡人均艺术演出场次比	逆向	文化部门艺术表演团体城市人均演出场次/文化部门艺术表演团体农村人均演出场次
			X29 城乡艺术演出观众比重比	逆向	（文化部门艺术表演团体国内演出城市观众人次/城市人口）/（文化部门艺术表演团体国内演出农村观众人次/农村人口）
		城 乡 群 众文化	X30 城乡文化机构组织文艺活动人均次数比	逆向	城市群众文化机构组织文艺活动人均次数/乡镇文化站组织文艺活动人均次数
			X31 城乡文化机构人均支出比	逆向	城市群众文化机构人均支出/乡镇文化站人均支出

续表

总（指标）	维度（指标）	基础（指标）		指标的属性	指标的含义或算法
城乡融合发展	城乡文化融合发展	城乡文化事业	X32 人均文化事业费（元/人）	正向	人均文化事业费
	城乡生态环境融合发展	城乡节能减排	X33 城乡人均生活消费煤合计比	正向	城镇人均生活消费煤合计/农村人均生活消费煤合计
			X34 环境污染治理投资占 GDP 比重	正向	环境污染治理投资额/GDP
		城乡绿化	X35 城乡人均绿化覆盖面积比	逆向	城镇人均绿化覆盖面积/乡人均绿化覆盖面积
			X36 森林覆盖率	正向	森林覆盖率
		城乡生活环境	X37 城乡卫生厕所普及率比	逆向	城市卫生厕所普及率/农村卫生厕所普及率
			X38 城乡燃气普及率比	逆向	(城镇天然气用气人口/城镇人口)/(乡天然气用气人口/乡人口)

资料来源:笔者建立。

　　在明确城乡融合发展的含义与主要内容、构建中国省域城乡融合发展水平评价指标体系的基础上,我们将运用时序全局主成分分析法来作为中国省域城乡融合发展水平评价的方法。

三、2017 年中国省域城乡融合发展水平总体评价

（一）数据来源、指标处理方法和权重的生成

　　第一,数据来源。我们所用的基础数据均来源于《中国统计年鉴》以及各类国家权威专业统计年鉴①等。部分省份的缺失数据,还查询了各省份的统计年鉴、统计公报。

---

　　①　这些统计年鉴包括:《中国城乡建设统计年鉴》《中国科技统计年鉴》《中国卫生统计年鉴》《中国教育统计年鉴》《中国民政统计年鉴》《中国文化文物统计年鉴》《中国能源统计年鉴》《中国环境统计年鉴》《中国农村统计年鉴》等。

第二,指标处理方法。在城乡融合发展指数构成中,由于基础指标的不可公度性①,我们对基础数据进行一定的变换与处理。根据时序全局主成分分析方法对数据的处理要求,先对逆向指标取倒数,再用均值法去量纲。

第三,基础指标与分维度指数权重的确定。在预处理2017年中国省域城乡融合发展的基础指标后,将所得数据以协方差矩阵的形式输入,采用两步时序全局主成分分析法与权重计算法,得到城乡融合发展总体指数及五个分维度的指数的统计特征与权重(具体见表4-7、表4-8)。表4-9是2017年中国各省域城乡融合发展的总指数值。

表4-7 各级指标的统计特征

维度	成分	方差贡献率(%)	累计方差贡献率(%)
城乡空间融合	1	64.501	64.501
	2	15.308	79.809
城乡经济融合	1	85.230	85.230
城乡社会融合	1	66.341	66.341
	2	28.021	94.362
城乡文化融合	1	66.222	66.222
城乡生态环境融合	1	57.572	57.572
	2	18.597	76.169
城乡融合发展	1	66.238	66.238

表4-8 各维度指标的系数向量与相应权重

维度指标	主成分系数	权重
城乡空间融合	0.399	0.137
城乡经济融合	2.875	0.987

① 可公度性也称为可通度性或可通约性,可公度性是指如果两个量是可合并计算,那么它们可以被用同一个单位来衡量,不可公度性恰恰相反。

续表

维度指标	主成分系数	权重
城乡社会融合	−0.155	−0.053
城乡文化融合	0.088	0.030
城乡生态环境融合	−0.186	−0.064

表4-9　2017年中国各省域城乡融合发展水平测度结果

省域	分维度指数					城乡融合发展指数
	城乡空间融合发展	城乡经济融合发展	城乡社会融合发展	城乡文化融合发展	城乡生态环境融合发展	
北京市	0.583	10.716	0.526	1.344	0.930	10.606
天津市	0.348	5.604	0.983	1.442	0.352	5.546
河北省	0.057	0.833	1.180	1.131	0.803	0.750
山西省	−0.204	1.011	0.495	1.964	1.123	0.931
内蒙古自治区	−2.135	0.751	0.655	2.100	0.423	0.451
辽宁省	0.047	0.878	0.581	0.397	1.669	0.747
吉林省	−0.294	0.734	0.256	0.458	0.586	0.647
黑龙江省	−0.752	0.752	0.282	0.374	4.379	0.357
上海市	0.896	12.803	0.234	1.520	0.675	12.745
江苏省	0.206	1.842	1.357	1.168	1.069	1.741
浙江省	0.149	1.934	1.231	2.872	1.380	1.862
安徽省	0.062	0.852	0.820	1.740	0.761	0.809
福建省	−0.096	1.331	2.325	6.201	1.735	1.254
江西省	0.004	0.944	0.427	1.241	1.315	0.863
山东省	0.349	1.086	1.685	2.158	1.345	1.009
河南省	0.346	0.718	0.768	1.205	1.344	0.666
湖北省	0.152	0.789	0.991	1.309	1.095	0.716
湖南省	−0.054	0.684	0.535	1.319	1.583	0.578
广东省	0.210	1.538	1.705	2.286	1.754	1.413
广西壮族自治区	−0.310	0.489	4.572	0.228	3.467	−0.017
海南省	0.107	0.981	0.806	0.956	4.931	0.654
重庆市	0.396	1.094	0.528	2.584	0.544	1.149
四川省	−0.268	0.716	0.472	0.490	0.572	0.623

续表

省域	分维度指数					城乡融合发展指数
	城乡空间融合发展	城乡经济融合发展	城乡社会融合发展	城乡文化融合发展	城乡生态环境融合发展	
贵州省	-0.324	0.463	1.298	0.464	0.751	0.310
云南省	-0.507	0.494	0.609	0.227	0.703	0.348
陕西省	-0.195	0.745	0.956	1.518	0.728	0.657
甘肃省	-0.796	0.490	0.585	0.912	0.599	0.333
青海省	-5.339	0.788	1.048	0.611	0.728	-0.037
宁夏回族自治区	-0.983	0.794	0.585	2.266	0.245	0.671
新疆维吾尔自治区	-1.152	0.617	0.382	1.545	0.122	0.470

在第一步主成分分析中,城乡空间融合维度,提取了 2 个主成分,累计方差贡献率达 79.809%;城乡经济融合维度,提取了 1 个主成分,累计方差贡献率达 85.230%;城乡社会融合维度,提取了 2 个主成分,累计方差贡献率达 94.362%;城乡文化融合维度,提取了 1 个主成分,累计方差贡献率为 66.222%;城乡生态环境融合维度,提取了 2 个主成分,累计方差贡献率达 76.169%。在第二步主成分分析中,城乡融合发展指数提取了 1 个主成分,累计方差贡献率为 66.238%。由此可见,主成分提取能够反映原始数据的绝大部分信息,方法科学合理。

经过两步主成分分析,计算出城乡融合发展 5 个维度指标的权重,城乡空间融合、城乡经济融合、城乡社会融合、城乡文化融合、城乡生态环境融合形成的权重分别为 0.137、0.987、-0.053、0.030、-0.064。

第一步主成分分析可以得到城乡融合发展 5 个分维度指数,第二步主成分分析可以计算出 5 个分维度的基础指标权重并最终计算出 2017 年中国 30 个省域的城乡融合发展指数。城乡融合发展 5 个分维度指数和总指数的最终结果见表 4-9。

（二）2017 年中国省域城乡融合发展水平排名

由表 4-10 可以看出,2017 年中国省域城乡融合发展水平,排名前 3 位的
分别是 3 个直辖市:上海市、北京市和天津市,得分分别为 12. 745、10. 606 和
5. 546;排名后三位的分别是贵州省、广西壮族自治区和青海省,得分分别为
0. 310、−0. 017 和−0. 037。需要说明的是,城乡融合发展指数得分是一个相对
值——数值仅代表相对大小,并不代表其城乡融合发展的绝对水平。下面对
结果进行具体分析。

表 4-10　2017 年中国省域发展一体化得分及排名

排名	省　域	城乡融合发展指数
1	上海市	12. 745
2	北京市	10. 606
3	天津市	5. 546
4	浙江省	1. 862
5	江苏省	1. 741
6	广东省	1. 413
7	福建省	1. 254
8	重庆市	1. 149
9	山东省	1. 009
10	山西省	0. 931
11	江西省	0. 863
12	安徽省	0. 809
13	河北省	0. 750
14	辽宁省	0. 747
15	湖北省	0. 716
16	宁夏回族自治区	0. 671
17	河南省	0. 666
18	陕西省	0. 657
19	海南省	0. 654

排名	省　域	城乡融合发展指数
20	吉林省	0.647
21	四川省	0.623
22	湖南省	0.578
23	新疆维吾尔自治区	0.470
24	内蒙古自治区	0.451
25	黑龙江省	0.357
26	云南省	0.348
27	甘肃省	0.333
28	贵州省	0.310
29	广西壮族自治区	−0.017
30	青海省	−0.037

从得分结果来看,城乡融合发展指数得分范围是−0.037—12.745,排名前10位的省份分别是:上海市、北京市、天津市、浙江省、江苏省、广东省、福建省、重庆市、山东省、山西省,指数得分范围是0.931—12.745;排名中间10位的省份分别是:江西省、安徽省、河北省、辽宁省、湖北省、宁夏回族自治区、河南省、陕西省、海南省、吉林省,指数得分范围是0.647—0.863;排名后10位的省份分别是:四川省、湖南省、新疆维吾尔自治区、内蒙古自治区、黑龙江省、云南省、甘肃省、贵州省、广西壮族自治区、青海省,指数得分范围是−0.037—0.623。从得分结果来看,排名前10位的省份城乡融合发展指数差别较大,排名后20位的省份城乡融合发展指数差别不大,说明后20位省份之间的城乡融合发展水平相对接近。

从区域分布来看:城乡融合发展指数排名前10位的省份中,东部地区有8个,分别是上海市(第1位)、北京市(第2位)、天津市(第3位)、浙江省(第4位)、江苏省(第5位)、广东省(第6位)、福建省(第7位)、山东省(第9位);来自中部地区的省份有一个,即山西省(第10位);来自西部地区的省份有1个,即重庆市(第8位)。这表明,中国城乡融合发展呈现明显的区域差异,东部地区省份城乡融合发展水平高,中部地区和西部地区省份城乡融合发展水平低。

城乡融合发展指数得分排名中间 10 位的省份中,来自东部地区的省份有 2 个,即河北省(第 13 位)、海南省(第 19 位);来自中部地区的省份有 4 个,即江西省(第 11 位)、安徽省(第 12 位)、河南省(第 17 位)、湖北省(第 15 位);来自西部地区的省份有 2 个,分别是宁夏回族自治区(第 16 位)、陕西省(第 18 位);来自东北地区的省份有 2 个,即辽宁省(第 14 位)、吉林省(第 20 位)。这表明中部地区的城乡融合发展水平在全国三大区域中居于中游。

城乡融合发展指数得分排名后 10 位的省份中,来自西部地区的省份有 8 个,即四川省(第 21 位)、新疆维吾尔自治区(第 23 位)、内蒙古自治区(第 24 位)、云南省(第 26 位)、甘肃省(第 27 位)、贵州省(第 28 位)、广西壮族自治区(第 29 位)、青海省(第 30 位);来自中部地区的省份有 1 个,即湖南省(第 22 位);来自东北地区的省份有 1 个,即黑龙江省(第 25 位)。

可以初步得出以下结论:2017 年中国省域城乡融合发展水平呈现由东部地区到中部地区,再到西部地区逐渐递减的趋势。具体来看,东部地区城乡融合发展水平最高,中部地区次之,西部地区最低,东北地区则处于中低水平。

四、2017 年中国省域城乡融合发展类型判定

在对 2017 年中国省域城乡融合发展指数得分进行排名并分析其区域分布特点的基础上,我们需进一步判断中国各省域城乡融合发展的类型,并做具体分析。我们将根据城乡融合发展指数的特点,并结合 K 均值聚类分析的结果,将 2017 年中国 30 个省份的城乡融合发展水平分为三大聚类:

第一聚类的城乡融合发展指数大于等于 5.000,位于该阵营的省份有 3 个,分别是上海市(12.745)、北京市(10.606)、天津市(5.546)。该阵营城乡融合发展水平高,得分远高于其他省份,指数得分差距较大。

第二聚类的城乡融合发展指数得分在 0.700—2.000,位于该阵营的省份有 12 个,分别是浙江省(1.862)、江苏省(1.741)、广东省(1.413)、福建省

（1.254）、重庆市（1.149）、山东省（1.009）、山西省（0.931）、江西省（0.863）、安徽省（0.809）、河北省（0.750）、辽宁省（0.747）、湖北省（0.716）。该阵营城乡融合发展居中等水平,指数得分差距也居中。从这12个省份的区域分布看,有6个省份来自东部地区,4个省份来自中部地区,来自西部地区和东北地区的各有1个。

第三聚类的城乡融合发展指数小于0.700,位于该阵营的省份有15个,分别是宁夏回族自治区（0.671）、河南省（0.666）、陕西省（0.657）、海南省（0.654）、吉林省（0.647）、四川省（0.623）、湖南省（0.578）、新疆维吾尔自治区（0.470）、内蒙古自治区（0.451）、黑龙江省（0.357）、云南省（0.348）、甘肃省（0.333）、贵州省（0.310）、广西壮族自治区（-0.017）、青海省（-0.037）。该阵营城乡融合发展水平低,指数得分差距也较小。从这15个省份的区域分布看,2个省份来自中部地区,10个省份来自西部地区,2个省份来自东北地区,1个省份来自东部地区。

表 4-11　2017 年中国 30 个省域城乡融合发展水平类型判定

类型	标准	省　份	个数（个）	占比（%）
第一阵营	城乡融合发展指数≥5.000	上海市、北京市、天津市	3	10
第二阵营	0.7000≤城乡融合发展指数≤2.000	浙江省、江苏省、广东省、福建省、重庆市、山东省、山西省、江西省、安徽省、河北省、辽宁省、湖北省	12	40
第三阵营	城乡融合发展指数<0.700	宁夏回族自治区、河南省、陕西省、海南省、吉林省、四川省、湖南省、新疆维吾尔自治区、内蒙古自治区、黑龙江省、云南省、甘肃省、贵州省、广西壮族自治区、青海省	15	50

五、2017 年中国省域城乡融合发展的影响因素

（一）分维度指标权重

通过分析城乡融合发展五个维度指标的权重正负和大小,可以发现其对

城乡融合发展的影响方向和影响力。从指标权重的符号来看,2017 年城乡空间融合发展、城乡经济融合发展和城乡文化融合发展的权重为正,表明其对省域城乡融合发展的影响是促进性的,而城乡社会融合发展和城乡生态环境融合发展的权重为负,表明其数值变化方向与其他三个维度的变化方向相反,阻碍了城乡融合发展。

从指标权重的大小来看,城乡经济融合发展的权重是 0.987,其对城乡融合发展的影响最大;城乡空间融合发展的权重是 0.137,其对城乡融合发展的影响较大;城乡文化融合发展的权重是 0.030,其对城乡融合发展的影响居中;城乡社会融合发展的权重是−0.053,城乡生态环境融合发展的权重是−0.064,两者对城乡融合发展的影响为负(见图 4-5)。

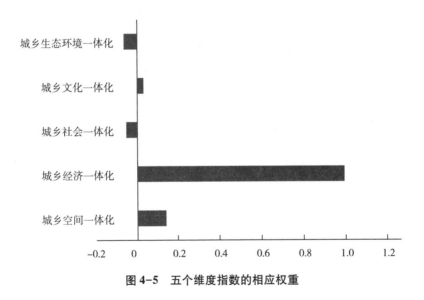

图 4-5　五个维度指数的相应权重

(二)基础指标权重

对基础指标的权重进行分析时,我们首先通过计算"各分维度指标的权重×相应分维度中具体指标权重",可以得出 38 个基础指标在城乡融合发展指数中的相应权重;其次重点对权重绝对值大于等于 0.03 的 11 个基础指标进行分析(见表 4-12)。对城乡融合发展影响较大的基础指标包括交通网密度(0.032)、人均长途光缆线路长度(-0.106)、人均 GDP(0.124)、人均财政支农比(0.066)、非农产业与农业产值比(0.710)、二元对比系数(-0.046)、二元反差系数(0.380)、非农从业人员与农业从业人员比(0.550)、城乡恩格尔系数比(-0.031)、城乡居民最低生活保障人数比重比(-0.039)和城乡人均生活消费煤合计比(-0.042)。

表 4-12　城乡融合发展指数中权重较大的基础指标

基础指标	基础指标在总指数中的权重
X2 交通网密度	0.032
X8 人均长途光缆线路长度	-0.106
X9 人均 GDP	0.124
X11 人均财政支农比	0.066
X14 非农产业与农业产值比	0.710
X15 二元对比系数	-0.046
X16 二元反差系数	0.380
X17 非农从业人员与农业从业人员比	0.550
X21 城乡恩格尔系数比	-0.031
X27 城乡居民最低生活保障人数比重比	-0.039
X33 城乡人均生活消费煤合计比	-0.042

进一步,我们分析这 11 个指标分别在全国不同省域的发展情况,从而了解各省份的优势与不足,进而采取具有针对性的改善措施。

考察基础指标 X2"交通网密度",其在总指数中的权重是 0.032。这一指标各省份之间的差距较大,数值分布在 0.111—2.282。该指标的标准值排名在前 5 位的省份是上海市、山东省、重庆市、河南省和江苏省;排名在后 5 位的省份是甘肃省、黑龙江省、内蒙古自治区、新疆维吾尔自治区和青海省。

考察基础指标 X8"人均长途光缆线路长度",其在总指数中的权重是 -0.106,与总指数的大小方向相反。这一指标各省份之间的差距较大,数值分布在0.208—7.038。该指标的标准值排名在前5位的省份是青海省、内蒙古自治区、新疆维吾尔自治区、宁夏回族自治区和黑龙江省;排名在后5位的省份是河南省、重庆市、天津市、上海市和北京市。

考察基础指标X9"人均GDP",其在总指数中的权重是0.124。这一指标各省份之间的差距居中,数值分布在0.463—2.095。该指标的标准值排名在前5位的省份是北京市、上海市、天津市、江苏省和浙江省;排名在后5位的省份是黑龙江省、广西壮族自治区、贵州省、云南省和甘肃省。

考察基础指标X11"人均财政支农比",其在总指数中的权重是0.066。这一指标各省份之间的差距居中,数值分布在0.556—1.881。该指标的标准值排名在前5位的省份是北京市、上海市、内蒙古自治区、黑龙江省、宁夏回族自治区;排名在后5位的省份是安徽省、河南省、重庆市、云南省和广东省。

考察基础指标X14"非农产业与农业产值比",其在总指数中的权重是0.710。这一指标各省份之间的差距巨大,数值分布在0.142—8.984。该指标的标准值排名在前5位的省份是上海市、北京市、天津市、浙江省和广东省;排名在后5位的省份是新疆维吾尔自治区、云南省、贵州省、广西壮族自治区和黑龙江省。

考察基础指标X15"二元对比系数",其在总指数中的权重是-0.046,其变化方向与城乡发展一体化总指数变化方向相反。这一指标各省份之间的差距较大,数值分布在0.494—2.198。该指标的标准值排名在前5位的省份是海南省、黑龙江省、福建省、新疆维吾尔自治区和江西省;排名在后5位的省份是陕西省、山西省、宁夏回族自治区、北京市和上海市。

考察基础指标X16"二元反差系数",其在总指数中的权重是0.380。这一指标各省份之间的差距较大,数值分布在0.348—5.254。该指标的标准值排名在前5位的省份是上海市、北京市、天津市、海南省和江苏省;排名在后5位的省份是陕西省、宁夏回族自治区、云南省、贵州省和甘肃省。

考察基础指标X17"非农从业人员与农业从业人员比",其在总指数中的权重是 0.550。这一指标各省份之间的差距巨大,数值分布在 0.193—7.134。该指标的标准值排名在前 5 位的省份是上海市、北京市、天津市、浙江省和江苏省;排名在后 5 位的省份是宁夏回族自治区、广西壮族自治区、云南省、贵州省和甘肃省。

考察基础指标 X21"城乡恩格尔系数比",其在总指数中的权重是 -0.031,其数值变化与城乡发展一体化指数变化方向相反。这一指标各省份之间的差距居中,数值分布在 0.483—1.757。该指标的标准值排名在前 5 位的省份是内蒙古自治区、青海省、湖南省、天津市和浙江省;排名在后 5 位的省份是江西省、广东省、上海市、北京市和山西省。

考察基础指标 X27"城乡居民最低生活保障人数比重比",其在总指数中的权重是-0.039,其变化方向与城乡发展一体化总指数变化方向相反。这一指标各省份之间的差距较大,数值分布在 0.214—6.102。该指标的标准值排名在前 5 位的省份是广西壮族自治区、福建省、广东省、山东省和江苏省;排名在后 5 位的省份是江西省、新疆维吾尔自治区、黑龙江省、吉林省和上海市。

考察基础指标 X33"城乡人均生活消费煤合计比",其在总指数中的权重是-0.042,其数值变化与城乡发展一体化指数变化方向相反。这一指标各省份之间的差距较大,数值分布在 0.024—6.081。该指标的标准值排名在前 5 位的省份是黑龙江省、海南省、广西壮族自治区、辽宁省和河南省;排名在后 5 位的省份是宁夏回族自治区、重庆市、江苏省、四川省和天津市。

第三节　2006—2017 年中国省域城乡融合发展水平变化

本节我们进一步分析 2006—2017 年中国省域城乡融合发展水平的变动情况(见表 4-13)。根据 12 年间中国 30 个省份城乡融合发展指数的排位变化情况,将城乡融合发展水平排位波动幅度在 5 个位次之内的省份划分为稳定省份,将城乡融合发展水平排位波动幅度在6—10个位次之间的省份划分为小幅波动省份,将城乡融合发展水平排位波动幅度大于10个位次的省份划分为大幅波动省份,将2017年城乡融合发展水平排位相对于2006年上升超过5个位次的省份划分为上升省份,将2017年城乡融合发展水平排位相对于2006年下降超过5个位次的省份划分为下降省份。

根据标准,我们可以将30个省份大致分为以下五类:

(1)城乡融合发展水平排位稳定省份;

(2)城乡融合发展水平排位小幅波动省份;

(3)城乡融合发展水平排位大幅波动省份;

(4)城乡融合发展水平排位上升省份;

(5)城乡融合发展水平排位下降省份。①

表4-13　2006—2017年中国省域城乡融合发展指数排名变化

省份	2006	2007	2008	2009	2010	2011	2012	2013	2014	2015	2016	2017
上海市	1	1	1	1	1	1	1	1	1	1	1	1
北京市	2	2	2	2	2	2	2	2	2	2	2	2
天津市	3	4	4	4	4	3	3	3	3	3	3	3
浙江省	4	3	3	3	3	5	4	4	4	4	4	4
江苏省	6	6	7	6	5	7	7	7	7	7	6	5
广东省	5	5	6	5	9	6	6	6	6	6	5	6
福建省	10	8	5	7	6	4	5	5	5	5	7	7
重庆市	13	15	15	17	8	12	9	9	8	8	8	8
山东省	8	9	9	8	7	10	10	10	10	9	9	9
山西省	7	7	8	9	10	8	8	8	9	10	12	10
江西省	16	14	14	12	16	15	16	15	13	11	10	11
安徽省	20	20	21	16	17	20	11	11	11	13	13	12

---

①　其中,我们对城乡融合发展水平排位上升和下降省份要进行具体分析,而对城乡融合发展水平排位基本稳定、小幅波动和大幅波动的省份只做描述性分析。

续表

省份	2006	2007	2008	2009	2010	2011	2012	2013	2014	2015	2016	2017
河北省	9	12	13	11	12	13	13	13	16	15	15	13
辽宁省	11	11	11	13	14	14	12	14	12	14	11	14
湖北省	17	18	19	18	18	18	18	17	17	17	14	15
宁夏回族自治区	26	22	18	23	22	25	26	23	23	21	23	16
河南省	14	13	12	15	11	16	14	19	18	12	17	17
陕西省	23	17	20	14	15	11	17	16	15	18	20	18
海南省	12	10	10	10	13	9	15	12	14	16	16	19
吉林省	19	21	17	20	21	19	20	20	21	22	18	20
四川省	25	24	24	21	23	23	22	22	22	24	24	21
湖南省	15	16	16	19	19	17	19	21	20	20	22	22
新疆维吾尔自治区	24	27	27	25	28	26	24	24	24	23	25	23
内蒙古自治区	21	23	25	26	26	21	21	18	18	19	21	24
黑龙江省	18	19	22	22	20	22	23	25	25	26	19	25
云南省	30	28	29	30	30	30	30	30	30	30	28	26
甘肃省	27	26	26	29	29	27	27	27	27	28	27	27
贵州省	29	29	30	28	25	27	29	28	29	29	29	28
广西壮族自治区	22	25	23	24	27	24	25	26	26	27	26	29
青海省	28	30	28	27	24	29	28	29	28	25	30	30

注:本表第一列省份排序是根据最近一个考察期,即2017年的排名顺序列出。

一、城乡融合发展稳定省份

城乡融合发展排位稳定省份按照排位所处的位置可以大致分为三类:第一类是2006—2017年12年间其排位主要在前10位的省份,我们将其称为中高水平稳定省份;第二类是2006—2017年12年间其排位主要在中间10位的省份,我们将其称为中等水平稳定省份;第三类是2006—2017年12年间其排位主要在后10位的省份,我们将其称为中低水平稳定省份。

城乡融合发展排位中高水平稳定省份有:上海市、北京市、天津市、浙江省、江苏省、广东省、山东省和山西省,2017 年这 8 个省份城乡融合发展指数排名分别位列全国第 1、2、3、4、5、6、9、10 位。2006—2017 年这 12 年间,30 个省份的城乡融合发展水平排位波动幅度整体略高于 5 个位次,平均值为 5.5。具体分析,前两名的省份上海市和北京市 12 年间没有发生任何变化,说明这 2 个直辖市的城乡融合发展工作的起步早、水平高,且近年来能维持在较高的水平,自 2006 年以来一直处于领先位置。天津市的城乡融合发展水平一直在第 3 位和第 4 位之间波动,自 2011 年以来基本维持在第三名的位置,整体而言天津市一直处于高水平的稳定状态。浙江省的城乡融合发展水平在第 3 位和第 5 位之间波动,自 2012 年以来也基本稳定在第 4 位的位置,说明浙江省城乡融合发展工作一直保持较高的水准。广东省、江苏省和山东省的城乡融合发展水平波动也很小,仅广东省在 2010 年下降到第 9 位的位置,综合来看以上省份虽然不如上海市和北京市,但一直保持着中高水平的稳定。从地区分布上来看,中高水平稳定省份基本为东部地区省份,中部地区省份山西省是唯一进军中高水平稳定的省份,西部地区无省份进入中高水平稳定省份,说明山西省在中西部地区城乡融合发展的道路上具有绝对的领先地位(见图 4-6)。

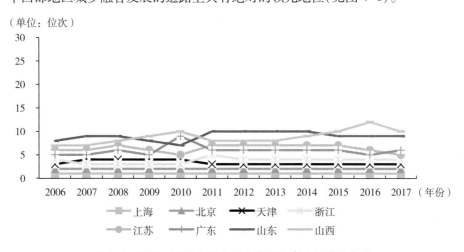

（单位：位次）

图 4-6 2006—2017 年城乡融合发展中高水平稳定省份

　　城乡融合发展排位中等水平稳定省份包括辽宁省、湖北省和吉林省3个省份。2017年,这3个省份的城乡融合发展排名分别位列全国第14、15、20位。2006—2017年10年间,以上三个省份排名波动幅度在5左右。具体来说,2006—2017年,辽宁省城乡融合发展排名稳定在第11位到第14位之间,湖北省城乡融合发展水平排名稳定在第14位到第19位之间,吉林省城乡融合发展水平排名稳定在第17位到第22位之间(见图4-7)。

（单位：位次）

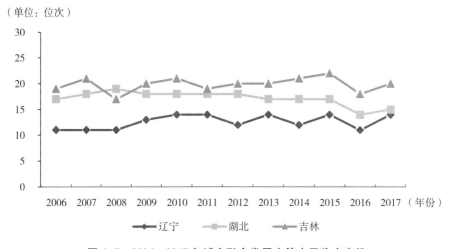

图4-7　2006—2017年城乡融合发展中等水平稳定省份

　　城乡融合发展排位中低水平稳定省份包括四川省、新疆维吾尔自治区、云南省、甘肃省和贵州省5个省份。2017年,这5个省份的城乡融合发展排名分别列全国第21、23、26、27、28位。2006—2017年12年间,波动幅度均在5个位次之内。具体来说,2006—2017年,四川省城乡融合发展排名稳定在第21位至第25位之间,新疆维吾尔自治区城乡融合发展排名稳定在第23位至第28位之间,云南省城乡融合发展排名稳定在第26位至第30位之间,甘肃省城乡融合发展排名稳定在第26位至第29位之间,贵州省城乡融合发展排名稳定在第25位至第30位之间(见图4-8)。

（单位：位次）

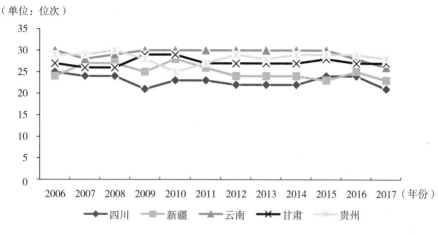

图 4-8　2006—2017 年城乡融合发展中低水平稳定省份

二、城乡融合发展水平小幅波动省份

城乡融合发展排位小幅波动省份可以大致分为三类：第一类是 2006—2017 年 12 年间其排位主要在前 10 位波动，我们将其称为中高水平小幅波动省份；第二类是 2006—2017 年 12 年间其排位主要在中间 10 位波动，我们将其称为中等水平小幅波动省份；第三类是 2006—2017 年 12 年间其排位主要在后 10 位波动，我们将其称为中低水平小幅波动省份。

城乡融合发展排位中高水平小幅波动省份包括福建省和重庆市。2017 年，这 2 个省份城乡融合发展指数排名分别位列全国第 7、8 位，2006—2017 年这 12 年间，城乡融合发展水平波动幅度不超过 9 个位次。具体分析，2006 年福建省城乡融合发展水平排名为第 10 位，2007 年上升到第 8 位，2008 年上升到第 5 位，之后略有下降，到 2011 年上升到第 4 位，之后保持相对稳定，2016 年和 2017 年排名出现小幅滑落稳定在第 7 位。重庆市城乡融合发展水平排名 2006 年处于第 13 位，之后一直在第 8 位和第 15 位之间波动，最终在 2014 年至 2017 年稳定在第 8 位（见图 4-9）。

（单位：位次）

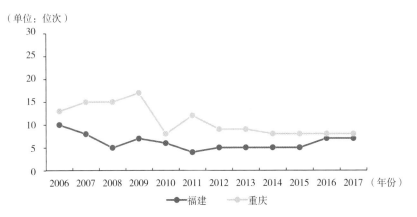

图 4-9　2006—2017 年城乡融合发展排位中高水平小幅波动省份

城乡融合发展排位中等水平小幅波动省份包括江西省、安徽省、河北省、宁夏回族自治区、河南省和海南省 6 个省份。2017 年这 6 个省份的城乡融合发展排名分别列全国第 11、12、13、16、17、19 位。2006—2017 年 12 年间，波动幅度均在 10 个位次之内。具体来说，2006—2017 年，江西省城乡融合发展排名在第 10 位至第 16 位之间波动，安徽省城乡融合发展水平排名在第 11 位至第 21 位之间波动，河北省城乡融合发展水平排名在第 9 位至第 16 位之间波动，宁夏回族自治区城乡融合发展水平排名在第 16 位至第 26 位之间波动，河南省城乡融合发展水平排名在第 12 位至第 19 位之间波动，海南省城乡融合发展水平排名在第 9 位至第 19 位之间波动（见图 4-10）。

（单位：位次）

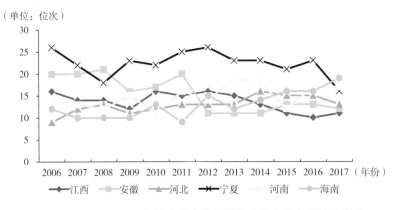

图 4-10　2006—2017 年城乡融合发展排位中等水平小幅波动省份

城乡融合发展排位中低水平小幅波动省份包括湖南省、内蒙古自治区、黑龙江省、广西壮族自治区和青海省5个省份。2017年,这5个省份的城乡融合发展排名分别列全国第22、24、25、20、30位。2006—2017年12年间,波动幅度均在10个位次之内。具体来说,2006—2017年,湖南省城乡融合发展排名在第15位至第22位之间波动,内蒙古自治区城乡融合发展排名在第18位至第26位之间波动,黑龙江省城乡融合发展排名在第18位至第26位之间波动,广西壮族自治区城乡融合发展排名在第22位至第29位之间波动,青海省城乡融合发展排名在第24位至第30位之间波动(见图4-11)。

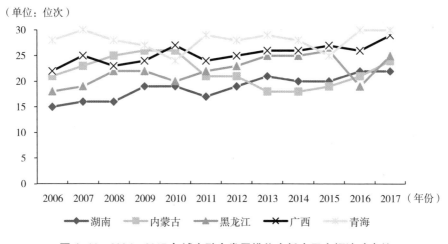

（单位：位次）

图4-11　2006—2017年城乡融合发展排位中低水平小幅波动省份

三、城乡融合发展水平大幅波动省份

将城乡融合发展水平排位变动在10个位次之上的省份称为大幅波动省份,城乡融合发展排位大幅波动省份只有陕西省1个省份。2006—2017年12年间,陕西省城乡融合发展水平波动幅度达到第12位,是所有省份中排名波动最大的省份。2006年陕西省城乡融合发展排名为第23位,之后基本处于上升状态,到2011年上升到最好名次第11位,随后又处于下降状态,到2017年最终达到第18位(见图4-12)。

（单位：位次）

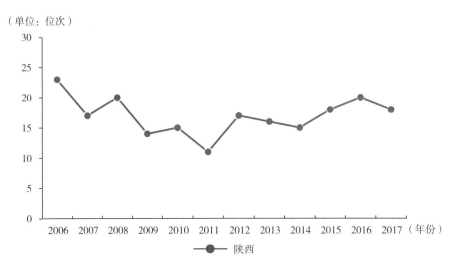

图 4-12 2006—2017 年城乡融合发展排位大幅波动省份

四、城乡融合发展水平上升省份

如前文所述,我们将 2017 年城乡融合发展水平排名相对于 2006 年城乡融合发展水平排名上升超过 5 个位次的省份划分为上升省份,在全国 30 个省域中,城乡融合发展排位明显上升的省份有安徽省和宁夏回族自治区。2017年这两个省份的排名是第 12 位和第 16 位,2006—2017 年,安徽省和宁夏回族自治区大体呈上升状态。具体来说,安徽省的城乡融合发展水平排名从2006 年的第 20 位开始上升,中间虽然也有一些波动,但是最终至 2017 年达到全国第 12 位,上升了 8 个位次。宁夏回族自治区的城乡融合发展水平排名从 2006 年的第 26 位开始,11 年间长期保持 25 名左右的排名,最终在 2017 年实现较大的提升,排名达到全国第 16 位,较 2006 年排名上升了 10 个位次（见图 4-13）。

（一）安徽省

通过观察可以发现,2012 年是安徽省城乡融合发展排位上升最明显的年

（单位：位次）

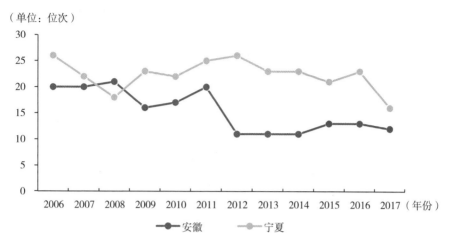

图 4-13 2006—2017 年城乡融合发展排位上升省份

份,其排位从 2011 年的第 23 位上升到第 16 位。以下我们对 2011 年和 2012 年安徽省的城乡融合发展情况进行详细分析。

先分析影响安徽省城乡融合发展水平各个维度的指标在 2012 年发生的变化。城乡空间融合发展方面,安徽省在 2011 年的排名是第 27 位,在 2012 年的排名是第 14 位;城乡经济融合发展方面,安徽省在 2011 年的排名是第 19 位,在 2012 年的排名是第 15 位;城乡社会融合发展方面,安徽省在 2011 年的排名是第 14 位,在 2012 年的排名是第 14 位;城乡文化融合发展方面,安徽省在 2011 年的排名是第 13 位,在 2012 年的排名是第 9 位;城乡生态一体化方面,安徽省在 2011 年的排名是第 13 位,在 2012 年的排名是第 13 位。由此可以看出,2011 年到 2012 年安徽省的城乡社会融合发展水平和城乡生态环境融合发展水平没有发生变化;城乡经济融合发展水平和城乡文化融合发展水平有小幅提升;城乡空间融合发展水平的提升最为明显,提升了 13 个位次,因此 2006—2017 年安徽省城乡融合发展水平排名的上升,主要原因是城乡空间融合发展水平排名的提升。

进一步,我们对安徽省城乡空间融合发展水平排名提升的原因进行具体分析。表 4-14 是 2011 年、2012 年安徽省城乡空间融合发展基础指标的原始数

近代以来中国城乡关系演进与新型城乡关系的形成研究

据,通过对比可以看出,"城市化水平"从 2011 年的 0.45 上升到 2012 年的
0.47;"交通网密度"从 2011 年的 1.17 千米/平方千米上升到 2012 年的 1.30
千米/平方千米;"旅客周转量"从 2011 年的 1627.16 亿人次/千米上升到
2012 年的 1824.57 亿人次/千米;"城乡每百户计算机拥有量比"从 2011 年的
7.13 下降到 2012 年的 5.74;"人均长途光缆线路长度"从 2011 年的 4.32 千
米/万人上升到 2012 年的 4.39 千米/万人。由此可以看出,安徽省主要是在
交通方面推动城乡融合发展的工作,通过发展公共交通和提升城乡居民汽车
拥有量,提升了安徽省的城乡空间融合发展水平,进而带动城乡融合发展水平
排名不断提升。

表 4-14　2011 年、2012 年安徽省城乡空间融合发展基础指标的变化

指标	X1 城市化水平	X2 交通网密度（千米/平方千米）	X3 城乡人均道路面积比	X4 旅客周转量（亿人次/千米）	X5 城乡每百户家用汽车拥有量比	X6 城乡每百户移动电话拥有量比	X7 城乡每百户计算机拥有量比	X8 人均长途光缆线路长度（千米/万人）
2011 年	0.45	1.17	1.30	1627.16	0.53	1.16	7.13	4.32
2012 年	0.47	1.30	1.34	1824.57	4.97	1.16	5.74	4.39

(二)宁夏回族自治区

观察宁夏回族自治区近 12 年城乡融合发展排名分布可以发现,2017
年是宁夏回族自治区城乡融合发展排位显著上升的年份,其排位从第 20 位
上升到第 11 位。以下我们对 2016 年和 2017 年宁夏回族自治区的情况进
行考察。

先分析影响宁夏回族自治区城乡融合发展水平各个维度的指标在 2017
年发生的变化。城乡空间融合发展方面,宁夏回族自治区在 2016 年的排名是
第 21 位,在 2017 年的排名是第 27 位;城乡经济融合发展方面,宁夏回族自治区
在 2016 年的排名是第 19 位,在 2017 年的排名是第 17 位;城乡社会融合发展

方面,宁夏回族自治区在2016年的排名是第26位,在2017年的排名是第19位;城乡文化融合发展方面,宁夏回族自治区在2016年的排名是第25位,在2017年的排名是第5位;城乡生态一体化方面,宁夏回族自治区在2016年的排名是第30位,在2017年的排名是第29位。由此可以看出,2016—2017年宁夏回族自治区的城乡空间融合发展水平、城乡经济融合发展水平、城乡社会融合发展水平和城乡生态环境融合发展水平均呈现小幅上升的特点;城乡文化融合发展水平的提升最为明显,2016—2017年提升了20个位次,因此2006—2017年宁夏回族自治区城乡融合发展水平排名的上升,主要原因是城乡文化融合发展水平排名的提升。

进一步,我们对宁夏回族自治区城乡文化融合发展水平排名提升的原因进行具体分析。表4-15是2016年、2017年宁夏回族自治区城乡空间融合发展基础指标的原始数据,通过对比可以看出,"城乡人均艺术演出场次比"从2016年的0.32上升到2017年的1.94;"城乡艺术演出观众比重比"从2016年的0.44上升到2017年的1.14;"城乡文化站组织文艺活动人均次数比"从2016年的0.75小幅下降到2017年的0.74;"城乡文化站人均藏书量比"从2016年的0.66上升到2017年的0.72;"人均文化事业费"从2016年的1.52元/人下降到2017年的1.30元/人。由此可以看出,宁夏回族自治区主要是在文化演出方面推动城乡融合发展的工作,通过提升城乡艺术表演场次,吸引更多的观众提升了宁夏回族自治区的城乡文化融合发展水平,进而带动城乡融合发展水平排名的提升。

表4-15　2016—2017年宁夏回族自治区城乡空间融合发展基础指标的变化

指标	X28 城乡人均艺术演出场次比	X29 城乡艺术演出观众比重比	X30 城乡文化站组织文艺活动人均次数比	X31 城乡文化站人均藏书量比	X32 人均文化事业费(元/人)
2016年	0.32	0.44	0.75	0.66	1.52
2017年	1.94	1.14	0.74	0.72	1.30

五、城乡融合发展水平下降省份

如前文所述,我们将 2017 年城乡融合发展水平排名相对于 2006 年城乡融合发展水平排名下降超过 5 个位次的省份划分为下降省份,则在全国 30 个省域中,城乡融合发展排位明显下降的省份有 4 个,分别是海南省、湖南省、黑龙江省和广西壮族自治区。2017 年这 4 个省份的排名分别是第 19、22、25 位和第 29 位。2006—2017 年,这 4 个省份的排名都有明显下降。具体来说,海南省城乡融合发展排名在 2011 年达到最高排名第 9 位,之后在 2012—2017 年一直处于下降趋势,最终在 2017 年达到第 19 位。湖南省城乡融合发展排名在 2006 年排名为第 15 位,之后一直处于缓慢下降状态,最终到 2017 年下降到第 22 位,12 年间共下降了 7 个位次。黑龙江省城乡融合发展排名 2006 年为第 18 位,自 2006—2015 年黑龙江省排名缓慢下降,2016 年排名有所回升,最终 2017 年回落至第 25 位,较 2006 年排名下降 7 位。广西壮族自治区城乡融合发展排名在 2006 年排名为第 22 位,2006—2017 年 12 年间广西壮族自治区城乡融合发展排名一直维持震荡下行的趋势,最终到 2017 年下降到第 29 位,较 2006 年下降 7 位(见图 4-14)。

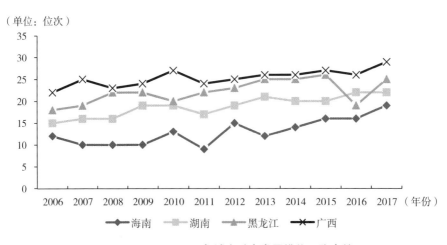

图 4-14　2006—2017 年城乡融合发展排位下降省份

（一）海南省

通过进一步观察可以发现,海南省城乡融合发展水平常年来呈现缓慢下降的趋势,近 12 年来临近两年的排名浮动较小。因此,我们对 2006 年和 2017 年这两年的情况进行考察,从而分析导致海南省城乡融合发展排名下降的长期因素。

先分析影响海南省城乡融合发展水平各个维度的指标在 2006—2017 年发生的变化。城乡空间融合发展方面,2006 年海南省排名是第 16 位,2017 年排名是第 11 位;城乡经济融合发展方面,2006 年海南省排名是第 26 位,2017 年排名是第 11 位;城乡社会融合发展方面,2006 年海南省排名是第 8 位,2017 年排名是第 14 位;城乡文化融合发展方面,2006 年海南省排名是第 6 位,2017 年排名是第 21 位;城乡生态环境融合发展方面,2006 年海南省排名是第 21 位,2017 年排名是第 1 位。由此可以看出,2006 年到 2017 年海南省城乡空间融合发展水平、经济一体化水平和社会一体化水平波动幅度较小;城乡生态环境融合发展水平大幅上升,跃居全国第 1 位。城乡文化融合发展水平有所下降,从 2006 年的第 6 位下降至 2017 年的第 21 位,下降了 15 个位次。因此 2006—2017 年海南省城乡融合发展水平排名下降主要是因为城乡文化融合发展水平排名的下降。

进一步,我们对海南省城乡文化融合发展水平排名下降原因进行具体分析。表 4-16 是 2006 年、2017 年海南省城乡文化融合发展基础指标的原始数据,通过对比我们可以发现,"城乡人均艺术演出场次比"从 2006 年的 1.87 下降到 2017 年的 0.85;"城乡艺术演出观众比重比"从 2006 年的 2.27 下降到 2017 年的 0.39。这两项指标的变化是导致海南省城乡文化融合发展水平排名下降的主要因素。即使"城乡文化站组织文艺活动人均次数比"从 2006 年的 1.10 上升到 2017 年的 1.25;"人均文化事业费"从 2006 年的 0.73 元/人上升到 2017 年的 1.36 元/人,也未能改变海南省城乡文化融合发展水平排名下降的趋势。

表 4-16　2006 年、2017 年海南省城乡文化融合发展基础指标的变化

指标	X28 城乡人均艺术演出场次比	X29 城乡艺术演出观众比重比	X30 城乡文化站组织文艺活动人均次数比	X31 城乡文化站人均藏书量比	X32 人均文化事业费（元/人）
2006 年	1.87	2.27	1.10	1.28	0.73
2017 年	0.85	0.39	1.25	0.90	1.36

（二）湖南省

通过进一步观察可以发现,2011—2013 年是湖南省城乡融合发展排位下降的关键年份,从第 17 位下降到第 21 位。我们对 2011 年和 2013 年这两年的情况进行考察。

先分析影响湖南省城乡融合发展水平各个维度的指标在 2011—2013 年发生的变化。城乡空间融合发展方面,2011 年湖南省排名是第 14 位,2013 年排名是第 16 位;城乡经济融合发展方面,2011 年湖南省排名是第 21 位,2013 年排名是第 22 位;城乡社会融合发展方面,2011 年湖南省排名是第 25 位,2013 年排名是第 20 位;城乡文化融合发展方面,2011 年湖南省排名是第 13 位,2013 年排名是第 19 位;城乡生态环境融合发展方面,2011 年湖南省排名是第 16 位,2013 年排名是第 9 位。由此可以看出,2011 年到 2013 年湖南省城乡社会融合发展水平和城乡生态环境融合发展水平有所提升;城乡空间融合发展水平和城乡经济融合发展水平小幅下降;城乡文化融合发展水平降幅较大,下降了 6 个位次。因此,2011—2013 年湖南省城乡融合发展水平排名下降的主要因素是城乡文化融合发展水平排名的下降。

进一步,我们对湖南省城乡文化融合发展水平排名下降原因进行具体分析。表 4-17 是 2011 年、2013 年湖南省城乡文化融合发展基础指标的原始数据,通过对比我们可以发现,"城乡人均艺术演出场次比"从 2011 年的 0.68 下降到 2013 年的 0.52,"城乡艺术演出观众比重比"从 2011 年的 0.68 下降到 2013 年的 0.45,这两项指标的下降是 2011—2013 年湖南省城乡文化融合发展指

标下降的主要原因。"城乡文化站组织文艺活动人均次数比"从 2011 年的
0.86 下降到 2013 年的 0.79;"城乡文化站人均藏书量比"从 2011 年的 0.94
下降到 2013 年的 0.84;"人均文化事业费"从 2011 年的 0.43 元/人上升到
2013 年的 0.47 元/人,最终未能改变湖南省城乡文化融合发展水平排名下降
的趋势。

表 4-17　2011 年、2013 年湖南省城乡文化融合发展基础指标的变化

指标	X28 城乡人均艺术演出场次比	X29 城乡艺术演出观众比重比	X30 城乡文化站组织文艺活动人均次数比	X31 城乡文化站人均藏书量比	X32 人均文化事业费（元/人）
2011 年	0.68	0.68	0.86	0.94	0.43
2013 年	0.52	0.45	0.79	0.84	0.47

(三)黑龙江省

通过进一步观察可以发现,2016 年、2017 年是黑龙江省城乡融合发展排
位下降的关键年份,从第 19 位下降到第 25 位。我们对这两年的情况进行详
细分析。

先分析影响黑龙江省城乡融合发展水平各个维度的指标在 2016 年和
2017 年这两年发生的变化,城乡空间融合发展方面,黑龙江省 2016 年排名是
第 5 位,2017 年的排名是第 25 位;城乡经济融合发展方面,黑龙江省 2016 年
的排名是第 19 位,2017 年的排名是第 19 位;城乡社会融合发展方面,黑龙江
省 2016 年的排名是第 27 位,2017 年的排名是第 28 位;城乡文化融合发展方
面,黑龙江省 2016 年的排名是第 28 位,2017 年的排名是第 28 位;城乡生态环
境融合发展方面,黑龙江省 2016 年的排名是第 4 位,2017 年的排名是第 2 位。
由此可以看出,2016—2017 年城乡生态环境融合发展水平有小幅提升,城乡
经济融合发展水平、城乡社会融合发展水平和城乡文化融合发展水平几乎没
有变化;城乡空间融合发展水平下降最为明显,从 2016 年的第 5 位下降至

2017年的第25位,降幅20位,成为黑龙江省城乡融合发展排名下降的主要原因。因此2016—2017年黑龙江省城乡空间融合发展水平排名的下降,主要源于城乡空间融合发展水平排名的下降。

进一步,我们对黑龙江省城乡空间融合发展水平排名下降原因进行具体分析。表4-18是2016年、2017年黑龙江省城乡文化融合发展基础指标的原始数据,通过对比可以发现,黑龙江省空间一体化各项指标在2016年和2017年没有发生太大的变化,引起黑龙江省空间一体化排名下降的主要原因是城乡人均道路面积比的下降,从2016年的1.61下降至2017年的1.27。进一步分析发现黑龙江省人均道路面积下降的原因是2017年乡道路面积降幅较大,从2016年的1958.55万平方米下降至2017年的1390.88万平方米。这一改变直接导致了2017年黑龙江省空间一体化水平的下降,进而导致了黑龙江省城乡融合发展总排名的下降。

表4-18　2016年、2017年黑龙江省城乡空间融合发展基础指标的变化

指标	X1 城市化水平	X2 交通网密度（千米/平方千米）	X3 城乡人均道路面积比	X4 旅客周转量（亿人次/千米）	X5 城乡每百户家用汽车拥有量比	X6 城乡每百户移动电话拥有量比	X7 城乡每百户计算机拥有量比	X8 人均长途光缆线路长度（千米/万人）
2016年	1.01	0.36	1.61	0.62	1.30	1.00	1.17	1.34
2017年	0.99	0.36	1.27	0.58	1.41	0.98	1.24	1.40

（四）广西壮族自治区

通过进一步观察可以发现,2016年、2017年是广西壮族自治区城乡融合发展排位下降的关键年份,从第26位下降到第29位。我们对2016年和2017年这两年广西壮族自治区城乡融合发展水平的情况进行考察。

先分析影响广西壮族自治区城乡融合发展水平各个维度的指标在2016年和2017年发生的变化。城乡空间融合发展方面,2016年广西壮族自治区排名是第11位,2017年排名是第22位;城乡经济融合发展方面,2016年广西

壮族自治区排名是第 27 位,2017 年排名是第 29 位;城乡社会融合发展方面,
2016 年广西壮族自治区排名是第 2 位,2017 年排名是第 1 位;城乡文化融合
发展方面,2016 年广西壮族自治区排名是第 29 位,2017 年排名是第 29 位;城
乡生态环境融合发展方面,2016 年广西壮族自治区排名是第 2 位,2017 年排
名是第 3 位。由此可以看出,2016—2017 年广西壮族自治区城乡经济融合发
展水平、城乡社会融合发展水平、城乡文化融合发展水平和城乡生态环境融合
发展水平没有显著变化。空间一体化水平下降最为明显,下降了 11 个位次,
所以 2016—2017 年广西壮族自治区城乡融合发展水平排名下降的主要原因
是城乡空间融合发展水平排名的下降。

　　进一步,我们对广西壮族自治区城乡空间融合发展水平排名下降的原因
进行具体分析。表 4-19 是 2016—2017 年广西壮族自治区城乡空间融合发展
基础指标的原始数据,通过对比可以发现,广西壮族自治区的城市化水平、交
通网密度、城乡人均道路面积比、旅客周转量、城乡每百户家用汽车拥有量比、
城乡每百户移动电话拥有量比、城乡每百户计算机拥有量比和人均长途光缆
线路长度并没有显著变化,说明 2017 年相较于 2016 年广西壮族自治区在城
乡空间融合发展方面进度停滞。其他省份追赶超越使得广西壮族自治区城乡
空间融合发展水平排名下降,最终导致广西壮族自治区城乡融合发展水平的
降低。

表 4-19　2016—2017 年广西壮族自治区城乡空间融合发展基础指标的变化

指标	X1 城市化水平	X2 交通网密度(千米/平方千米)	X3 城乡人均道路面积比	X4 旅客周转量(亿人次/千米)	X5 城乡每百户家用汽车拥有量比	X6 城乡每百户移动电话拥有量比	X7 城乡每百户计算机拥有量比	X8 人均长途光缆线路长度(千米/万人)
2016 年	0.82	0.53	0.71	0.98	0.50	1.01	0.63	0.82
2017 年	0.82	0.54	0.77	1.00	0.55	1.02	0.66	0.79

第五章　迈向城乡高质量融合发展的新型城乡关系

在梳理了中国城乡关系180年的发展历程,研判了中国城乡关系的现状之后,我们发现,新中国成立前的城乡关系,更多地用城乡分离、城乡差距来形容;新中国成立后,特别是改革开放后的城乡关系,城乡发展一体、城乡统筹开始成为高频词;新时代以来,构建新型城乡关系、促进城乡融合发展成为我们构建新型城乡关系的目标和愿景。本章,我们将在历史梳理和现状分析的基础上,进入本书的最后一部分——对我们当前及未来要建设的城乡关系理想型"新型城乡关系"进行分析。首先,我们要界定新型城乡关系的概念,并厘清它和城乡融合发展、乡村振兴等概念之间的关系;其次,我们将分析建设新型城乡关系的指导思想、应当遵循的原则和多维度的目标;再次,我们将重点分析建设新型城乡关系应关照的六个方面关键性问题——新型城乡关系建设的载体、空间重点、人群重点、主要抓手、难点和保障;最后,我们将按照党的十九大提出的时间安排,给出新时代构建新型城乡关系的战略安排。

第一节　新型城乡关系的概念、构建目标和原则遵循

一、新型城乡关系的概念

我们要解决什么是新型城乡关系,以及建设什么样的新型城乡关系的问题。2017 年,习近平总书记在党的十九大报告中指出,"要坚持农业农村优先发展,按照产业兴旺、生态宜居、乡风文明、治理有效、生活富裕的总要求,建立健全城乡融合发展体制机制和政策体系,加快推进农业农村现代化"[①]。2019年 5 月发布的《中共中央国务院关于建立健全城乡融合发展体制机制和政策体系的意见》,提出"重塑新型城乡关系,走城乡融合发展之路,促进乡村振兴和农业农村现代化"[②]。可见,新型城乡关系与城乡融合发展、乡村振兴等概念密切关联。

进一步,结合对现有文献的梳理、对历史城乡关系发展的梳理和现实城乡关系的考察,对党的权威文件(主要是党的十九大报告、2018 年、2019 年中央"一号文件",以及《乡村振兴战略规划(2018—2022 年)》《关于建立健全城乡融合发展体制机制和政策体系的意见》)《国家新型城镇化规划(2021—2035)》中相关内容的解读,我们提出新型城乡关系的定义:

以乡村振兴和新型城镇化等战略为推进手段,城乡发展差距和居民生活水平差距缩小到合理范围,实现农业农村现代化,城乡要素自由流动、平等交换、市场化配置,城乡公共资源和公共服务合理均等配置,城乡居民和经济主体产权得到充分保护,工农互促、城乡互补、共同繁荣的,城乡经济、社会、政

[①]　习近平:《决胜全面建成小康社会　夺取新时代中国特色社会主义伟大胜利——在中国共产党第十九次全国代表大会上的报告》,人民出版社 2017 年版,第 32 页。

[②]　《中共中央国务院关于建立健全城乡融合发展体制机制和政策体系的意见》,人民出版社 2019 年版,第 1 页。

治、文化、生态环境五重二元结构得到破解的高质量城乡融合发展的城乡关系。可以简称为"实现高质量城乡融合发展的新型城乡关系"。

我们定义的"新型城乡关系"概念,可以在多个层次上进行分解:

构建新型城乡关系的抓手是:协调推进乡村振兴和新型城镇化两大战略。

构建新型城乡关系的重点是:城乡要素自由流动、平等交换、市场化配置;合理均等配置城乡公共资源和公共服务;充分保护城乡居民和经济主体的各类产权。

构建新型城乡关系的目标是:城乡发展差距(包括劳动生产率、产业发展水平、要素配置效率)和居民生活水平差距缩小到合理范围;农业农村实现现代化,工农互促、城乡互补、共同繁荣;城乡经济、社会、政治、文化、生态环境五重二元结构得到破解;实现城乡高质量融合发展。

二、构建新型城乡关系的指导思想与原则遵循

构建新型城乡关系,应以人民为中心的发展思想和习近平新时代中国特色社会主义思想为指导,紧紧围绕统筹推进"五位一体"总体布局和协调推进"四个全面"战略布局,做到"三个坚持"——坚持新发展理念、坚持农业农村优先发展、坚持城乡融合高质量发展,遵循以下六方面原则。

第一,人民性。新时代构建新型城乡关系应首先遵循人民性原则,贯彻"以人民为中心"的发展思想。党的十八大以来,以习近平同志为核心的党中央逐渐凝练形成了"以人民为中心"的发展思想,并提出"把人民对美好生活的向往作为奋斗目标"[①]。在党的十九大报告上,习近平总书记又对新时代变化了的社会主要矛盾进行了新分析和新判断。落实到构建新型城乡关系中,即形成新型城乡关系的顶层设计、政策措施都应有助于全面建成小康社会,尊重并尽力满足每个城乡居民的美好生活需要,实现属于人民的城乡高

---

① 习近平:《决胜全面建成小康社会　夺取新时代中国特色社会主义伟大胜利——在中国共产党第十九次全国代表大会上的报告》,人民出版社 2017 年版,第 21 页。

质量融合发展。

第二，系统性。城乡关系是复杂系统问题，新时代构建新型城乡关系是复杂系统工程。面对我国存在的五维城乡二元结构并存且互相交织的局面，建设新型城乡关系应坚持"五位一体"的总布局，破解城乡经济、政治、文化、社会、生态环境五重二元结构，实现彻底、完全的高质量城乡融合发展。① 同时，新型城乡关系的复杂性和多维度决定了单一化的政策将难以奏效，必须通过多重政策组合来破解多维问题，依靠系统性的政策组合来建设系统、复杂的新型城乡关系。

第三，协同性。建设新型城乡关系，不能仅就城乡关系而言，而是要注意把处理城乡关系、实施乡村振兴战略和新型城镇化建设这三者协同起来。一方面，"要坚持把'三农'工作作为全党工作重中之重，同时要更加做好城市工作"②，将高质量城乡融合发展与新型城镇化建设协同起来。具体来说，既要尊重城市和农村的不同发展路径，也要尊重城市居民和农村居民的不同诉求。在城市，要"促进大中小城市与小城镇协调发展，推动形成疏密有致、分工协作、功能完善的城镇化空间格局"。"建设宜居、韧性、创新、智慧、绿色、人文城市"③，并防止城市盲目"摊大饼"，导致"大城市病"发生；在农村，要避免农村"空心化"，尽快提高农业供给质量，加快建设新型职业农民队伍，健全城乡要素合理流动机制，强化乡村治理体系和治理能力。另一方面，要深入推进实施乡村振兴战略。贯彻党的十九大精神，2018 年中央"一号文件"全面部署实施乡村振兴战略，涉及相互关联的十方面主要工作：提升农业发展质量、推进乡村绿色发展、繁荣农村文化、构建乡村治理新体系、提高民生保障水平、打好

---

① 吴丰华、白永秀：《城乡发展一体化：战略特征、战略内容、战略目标》，《学术月刊》2013年第4期。

② 《中共中央政治局召开会议分析研究二○一六年经济工作　研究部署城市工作》，《人民日报》2015年12月15日。

③ 国家发展改革委关于印发《2022年新型城镇化和城乡融合发展重点任务》的通知，中华人民共和国中央人民政府官方网站，2022年3月10日。

精准脱贫攻坚战、强化制度性供给、强化人才支撑、加大投入保障、坚持和完善党对"三农"工作的领导。同时确定了乡村振兴战略的目标任务——"到 2020 年,乡村振兴取得重要进展,制度框架和政策体系基本形成;到 2035 年,乡村振兴取得决定性进展,农业农村现代化基本实现;到 2050 年,乡村全面振兴,农业强、农村美、农民富全面实现"①。这就要求我们将乡村振兴与城乡高质量融合发展协同起来,通过乡村的产业、文化、社会等的发展和振兴,以及乡村生态环境的改善,吸引城市资本向农村流动、吸引城市人口向农村流动,实现高质量的城乡融合发展。

第四,制度性。中国多重城乡二元结构的生成和不断深化,固然有中国长期受农耕文明浸染、农业大国的本身特点等的影响,但归根结底是中国近代以来一系列制度变迁,特别是新中国成立之后一系列制度设计的结果,如我们都熟悉的户籍制度和土地制度的设计,直接形塑了中国的城乡流动状态和城镇化模式。所以,新时代促进高质量城乡融合发展,要注意相关制度建设。一是要通过制度重构实现制度纠偏。重构农村户籍、土地等制度,促进农村最为重要的人口、土地等生产要素向城市无阻碍地自由流动;重构城市社会保障制度,确保进城农民可以享受和城市一样的教育、医疗和社会保障资源。二是要通过制度互补实现,我国高质量城乡融合发展的实现需要关注城乡"制度互补",既包括从继续深化改革的视角来考虑城乡经济、社会、文化、生态环境保护的制定,而非单纯依靠市场化或是单纯依靠政府财政资源"输血"来实现;既包括实现市场制度与政府制度(政策)的互补,也包括实现城乡之间政策的互补和衔接。

第五,差异性。我国作为经济社会转型大国和幅员辽阔大国的特殊性,决定了我国不同区域的经济发展阶段和城乡发展水平必然存在较大落差,而且前文所述的中国多维城乡二元结构的表现形式和具体成因也会在不同区域之间呈现较大差异。总体上看,东部地区的城乡发展水平和城乡二元结构转化

---

① 《中共中央国务院关于实施乡村振兴战略的意见》,人民出版社 2018 年版,第 49 页。

程度领先于中西部地区。所以,新时代进行城乡高质量融合发展的顶层设计、制定政策措施,不仅要出台全国性、普遍性的制度和政策,也要激励不同地区的地方政府探索适合当地特征和实际情况的地方性政策和措施,因地制宜、因时制宜、因事制宜也是制定城乡融合发展政策的重要基准。

第六,可行性。城乡关系的高质量融合发展不是一个纯粹的理论问题,而是一个与国情特征、新时代社会主义建设,特别是制度演变进程紧密相关的实践问题。我国固然期望可以找到完美契合理论又实践可行的方案,但是因为中国国情的特殊性,这往往难以实现。那么,退而求其次,那些理论上次要但是更具可行性的政策方案往往更为可取。在中国这样人口和地理规模超大、区域差异亦较大、制度情境相对复杂的发展中国家,要有力推进高质量城乡融合发展,设计可行的制度、寻找可行的政策措施并连续推动相关制度落地、政策实施,并通过反馈不断加以修正,比制定"完美"制度、设计"完美"方案、提出"完美"措施更为重要。

三、构建新型城乡关系的目标

新型城乡关系内涵的丰富性和构建原则的多维性决定了构建新型城乡关系的目标绝不会是单方面的,而应该是多方面的,我们从空间目标、内容目标和终极目标三个方面来分析和设定新型城乡关系构建的目标。

(一)空间目标:实现城市、乡村两个空间范围的高质量融合发展

新型城乡关系在实施和构建过程中,涉及城市与乡村这两大空间,它们是城乡产业的发展空间和城乡居民的生活空间,在新型城乡关系中居于核心地位。城乡空间高质量融合发展的第一层次目标是城乡两个空间共同发展,而且农村的发展速度要相对快于城市,否则城乡差距不可能缩小、城乡收敛的态势不可能出现。第二层次目标是城乡空间联系加强,在城乡基础设施互联互通的基础上,农村的基础设施快速发展,覆盖面进一步扩大、质量水平不断提

高。第三层次的目标是城乡,特别是农村空间治理水平不断提高,土地、河流、湖泊、海洋等空间资源的综合规划、开发、保护水平不断提升。

(二)内容目标:实现多维度的城乡融合发展

按照对城乡发展一体化的分析,以及对新型城乡关系的定义,新型城乡关系最终应包括城乡高质量经济融合发展、城乡高质量社会融合发展、城乡高质量政治融合发展、城乡高质量文化融合发展、城乡高质量生态环境融合发展五方面的维度。

具体来说,城乡高质量经济融合发展要实现由城乡二元经济结构转化为城乡经济协同发展,包括城乡经济主体协调发展、高质量城乡产业融合发展、城乡要素双向自由流动、城乡劳动力市场一体化、城乡商贸市场一体化等分目标。城乡高质量社会融合发展要实现城乡二元社会结构转化为城乡社会协同发展,包括城乡公共服务均等化配置、城乡社会管理一体化、城乡收入分配一体化等分目标。城乡高质量政治融合发展要实现城乡二元政治结构转化为城乡政治协同发展,包括城乡发展机会均等化、城乡户籍制度一体化、城乡就业制度一体化、城乡居民参与政治和发表诉求均等化等分目标。城乡高质量文化融合发展要实现城乡二元文化结构转化为城乡文化协同发展,将农村的自然经济文化、残留的计划经济文化和城市中低层次的市场经济文化(约等于小市民文化)转化为现代市场经济文化,包括城乡居民理念观念一体化、行为方式一致化、生活方式相互融合等分目标。城乡高质量生态环境融合发展要实现城乡二元生态环境转化为城乡生态环境协同发展,包括城乡环境保护一体化、城乡污染治理一体化、城乡环境保护和污染治理标准协调化和一致化等分目标。

(三)终极目标:实现城乡群体物质与精神的一体化

实现高质量城乡融合发展究其根本是在城乡居民层面——人的层面实现

一体化,需要从人的物质和精神这两个维度上考虑问题。城乡高质量融合发展过程终究是一个城市群体与乡村群体之间在生存、生活、发展这些有关人的需求层次不断上升和不断接近的过程。物质层面的融合发展是下一步精神层面城乡居民融合发展的基础和保障。而城乡居民高质量融合发展的最终实现是以城乡群体在精神层面的一体化和趋同化为最终标志。精神层面融合发展包括城乡群体对现代市场经济理念的认同,城乡群体的思维方式、行为方式、生活方式的趋同化。

第二节　构建新型城乡关系的六大 关键性问题

在分析完新型城乡关系的概念,构建新型城乡关系的目标和原则之后,我们将继续深入分析构建新型城乡关系中的关键性问题。任何一个二元经济国家或地区要兼顾经济增长、充分就业、缩小城乡差距、一定的城镇化速度这四大目标,就必须依靠实实在在的产业发展,搭建起产业发展载体与平台,此谓实现高质量城乡融合发展的载体——产业发展。我国城乡发展过程当中的一大问题是广大远离大城市的农村地区缺少带动辐射作用,其根本原因在于县域经济发展滞后。所以在省—市—县—乡镇四级地方城镇体系下,关键是提升县城的辐射带动作用、促进县域经济发展,此谓实现高质量城乡融合发展的空间重点——县域经济发展。2013 年年底,在习近平总书记的亲自关心和指导下,我国开展了以精准扶贫精准脱贫为核心内容的脱贫攻坚战略,取得了举世瞩目的伟大成效。产业平台搭建、县域经济发展、相对贫困问题破解都离不开包括土地、劳动力、资金在内的资源要素的自由流动和高效配置,但现实是我国面临多方制度掣肘,唯有破解这些制度体制机制障碍,促进制度重构和制度互补,才可能有力推动高质量城乡融合发展。此谓实现高质量城乡融合发展的难点——实现制度重构和创新。任何增长和发展,出发点和落脚点都必须是"人",否则,我们的城乡融合发展只能是被动而非主动的。对我国来说,欲实现以人民为中心、主动的城乡融合发展,就必须解决农村居民、农业转移人口的后顾之忧,实现公共服务均等化。此谓实现高质量城乡融合发展的保障——公共服务均等化。

一、城乡高质量融合发展的载体:产业发展

中国城乡融合发展的水平较低的主要原因是农村生产要素过度分散导致的"三农"发展滞后。因此,中国要实现高质量城乡融合发展,务必加速解决"三农"问题,而要解决"三农"问题,则应"促进农业高质高效、乡村宜居宜业、农民富裕富足"[①],实现农业现代化、农村城镇化、农民市民化,而其实现载体就是农村产业发展。

(一)城乡高质量融合发展的载体是高质量的产业

产业是城乡高质量融合发展的载体,要通过产业这个载体促进城乡要素互相流动,特别是城市资本、技术等要素向农村流动。在促进城乡高质量融合的过程中,现代农业企业和乡村制造业企业是重要支撑点,是产业和产业集聚形成的基础。

第一,从农民市民化的角度考察。在 2020 年 12 月召开的中央农村工作会议上,习近平总书记强调,要推动城乡融合发展见实效,健全城乡融合发展体制机制,促进农业转移人口市民化。农民市民化是借助于工业化和城市化的推动,促使传统农民在身份地位、生产生活方式、社会权利、价值理念等各方面全面向城市居民转化的社会变迁过程。[②] 市民化是一种生活方式,要求农

---

① 《中共中央国务院关于全面推进乡村振兴加快农业农村现代化的意见》,人民出版社2021 年版,第 25 页。

② 陈映芳:《征地农民的市民化——上海市的调查》,《华东师范大学学报(哲学社会科学版)》2003 年第 3 期。

民在身份、地位、价值观、思维方式等方面实现全面转化——从传统的农民生活方式到现代化的城市市民生活方式的转变。推进农民市民化的关键是改善农民的就业状况,缩小农村居民和城市居民之间在就业机会、就业领域、就业待遇等方面的差距,使农民从传统生产方式中脱离出来,完成农民向市民跃升的角色转换,其前提是发展高质量的产业。

第二,从农业现代化的角度考察。发展现代农业和农村制造业等产业是促进城乡高质量融合发展的主要推力。要"坚持农业科技自立自强,完善农业科技领域基础研究稳定支持机制,深化体制改革,布局建设一批创新基地平台"①。这里要特别强调的是,农业也可以是现代化产业部门,通过适当引进城市和社会资本与企业集团,并通过发展农村私营企业和集体经济,实现产业化经营、规模化运营、市场化运作、科学化管理,最终促进我国传统农业转型为现代农业。

第三,从农民增收的角度考察。"三农"关键是农民就业、实现增收,其中关键在于发展企业、培育就业载体。城乡高质量融合发展的重要目标就是缩小城乡居民收入差距,要实现这一目标,一方面有赖于通过兴旺农村产业以增加农村就业岗位,另一方面有赖于发展农村现代产业以提高劳动生产率,前者促进更多人就业,实现他们收入从无到有的改变;后者则可以提高收入水平,实现农村居民收入从低到高的转变。进一步,农民收入的不断提高构成了城乡高质量融合发展的物质基础,同时也为农民市民化提供了经济准备。

(二)加快高质量产业发展的途径

第一,尊重市场规律,加强分类指导。在 2020 年 12 月召开的中央农村工作会议上,习近平总书记强调,要加快发展乡村产业,顺应产业发展规律,立足当地特色资源,推动乡村产业发展壮大,优化产业布局,完善利益联结机制,让

---

① 《中共中央国务院关于全面推进乡村振兴加快农业农村现代化的意见》,人民出版社2021 年版,第 10 页。

农民更多分享产业增值收益。[①] 对于农村现代产业选择,要以因地制宜原则、市场化逻辑、产业链和产业集群思维谋划扶贫产业项目,增强其市场适应力、竞争力和可持续性。对确有特色农业资源的,要发展标准化、定制化、绿色有机的农副业和养殖业等,增强农业可持续发展能力。对已成规模的产业,要注重质量管控、规范管理,同时结合引进新技术、新产品。对有发展潜力的产业,引入或培育有技术实力、经营能力、懂市场的长期资本,科学延长产业链,吸引上下游产业集聚配套,提升产业竞争力。

第二,加快农村现代产业培育,推进农业供给侧结构性改革。按照"产品—企业—产业—产业集群"四位一体的模式要求,在城乡高质量融合发展的过程中,提高农业供给质量、积极培育优质农业名牌产品和优质企业,"推动品种培优、品质提升、品牌打造和标准化生产"[②];借助市场力量,培育和形成具有一定规模的、富于地方特色的企业,在此基础上形成产业体系、优化生产体系、完善经营体系;按照新经济新科技发展趋势、以满足人民群众美好生活为导向,积极壮大农业新产业新业态;同时,按照农业供给侧结构性改革的要求,淘汰一批农业"僵尸企业"、整治一批打着现代农业旗号、行占地圈地之实的各类假冒现代农业园区和经营业绩差、长期依靠政府补贴的农业项目和产业园区。

第三,促进农村一二三产业融合发展。一二三产业融合发展是习近平总书记在实施城乡融合发展战略和乡村振兴战略中提出的关键。其一,促进农业牧业、农业林业、农业渔业结合发展,延伸产业链条,并促进绿色、循环生产方式形成;大力促进农业与绿色生态、休闲旅游、文化教育、体育娱乐、健康养老等产业深度融合,促进品牌、产品、服务、设施、经营、服务等规范化、现代化,

---

① 《习近平在中央农村工作会议上强调 坚持把解决好"三农"问题作为全党工作重中之重 促进农业高质高效乡村宜居宜业农民富裕富足》,《人民日报》2020 年 12 月 30 日。
② 《中共中央国务院关于全面推进乡村振兴 加快农业农村现代化的意见》,人民出版社2021 年版,第 7 页。

形成一批农村新产业新业态;遵循市场规律,引导农村第二、三产业向县城集中,继续推进产城融合、产城一体;"打造集自然、风情、历史、人文等于一体的'可游、可养、可居、可业'的乡村景观综合体和田园实践馆"[①]。

第四,发展壮大农村集体经济。以党的十九大的要求——"深化农村集体产权制度改革,保障农民财产权益,壮大集体经济"[②]为指导,做好以下几方面工作。一是尊重客观经济规律,着力发挥市场作用,通过"激励一批、维持一批、淘汰一批"分类施策,高质量推动村级集体经济发展。对经营状况良好、扶贫成效显著的集体经济进行激励,发挥好示范辐射作用;对明显缺乏资源禀赋与市场基础、呈现"空壳化"的集体经济,实行淘汰机制;对尚待检验的集体经济,维持原有扶持政策不变,给足发展空间与时间。二是利用好东西协作、省市协作机制,壮大集体经济发展的外部支持,实现企业发展联动,带动扶贫集体企业融于产业链、价值链、利益链。三是引育"能人"。通过相关政策积极吸引人才回流创业,推进工商业资本回流,把在外的"能人"引进来;不断加强集体经济企业管理人员培训,提高其经营管理能力。四是激活农村基层党组织的"桥头堡"活力。发挥基层党组织的号召力和凝聚力,激发村干部的集体经济经营动力,帮扶集体经济发展,确保农民获益。

二、城乡高质量融合发展的空间重点:县域发展

县域经济是我国国民经济的基础单元,在整个国民经济体系中占有重要位置。2010 年,县域 GDP 占全国 GDP 总量的 49.8%。2018 年,这一比重虽有所下降,但仍占全国 GDP 的 41%。[③] 县域经济是繁荣农村经济、解决"三农"问题、推进城乡高质量融合的空间重点和发力点。实现县域城乡高质量

---

① 国家发展改革委农村经济司:《农村一二三产业融合发展年度报告(2017 年)》,《中国经贸导刊》2018 年第 13 期。

② 习近平:《决胜全面建成小康社会 夺取新时代中国特色社会主义伟大胜利——在中国共产党第十九次全国代表大会上的报告》,人民出版社 2017 年版,第 32 页。

③ 《我国县域经济总量约占全国 41%》,《经济日报》2019 年 7 月 21 日。

融合发展,可以从本质上改造传统农业、促进农村一二三产业就近融合发展;可以加速城乡公共服务均等化过程,促进农村社会事业发展;可以从本质上改造农民,农民可以在县城中完成从农民向市民的过渡,加速农村市民化。新时代下,我们要进一步振兴县域经济、发展县域产业、加快县域转型,提升县域对城乡融合发展和乡镇振兴的带动作用。具体来说,促进县域经济发展,以带动城乡高质量融合发展,应注意以下几方面问题:

第一,以县域为节点,加强城乡空间联系。前文已经论述,城乡空间融合发展是城乡高质量融合发展的重要条件,省域城乡融合发展水平评价结果也显示,我国大部分中西部地区省份,城乡空间融合发展水平较低。所以,我国更要以县域县城为纽带,促进城乡空间融合发展。一要推进县城产业配套设施提质增效、市政公用设施提档升级、公共服务设施提标扩面、环境基础设施提级扩能,促进县乡村功能衔接互补;二要构建以县城为中心、高效便捷、广泛覆盖的交通网络,同时提高乡村公路等级,提高实际通勤和货运能力;三要加快建立覆盖城乡的信息化网络体系,提高农村电脑普及率、中老年人智能手机使用率和光纤宽带覆盖率,引导农民使用现代化信息技术。

第二,以县域为重点,加速产业在县城布局,提高县域经济辐射带动能力。我国现在农村产业发展的一大弊病是产业、项目、园区遍地开花,有的乡镇甚至社区、村也在搞所谓的产业园区,由此导致本身就高度分散的农村资金和产业资源更加难以集聚,与产业发展的基本规律背道而驰。要扭转这种局面,必须要将产业向县城引导布局。一要引导产业、项目向县城集中,在县城及周边布局产业项目和产业园区;同时,将农村用地指标向县城倾斜,尽量在县城及周边建设移民安置点、新型农村社区。二要重视我国县域发展的多样性与不平衡性,针对平原县、山区县、丘陵县的不同自然地貌,富裕县、贫困县、发展中县并存的经济条件,农业型、资源开发型、工贸型等不同产业基础,以市场力量为主导、发挥好政府作用,探寻不同县域经济发展的成功之路,在已有成功模式的基础上,探索新的,特别是中西部地区的县域经济发展的成功模式。三要注重县域经济的产业化和城镇化水平的协调发展,产业选择尽量偏向那些既能提高工业化水平也能提高城市化水平的产业模式和发展路径。四要加强存量低效建设用地再开发,合理安排新增建设用地计划指标。

第三,优化县城人居质量,提高县城社会保障和公共服务水平。在 2020 年 12 月召开的中央农村工作会议上,习近平总书记强调,要把县域作为城乡融合发展的重要切入点,赋予县级更多资源整合使用的自主权,强化县城综合服务能力。① 要想发展县域经济,人是关键。如果县城留不住人,特别是留不住年轻人,那么县城发展是没有未来和希望的。而优化县城人居环境、提高县城社保和公共服务水平,正是要实现"县城留人"的目标。而要实现这一目标,关键在于将本就不富裕的县级财政资源更多用于县城建设,调整医疗、教育、养老等公共服务资源在农村(特别是对广大相对贫穷落后的中西部地区农村)的空间布局,更多向县城集中。

三、城乡高质量融合发展的人群重点:相对贫困群体

建设新型城乡关系、实现城乡高质量融合归根结底是要实现城乡居民的高质量发展。所以,从人的角度衡量,城乡高质量发展的最大短板在于我国存在数量庞大的农村贫困人口。2013 年年底,习近平总书记提出了以"精准扶贫"为核心的扶贫新思想。过去 7 年间,在这一思想指导下,我国开展了以"精准扶贫精准脱贫"为核心的脱贫攻坚战,取得了巨大胜利。我国已实现消灭农村绝对贫困人口、全面建成小康社会的既定战略目标。在 2020 年 12 月召开的中央农村工作会议上,习近平总书记强调,要坚决守住脱贫攻坚成果,做好巩固拓展脱贫攻坚成果同乡村振兴有效衔接,工作不留空档,政策不留空白。② 所以,在建

---

① 《习近平在中央农村工作会议上强调　坚持把解决好"三农"问题作为全党工作重中之重　促进农业高质高效乡村宜居宜业农民富裕富足》,《人民日报》2020 年 12 月 30 日。
② 《习近平在中央农村工作会议上强调　坚持把解决好"三农"问题作为全党工作重中之重　促进农业高质高效乡村宜居宜业农民富裕富足》,《人民日报》2020 年 12 月 30 日。

设新型城乡关系的总任务下,我们要在补齐农村贫困人口"三保障一安全""短板"的同时,既要坚持好的政策和行之有效的工作方法,更重要的是探索 2020 年后新扶贫政策的科学转向升级,为我国推进"新扶贫"方略提供指南,补齐贫困群体这个城乡高质量发展的人的"短板"。

(一)已有扶贫政策已难以覆盖 2020 年后低收入群体的帮扶工作

部分产业扶持政策不可持续。一是部分产业发展完全依靠政府帮扶、抵御市场风险能力弱。如我们调研的很多西部地区"社区工厂"项目,原料、机器设备、技术全部来自东南沿海地区,和当地产业没有对接,市场也在东部地区和海外。地方政府为吸引项目落地,免费提供厂房、给予税收减免、水电气低价使用,一旦脱离政府帮扶,这些产业的生存将面临较大的市场风险。二是某些产品销售措施难以持续。如很多地方采用"以购代捐"的帮扶方式,更多的是依靠帮扶单位、第一书记、驻村工作队来承担农副产品的销售任务,组织和个人负担较重,若企业不能在产品营销渠道、专业销售团队、营销模式创新上下功夫,必然面临不可持续的问题。三是过度推进贫困县"农民工创业园""一二三产业融合园"等建设并不可取。在各县已有很多扶贫产业园、示范园的情况下,再新建上述园区,有可能进一步导致农地挤占和产业扶贫中的形式主义。

(二)2020 年后开展"新扶贫"需实现三大政策升级

第一,从绝对贫困帮扶向低收入群体帮扶政策升级。一方面,拓展农村扶贫对象并制定相关政策。习近平总书记提出的那些收入水平略高于现行贫困标准,但生活水平依然较低的农村低收入人口是中国农村帮扶的主要对象。应从"五个一批"脱贫措施升级为"三个一批"致富措施:现行"五个一批"脱贫措施在 2020 年势必有所收缩,后续应聚焦升级为以致富导向的"发展生产致富一批、发展教育致富一批、转移就业致富一批"的"三个一批"政策。具体来说,要创新实施帮扶政策。一是将扶贫小额信贷风险基金、产业扶持基金、教育扶贫救助基金、卫生扶贫救助基金"四项基金"向"边缘人口"覆盖。二是制定鼓励政策,支持"边缘人口"以土地、林地等生产资料、集体经济组织成员身份参与产业扶贫,实现持续稳定增收。三是通过设立技能培育基金、配发教育补助等方式,积极支持有能力的人口向城镇转移,帮助他们真正摆脱穷根。另一方面,从单纯关注农村低收入人口向共同关注城乡低收入群体拓展。城市低收入群体既包括城市中收入较低的农民工群体,也包括城市中收入水平依旧较低,生活状态亟待改善的原住民群体。对城市相对贫困治理,一要加紧制定城市相对贫困认定标准和精准识别办法;二要注意对城市低收入群体分类分批精准施策;三要注意城市低收入人口与农民工进城落户、推进新型城镇化等工作的衔接。

第二,从单维解困政策向多维解困政策升级。我国现行农村贫困认定主要以收入和"两不愁三保障"为标准,2020 年后如仍以这两个标准考察是否相对贫困则过于简单,而且标准过低。结合我国实际情况,应从收入与支出、生活生产条件、农村基础设施、健康、教育、社会公平等方面综合评价 2020 年后的个体或家庭的贫困程度,并制定相关扶贫政策:一是确定生活、健康、教育和发展权利等多方面的标准;二是制定精准识别方法;三是因地制宜制定精准解困方略、具体措施和工作机制;四是明确贫困的退出标准和退出办法。

第三,从治标之策向治本之策升级。其一,对教育扶贫政策,应从补助教育各环节向重点扶持乡村教师和乡村母亲升级。对乡村教师,贫困地区教师的各类补贴不低于相应职称公务员的补贴标准,既有政策虽有强调,但现实中落实并不到位;在职称晋升、评优、退休待遇等问题上向贫困农村地区教师倾斜,并督促落实;探索将常见的教师职业病纳入医疗保险计划,或专门建立针对教师职业病的职业医疗保险计划。让贫困地区农村教师不心凉、留得住、用心教,也激励更多有志优秀青年投身农村教育事业。对乡村母亲,抓住我国农村,特别是农村贫困地区 0—3 岁婴幼儿教养盲区,制订并实施农村母婴关爱计划。依托现有农村儿童福利机构,整合民政、卫计、教育等政府部门职能,充分发挥社区、企业、非政府组织(NGO)等力量,并发动社会工作者、教育志愿者等专业人员,在村或社区建设养育中心和农村养育点。并由原计生干部、女性村委会委员、大学生村官或者专业社会工作者具体负责,培养农村女性成为养育师,为0—3岁婴幼儿和家庭提供科学育儿指导,既解决母亲个人发展,也有效阻断农村贫困代际传递。其二,对产业政策,引导各地由注重产业覆盖向注重产业长效发展升级。一要升级产业空间政策。对现有各类扶贫产业园、示范园、创业园等进行摸排清理,以能否实现一二三产业融合发展为主要标准,以县城和中心镇为主要节点统筹优化产业布局,优质园区给予支持、同类同质园区予以合并、"僵尸园区"则予以清退,特别要避免"社区工厂"遍地开花。二要转变产业政策补贴对象。从以往更多补贴产业项目设立和生产,转向补贴先进技术创新研发、产后加工、产品营销、科技服务等环节;从以往补贴个人、企业等市场主体转向更多用于投入"环境营建"、改善产业发展的基础设施条件。三要面向消费端发展扶贫产业。围绕最终消费需求发展农产品加工流通业,重点解决产销脱节问题,促进营销企业、批发市场、大型超市、电商平台与贫困地区逐步建立长期稳定的供销关系。通过产业政策升级引导,在2020年后逐渐形成"市场(企业)高效+政府自觉+能人引领+农户自发"的产业扶贫大格局,实现人才乡土化、产业持久化、利益农户化。其三,对转移支付政策,从普惠型转向正向激励型升级。尽快建立有利于推进内生扶贫的转移支付政策,发展"扶志"与"扶智"相结合的转移支付项目,如贫困人口的智慧发展、职业促进、创新创业项目。

四、城乡高质量融合发展的抓手:乡村振兴

在全面打赢脱贫攻坚战的背景下,要实现城乡高质量融合发展,必须抓住乡村振兴这个"牛鼻子"。而要实现乡村振兴,首先要巩固拓展农村脱贫攻坚成果,并做好同乡村振兴的有效衔接,因为乡村振兴最困难的地区就是深度贫困地区和集中连片特困区。进一步要明确乡村振兴战略的具体内涵和实施重点。

（一）实现巩固拓展脱贫攻坚成果同乡村振兴有效衔接

为在贫困地区实现乡村振兴，首先要实现巩固拓展脱贫攻坚成果同乡村振兴有效衔接。结合对现有文献的梳理以及对党的权威文件中相关内容的解读，我们提出巩固拓展脱贫攻坚成果、乡村振兴，以及有效衔接的含义：巩固拓展脱贫攻坚成果是通过摘帽不摘责任、不摘政策、不摘帮扶、不摘监管四个不摘，健全防止返贫动态监测和帮扶机制，加强脱贫地区产业帮扶，强化易地搬迁后续扶持，加强扶志扶智等措施，确保脱贫户收入水平不降且持续提高和"两不愁三保障"的巩固，确保脱贫地区不出现规模性返贫并为乡村振兴夯实基础。乡村振兴是通过科学有序推动乡村产业、人才、文化、生态和组织振兴，实现产业兴旺、生态宜居、乡风文明、治理有效、生活富裕总要求的新时代做好"三农"工作的总抓手。有效衔接是通过落实主体责任衔接、推动重点路径衔接、构建支撑体系衔接和确保重点区域衔接等，实现脱贫攻坚政策举措和工作体系逐步向乡村振兴平稳过渡，确保实现同乡村振兴有效衔接，确保乡村振兴有序推进。

巩固拓展脱贫攻坚成果同乡村振兴有效衔接有其深厚的战略和现实背景。首先考察战略背景。我国处于实现两个一百年奋斗目标的历史交汇期，要求我们在新发展理念和新发展格局统领下，做好巩固拓展脱贫攻坚成果同乡村振兴的有效衔接。二者有效衔接是对新发展理念中共享和协调发展理念的贯彻落实，是对构建新发展格局中扩大内需和经济安全的有力支撑。通过二者有效衔接，将保障稳定脱贫，稳住农业基本盘，最终实现农业高质高效、乡村宜居宜业、农民富裕富足。

进一步考察现实背景。其一，脱贫攻坚战取得了决定性的成就，但巩固拓展脱贫攻坚成果任务艰巨。党的十八大以来，以习近平同志为核心的党中央把脱贫攻坚作为全面建成小康社会的底线任务，组织实施了人类历史上规模最大、力度最强的脱贫攻坚战。我国现行标准下近 1 亿农村贫困人口全部脱贫，贫困县全部"摘帽"，消除了绝对贫困和区域性整体贫困。而且，脱贫攻坚

"溢出效益"明显:农村基础设施不断完善、产业获得发展、民生保障提升、基层治理进步;脱贫攻坚中形成的措施办法、体制机制、政策体系、组织保障和思想理论,将持续助力乡村振兴。但也应看到,脱贫地区经济、产业基础总体薄弱,基础设施和社会事业水平相对落后,财政自给能力仍然较弱;部分低收入人口和农村欠发达地区的内生动力和"造血"能力还有待加强,部分群众返贫风险较高,巩固拓展脱贫攻坚成果任务艰巨。其二,乡村振兴战略顺利开局起步,但任重道远。自提出乡村振兴战略以来,全国各地已出台一些乡村振兴专项规划和具体政策,开展了一些实践探索,但依然任重道远:一是西部地区农业农村发展现状与现代化要求差距明显;二是原国定贫困县、深度贫困村与其他非贫困地区在乡村振兴工作上起点不一致;三是乡村振兴是面向"十四五"并且将在整个建设社会主义现代化国家中延续的国家战略,道阻且长。其三,巩固拓展脱贫攻坚成果同乡村振兴相互促进,但有效衔接的关系尚未形成。一是脱贫攻坚只是初步构筑了乡村振兴的基础条件,还需要进一步巩固拓展脱贫攻坚成果,并加强与乡村振兴的对接。二是农村贫困的一个重要根源就是乡村衰败,改革开放特别是党的十八大以来乡村取得了巨大发展,但是距离实现"产业兴旺、生态宜居、乡风文明、治理有效、生活富裕"的目标尚有差距,无法为根治农村贫困提供有力支撑。三是地方脱贫攻坚和乡村振兴两项工作基本处于各自为政的状态,巩固拓展脱贫攻坚成果同乡村振兴良性互动、有效衔接的关系还未形成。

巩固拓展脱贫攻坚成果同乡村振兴有效衔接要依循五大重点路径。第一,产业衔接路径,从产业扶贫到产业振兴。支持脱贫地区产业发展壮大,支持一二三产业融合发展,扶贫政策措施由到村到户为主向到镇到村到户为主转变。在2020年12月召开的中央农村工作会议上,习近平总书记强调,对脱贫地区产业帮扶还要继续,补上技术、设施、营销等"短板",促进产业提档升级。① 第二,

---

① 《习近平在中央农村工作会议上强调　坚持把解决好"三农"问题作为全党工作重中之重　促进农业高质高效乡村宜居宜业农民富裕富足》,《人民日报》2020年12月30日。

人才衔接路径,从人才扶贫到人才振兴。激发内生动力、培育"造血"能力,紧抓农村发展所需要的人才的培养,做好物质脱贫与精神脱贫的有机衔接;深入实施边远欠发达地区、边疆民族地区、革命老区人才支持计划,扩大急需紧缺专业技术人才选派培养规模。第三,生态衔接路径,从搬迁扶贫、绿色减贫到生态振兴。创新生态振兴机制,实现生态脆弱地区的生态改善和脱贫"双赢";完善横向生态保护补偿机制,深化原贫困地区集体林权制度改革;做好易地扶贫搬迁后迁出地的生态恢复与涵养和迁入地的生态环境建设。第四,文化衔接路径,从乡风建设到文化振兴。系统总结推广脱贫典型,宣传表彰自强不息、自力更生脱贫致富的先进事迹和先进典型,继续开展扶志教育活动;加强文化遗产、文化资源产业化发展、商业化开发。第五,组织衔接路径,从组织建设到组织振兴。深入推进抓党建促乡村振兴,全面强化原贫困地区农村基层党组织领导核心地位;贯彻各级"一把手"负总责,确保五级书记一起抓乡村振兴不变;培养锻炼过硬的乡村振兴干部队伍。

进一步,还需要围绕重点路径,实现巩固拓展脱贫攻坚成果同乡村振兴全面衔接。第一,主体责任衔接。一是规划衔接。各地依据中央规划要求和地方特色,编制"十四五"时期巩固拓展脱贫攻坚成果同乡村振兴有效衔接规划,深化细化具体措施。二是主体衔接。将中央统一部署、省级总负责、市县亲自抓的主体机制,移植到乡村振兴上面来。尤其市县两级,要切实做到靶心不转,频道不换,接续做好乡村振兴工作。三是政策衔接。落实好中央政策文件,立足实际对本地区相关政策进行优化完善;依据各地实际,制定各类细化的地方政策。四是考核衔接。把巩固拓展脱贫攻坚成果纳入市县党政领导班子和领导干部推进乡村振兴战略实绩考核范围;要健全防止返贫监测帮扶机制,继续对脱贫县村人口开展监测,跟踪收入变化和"两不愁三保障"巩固情况,定期核查,及时发现帮扶,动态清零。五是社会力量衔接。将东西部扶贫协作升级为东西部乡村振兴协同发展,加大东部地区对口支持西部地区乡村振兴建设力度;将定点扶贫升级为定点协助西部地区乡村振兴;继续激励各类企业和社会组织投身西部乡村振兴事业。

第二,支撑体系衔接。一是资金投入衔接。保持现有帮扶资金支持总体稳定,健全与乡村振兴任务相适应的投入保障机制;赋予贫困县更充分的资源配置权,加强各类乡村振兴资金项目绩效管理。二是基础设施建设衔接。按照实施乡村建设行动统一部署,改善乡村道路、水利、电力、通信等生产生活条件和村容村貌;做好分类推进、因地制宜做好农村"新基建"。三是公共服务提升衔接。持续改善乡村义务教育办学条件和医疗卫生基础条件,加大对贫困地区教育、医疗保障等转移支付支持力度;加快建立健全贫困地区"三留守"关爱服务体系。

第三,重点空间衔接。一是重点区域衔接。做好三区三州的有力有效衔接。二是重点县衔接。加大对160个国家乡村振兴重点县的支持力度,做好衔接工作;各省市确定本省的重点县,统筹资源力量进行重点帮扶。三是重点村衔接。做好原全国重点贫困村,特别是2020年1113个挂牌督战村的有效衔接。

(二)乡村振兴战略的具体内涵

党的十九大报告强调:"要坚持农业农村优先发展,按照产业兴旺、生态宜居、乡风文明、治理有效、生活富裕的总要求,建立健全城乡融合发展体制机制和政策体系,加快推进农业农村现代化。"这是对乡村振兴战略的集中表述,具有丰富的内涵和明确的要求。对比党在十六届五中全会提出的"生产发展、生活宽裕、乡风文明、村容整洁、管理民主"的社会主义新农村建设的总要求,可以看出乡村振兴战略既是新农村建设的"升级版",也是党的"三农"工作一系列方针政策的延续和发展。

从"生产发展"到"产业兴旺",对农业农村经济建设的要求更准、更实,目标更高,体现了层次和要求上的升级。发展生产力,夯实经济基础始终是农业农村现代化的第一要务。但在不同的经济状况下,对发展生产的要求是不同的。21世纪之初,农业生产能力是比较有限的,农业面临的主要困境是供给不足,因此农业生产的主要任务是提高农产品供给水平,相应地提出了"生产发展"的要求。如今的农业综合生产能力有了较大提高,主要面临的问题由供给总量不足转变为供给的质量、供给的结构性矛盾。此时要进一步提高农业综合生产能力,必须要加快农业供给侧结构性改革,推进一二三产业融合发展。

从"生活宽裕"到"生活富裕",对农民收入水平和消费水平的提高提出了更高的要求。2005年前后,我国农村居民生活水平刚刚从温饱转向小康,收入水平较低,消费结构也比较单一。随着农业农村建设的发展、农民就业渠道的拓宽和收入来源的多元化,农民的收入水平和生活质量有了很大的提高,在满足生存性消费和发展性消费的前提下,追求享受型消费成为越来越多家庭的奋斗目标。这时以"生活富裕"为目标,体现了城乡居民收入差距进一步缩小,农民有持续稳定收入来源,经济宽裕、衣食无忧、生活便利、共同富裕的未来前景。

从"村容整洁"到"生态宜居",对农村生态环境的要求更加全面也更富有弹性。一方面,由村庄面貌干净整洁拓展到整个生态环境;另一方面,更加注重农村居民的获得感,建设美丽乡村,达到"宜居"。2005年前后,我国农业农村发展的重心仍在于促进生产,再加上农业劳动力的外流,农村没有足够的精力和资本进行生态建设。然而城市和农村同属于一个生态命运共同体,要实现经济社会的可持续发展,农村的生态建设是不可忽视的一环,并且随着农村经济条件的改善,具备了建设美丽乡村的经济实力。农业生态系统的重建有利于农业生产力的可持续发展,农村居民生活环境的改造升级也有利于农村生态价值的开发,带动乡村旅游等产业的发展。生态建设让"看得见青山,望得见绿水,留得住乡愁"成为现实。

从"管理民主"到"治理有效",要求健全自治、法治、德治相结合的乡村治理体系,形成有序、有效治理的乡村发展新格局。乡村善治是国家治理体系和治理能力现代化的有机组成部分。① "管理民主"国家强调农民在农村社区事务管理中的民主权利,追求的是干群关系的和谐。随着农村人口结构的调整与产权关系的复杂化,仅靠村民自治不足以进行农村的规范管理,对于农村治理水平也提出了更高的要求。从管理到治理,民主是要求,有效是结果,从注重程序到注重结果,更加强调农村的和谐和安定有序。

尽管"乡风文明"的表述并没有发生变化,但其具体内涵发生了更为深刻的变化。乡风文明是精神文明建设的重要内容,必须长期建设,完善发展。乡风文明建设的关键在于如何定位乡土文化,如何在现代化的过程中继承和发展乡土文化。乡土文化是农耕文明的历史积淀与文化载体,与自然有着天然的联系,是中国特色乡村文明的特色文化构成。乡村振兴的内生动力必须来自广大农民,而乡土文化就是乡村振兴凝心聚力的黏合剂和发动机。② 城乡融合不仅是经济发展的并轨,文化的交融也尤为重要。乡土文化作为农村地区巨大的文化资本,在城乡融合中有其特有的作用。在农村建设的过程中,乡土文化需要传承创新,乡风文明离不开乡土文化的现代化转型。

(三)新发展格局下实施乡村振兴战略的重点

作为新发展格局下解决"三农"问题的顶层设计,乡村振兴战略的五大目标之间并不是简单的并列关系,而有其深刻的内在联系和理论逻辑。其中,产业兴旺作为经济基础的部分,对于乡村振兴的其他四项有着基础性、决定性的意义,且产业兴旺也会从其他四项的发展建设中受益,最终形成乡村振兴的良性发展格局。

产业兴旺作为经济基础在五大目标中居于核心地位,决定了作为上层建筑的生态宜居、治理有效、乡风文明、生活富裕四个目标。发展是解决一切问题的基础和关键,财富的最终源泉在于产业的兴旺与发展。在一定的社会经

---

① 叶兴庆:《新时代中国乡村振兴战略论纲》,《改革》2018 年第 1 期。
② 索小霞:《乡村振兴战略下的乡土文化价值再认识》,《贵州社会科学》2018 年第 1 期。

济基础上才能进行配套的经济建设、政治建设、社会建设、文化建设与生态建设。在农业发展从增产导向转为提质导向的要求下,要推进产业兴旺必须实现农村劳动分工的不断深化,资源利用效率的有机提高,财富创造源泉的充分涌流。农村实现产业兴旺,意味着农村一二三产业更加发达和更有活力,农民在市场经济中拥有了更大的参与权,以及城乡二元经济结构的改善,最终带来了整个农村经济的向好发展。

生活富裕是乡风文明和治理有效的基础。① 生活富裕标志着农民生活质量的不断提高与消费结构的不断优化,它能够潜移默化地带来生活方式、思维方式的变化甚至价值观念的转变。在知识和技术的溢出效应呈指数增长的时代,一部分富裕起来的农民通过加强对其自身以及下一代的人力资本投资,作为乡村中的精英群体参与到乡村治理和建设中,推进了乡村治理体系的完善与发展。作为乡村发展目标的富裕不是少数阶层的富裕,最终是乡村居民的共同富裕。乡村社会作为中国典型的熟人社会,人情关系是社会资本的一部分,它能够带来财富的私人转移,即实际的物质资本。经济地位的平等呼吁政治地位及社会地位的平等,也有利于邻里关系的和睦。

产业兴旺、生活富裕和乡风文明共同促进了生态宜居的形成。生态宜居是一个动态的过程,是对于农业生态系统以及农村生态系统的修复甚至重建,空气清新、景观怡人、人口密度适宜、城乡交往便捷都是生态宜居的具体要素。在乡村达到一定的富裕程度之后,农民才会产生建设生态农村的诉求,也才有能力将更多资源投入到乡村的生态建设中,从而实现生态宜居的要求。乡风文明建设要以乡土文化的继承与发展为基础,而乡土文化是中国生态文明建设离不开的传统文化基因,要加强新时代农村精神文明建设,推动形成文明乡风、良好家风、淳朴民风。中国许多地方的乡土文化不仅有丰富系统的与自然和谐相处的地方性知识,还有在长期的历史发展中形成并被村民们所遵循的

---

① 王亚华、苏毅清:《乡村振兴——中国农村发展新战略》,《中央社会主义学院学报》2017年第6期。

生态道德,它作为一种约定俗成的规范,成为在广大农村推行绿色生活方式、进行生态文明建设的文化依据。

乡风文明、治理有效、生态宜居对产业兴旺和生活富裕也起着推动作用。① 乡风文明是乡村精神文明建设的重要目标,它离不开对人力资本的投入。同时乡风文明建设为经济发展创造了有利的软环境,有利于诚信、良性竞争等商业观念的培育。规范和完善的乡村治理体系吸引更多乡村精英为乡村建设服务,"吸引城市各方面人才到农村创业创新,参与乡村振兴和现代农业建设"②,新乡贤对乡村事务的参与也有利于当地的经济建设。"绿水青山就是金山银山",生态宜居有其经济价值。美丽乡村建设对于提高农民文明素质和农村社会文明程度、改善农民居住环境、优化农村投资环境具有十分重要的意义。环境改善后的农村能够通过开发乡村旅游项目,发展与农村特色相适应的第三产业,实现一二三产业融合发展,产业结构优化升级,最终实现经济创收。

新发展格局下实施乡村振兴战略的重点在于产业兴旺,这是发展和繁荣农村经济的必经之路。在我国经济发展已由高速增长阶段迈向高质量发展阶段的背景下,乡村地区应该发展何种产业,应该如何发展产业,是必须重新审视和探讨的问题。一方面思路要拓宽,乡村产业的发展以农业为根基,又不仅仅局限于农业。以农业为发展根基,就要提升粮食和重要农产品供给保障能力,"加强粮食生产功能区和重要农产品生产保护区建设。建设国家粮食安全产业带"。深入推进优质粮食工程,"推进农业结构调整,推动品种培优、品质提升、品牌打造和标准化生产"③,还要"发展智慧农业,建立农业农村大数据

---

① 王亚华、苏毅清:《乡村振兴——中国农村发展新战略》,《中央社会主义学院学报》2017年第6期。

② 《中共中央国务院关于全面推进乡村振兴加快农业农村现代化的意见》,人民出版社2021年版,第12页。

③ 《中共中央国务院关于全面推进乡村振兴加快农业农村现代化的意见》,人民出版社2021年版,第7页。

体系,推动新一代信息技术与农业生产经营深度融合"①。但乡村产业不仅包括物质产品的生产,也包括非物质产品的生产,乡村旅游、"互联网+农业"等新产业新业态,都是今后乡村要大力开拓的新领域;另一方面重点要突出,产业兴旺的主体一定是在乡村中与农业农村农民问题相关的产业,要提高资源在乡村产业的利用效率,打破资源由城市单向流向农村的局面,让更多资源流向农村,让社会经济发展的利益更多地留在农村,留给农民,保障农业的基础地位,要构建现代乡村产业体系,"依托乡村特色优势资源,打造农业全产业链,把产业链主体留在县城,让农民更多分享产业增值收益。加快健全现代农业全产业链标准体系,推动新型农业经营主体按标生产,培育农业龙头企业标准'领跑者'"。②

产业选择和产业兴旺重在融合发展(张海鹏,2017)。一二三产业融合发展,是拓宽农民增收渠道、构建现代农业产业体系的重要举措,是加快转变农业发展方式、探索中国特色农业现代化道路的必然要求,它为乡村振兴战略的实施提供了产业支撑,要"推进农村一二三产业融合发展示范园和科技示范园区建设。把农业现代化示范区作为推进农业现代化的重要抓手"③。只有实现了以农业为主导的乡村产业融合,才能真正完善现代农业产业体系,从而才会有农民的充分就业与收入增加,才会有农村经济社会的全面发展。产业选择是产业兴旺的起点,当地有什么区位优势、要发展何种产业、发展该产业的短板在何处、产业发展的主体是谁、要如何有效地发展该产业,都是产业选择必须思考的问题。"立足县域布局特色农产品产地初加工和精深加工,建设现代农业产业园、农业产业强镇、优势特色产业集群。"④融合发展是多方面

---

① 《中共中央国务院关于全面推进乡村振兴加快农业农村现代化的意见》,人民出版社2021年版,第14页。

② 《中共中央国务院关于全面推进乡村振兴加快农业农村现代化的意见》,人民出版社2021年版,第10页。

③ 《中共中央国务院关于全面推进乡村振兴加快农业农村现代化的意见》,人民出版社2021年版,第10页。

④ 《中共中央国务院关于全面推进乡村振兴加快农业农村现代化的意见》,人民出版社2021年版,第10页。

的融合,它包括三次产业的融合、多种生产主体的融合与城乡的融合。首先,通过深化农业供给侧结构性改革,大力发展现代农业、"互联网+农业"等新产业新业态,"开发休闲农业和乡村旅游精品线路,完善配套设施"①,创新农业经营方式,延长农业生产的产业链,提高农业产品的附加值,培育农村发展新动能,实现一二三产业、上下游产业的融合发展,"全面推进乡村产业、人才、文化、生态、组织振兴,充分发挥农业产品供给、生态屏障、文化传承等功能,走中国特色社会主义乡村振兴道路"②。在这个过程中,要实施数字乡村建设发展工程③,适当利用电商平台整合线上线下生产、流通和销售的强大功能,拓宽产业发展的渠道,加快完善县乡村三级农村物流体系,深入推进电子商务进农村和农产品出村进城,推动城乡生产与消费有效对接,"深化供销合作社综合改革,开展生产、供销、信用'三位一体'综合合作试点"④,同时创新农村金融供给,对农村产业发展做好金融政策、金融知识和金融产品的扶持,坚持为农服务宗旨,持续深化农村金融改革,"发展农村数字普惠金融"⑤。其次,通过培育新型农业经营主体,激发包括企业、合作社、家庭等在内的多种生产主体的活力和创造力,实现多种生产主体的融合。生产发展需要科技和人才的支撑,要"坚持农业科技自立自强,完善农业科技领域基础研究稳定支持机制,深化体制改革,布局建设一批创新基地平台。深入开展乡村振兴科技支撑行动"⑥;要大

---

① 《中共中央国务院关于全面推进乡村振兴加快农业农村现代化的意见》,人民出版社2021年版,第10页。

② 《中共中央国务院关于全面推进乡村振兴加快农业农村现代化的意见》,人民出版社2021年版,第3页。

③ 《中共中央国务院关于全面推进乡村振兴加快农业农村现代化的意见》,人民出版社2021年版,第14页。

④ 《中共中央国务院关于全面推进乡村振兴加快农业农村现代化的意见》,人民出版社2021年版,第12页。

⑤ 《中共中央国务院关于全面推进乡村振兴加快农业农村现代化的意见》,人民出版社2021年版,第19页。

⑥ 《中共中央国务院关于全面推进乡村振兴加快农业农村现代化的意见》,人民出版社2021年版,第10页。

力开发农村人才资源,加大农村人力资本投入,培育新型职业农民,建设农业人才队伍,"面向农民就业创业需求,发展职业技术教育与技能培训,建设一批产教融合基地","深入实施新生代农民工职业技能提升计划"①;要建立人才向农村流动机制,激励更多优秀人才下乡就业创业。最后,城乡融合重在体现双向流动。要打破城乡资源流动的壁垒,通过产业结构的优化升级促进生产要素报酬的提高,实现要素的双向流动;"完善农村生活性服务业支持政策,发展线上线下相结合的服务网点,推动便利化、精细化、品质化发展,满足农村居民消费升级需要,吸引城市居民下乡消费"②,通过城乡需求结构的升级实现商品的双向销售。要处理好政府与市场的关系,"破除城乡分割的体制弊端,加快打通城乡要素平等交换、双向流动的制度性通道"③,完善城乡一体的制度供给,提供公平竞争的制度环境,同时加强乡村产业发展的市场建设,促进乡村产业的品牌形成。

五、城乡高质量融合发展的难点:制度创新

对中国这样一个转轨中的发展中大国来说,资金匮乏、资源要素分散且短缺固然是我国农村经济落后的原因,但更为重要的是制度的巨大影响。恰如刘易斯所言:"资源是经济增长的条件,但不是决定经济增长的唯一因素,经济增长率是人的经济观念、行为和制度决定的。"④而且,城乡高质量发展本就包含着设计高质量的制度这一层含义。但在现实中,虽然自新中国成立以来,我国有诸多涉及农地制度、价格制度、农村经营体制、户籍制度等制度体制的

---

① 《中共中央国务院关于全面推进乡村振兴加快农业农村现代化的意见》,人民出版社2021年版,第16页。

② 《中共中央国务院关于全面推进乡村振兴加快农业农村现代化的意见》,人民出版社2021年版,第17页。

③ 《中共中央国务院关于全面推进乡村振兴加快农业农村现代化的意见》,人民出版社2021年版,第17页。

④ [美]刘易斯:《经济增长理论》,梁小民译,三联书店1994年版,第292页。

建设与创新,但是与新中国成立,特别是改革开放以来中国经济的快速发展、经济制度的快速转型相比,涉农制度创新明显不足、相关制度变革仍显缓慢,已经成为我国"三农"进一步发展、城乡走向高质量融合的最主要掣肘,导致我国城乡之间生产要素无法自由流动、资源配置效率难以提高,更难以实现中央所提出的"让创新力量充分涌流"。因此,制度创新成为城乡高质量发展的关键性难点。

我们要做的工作,就是认真分析当前制度创新的难点与困局,并分析促进城乡高质量发展的制度选择和创新方向。正如费孝通所言,"如果要组织有效果的行动并达到预期的目的,必须对社会制度的功能进行细致的分析,而且要同它们意欲满足的需要结合起来分析,也要同它们的运转所依赖的其他制度联系起来分析,以达到对情况的适当的阐述。这就是社会科学者的工作"①。

(一)我国城乡高质量融合发展中的制度困局

我国在实现城乡高质量发展过程中,主要面临以下三方面制度问题:

第一,制度化程度较低。纵观我国城乡融合发展,区域发展程度差异很大,长三角、珠三角、京津冀等区域依托经济发展优势,城乡差距很小,而中西部等经济欠发达地区的城乡差距仍然很大。但是考察制度,即使城乡高质量融合发展程度较高的地区也没有完全形成一体化的制度体系,更多还是依靠地方政府倡导的非制度性的地方创新措施和合作协调机制,其最重要的特点是关于城乡共同发展的共识是靠领导人作出的承诺来保障的,缺乏法律效力,具有很大的临时性和不稳定性,特别是地方领导人的频繁更换更是加剧了这种不稳定性。而且,由于城乡间的合作依靠的是政府推动的集体磋商,合作形式也极其不稳定。

---

① 费孝通:《江村经济——中国农民的生活》,商务印书馆2005年版,第14页。

第二,存在两个层次的城乡"制度二元"。前文已经分析中国存在城乡五重(经济、社会、政治、文化、生态环境)二元结构,其形成和发展均与城乡二元制度相关联。如户籍制度将城乡人口划分为彼此分割的社会单元,是城乡高质量融合发展过程中面临的主要制度障碍——直接导致农民无法自由流向城市,加剧了农村人地矛盾、锁定了农村的低劳动生产率,加剧了城乡二元经济结构;间接催生了与户籍制度匹配的城乡二元教育制度、就业制度和社会保障制度,形塑了城乡二元社会结构;农民无法进城,也就导致他们难以接触城市文化和城市生活,加剧了城乡二元文化隔阂;户籍制度也带来了城乡居民在政治参与上的差别。可以看出,以户籍制度为切口考察,这项城乡二元制度设计带来了多方影响,制约了我国城乡高质量融合发展。以上可以说是第一层次的城乡二元制度结构。此外,改革开放之后,随着大量农民涌入城市,形成了数量庞大的农民工群体,对他们又欠缺相应的制度安排,导致城市居民对农民工群体的歧视和排斥,进而导致农民工难以真正融入城市、享受城市的美好生活。学术界将这种现象称为"半城市化"(贾若祥、刘毅,2002;王春光,2006)。这可以说是第二层次的城乡二元制度结构。

第三,中央政府作用发挥不充分。中央政府对城乡高质量融合发展制度建设具有重要的作用,原因在于城乡高质量融合发展过程中各方利益,包括中央和地方的利益,存在一定的冲突和矛盾,只有中央具备协调的能力,能够通过法律制度的形式保障增加福利不是以损害其他利益主体为代价。中央需要通过不断完善法规体系,形成协调机制,以促进区域城乡高质量融合发展。同时,一方面,中央还必须考虑如何通过制度设计,约束和激励地方政府采取和中央一致的行动,让好的制度和政策可以从上到下贯彻。另一方面,中央也应尊重地方的主动性并考虑中国各地区之间的差异,要实现这一目标,就意味着中央制定的政策和制度要留有一定的弹性空间。

(二)国家在制度创新中的作用和行为选择

城乡高质量融合发展的制度创新就是要制定和完善一系列共同遵守的契约、法律法规等制度形式,营造无特别差异的制度和政策环境,通过城乡制度一体化建设,协调城乡之间的多方利益、协同城乡之间的多方主体和力量,使城乡各类主体平等享受制度和政策带来的红利。国家作为制度创新的主体,在促进城乡融合发展的制度建设中,应发挥以下作用,并注意相关问题。

第一,国家是城乡高质量融合发展的制度创新和供给主体。要特别说明的是,在分析城乡关系的制度创新和供给时,它领导中国共产党政府一道发挥作用。而区别在于,党中央更多进行制度的顶层设计——确定制度的基本原则和制度设计的基本思路和方向;中央政府则负责落实这些思路和方向,制定全国统一的制度、规划,并据此形成具体政策;地方政府则需要根据统一制度和规划制定落实的具体办法和措施。回到现实中,随着新时代我国建设现代市场经济体制改革的深入推进,目前城乡高质量融合发展是要构建各方的竞争性协作关系。因此,党和中央政府的作用应该体现在建立规则、协调各方面利益上。规范化的制度能够保证各种经济主体在公正的环境下竞争,充分发挥市场在城乡资源配置中的决定性作用。但同时要注意,单纯依靠党和政府的意愿和作用还不够,更为重要的是加速城乡市场的自由化、一体化进程,以释放经济的内在潜能。国家需要做的是通过一体化的制度建设充分发挥企业家的作用,保证商品、资本和生产要素的合理配置,以激发城乡经济的更大活力。

第二,认清政府作用、找准国家定位。政府要摆正自己的位置。在城乡高质量融合发展过程中,政府必须合理地给自己定位,逐步从竞争性市场经济领域退出来,专心做好市场服务和"环境营建":有效提供保护产权的服务,解决各类城乡经济纠纷,保障农民充分的自由缔约权;在消除城乡二元结构的基础上,构建一个城乡和谐、公平竞争的环境。同时,国家要重点促进城乡制度一体化建设。城乡高质量融合发展不管采用中央政府自上而下的推进,还是基层主体自下而上的推进,制度一体化都是重要保证。

第三,协调好中央政府和地方政府的关系。中国竞争性地方政府之间存在明显的竞争行为,各级政府都在通过博弈追求自身利益最大化,但同时会造成城乡利益分配不均衡,出现矛盾。中央政府应该通过制度鼓励各级政府通过合作来促进城乡融合发展,引导地方政府在适当领域以合理的方式展开竞争。一要建立统一的专门机构。二要逐步形成利益协调机制,建立不同主体间经常性的会晤和协商机制。三要打破城乡界限,构建城乡统一大市场,通过创造公平的竞争环境,使城乡经济优势互补,共同发展。四要协调城乡财政政策、货币政策、产业政策等。

(三)促进城乡高质量融合发展要促进六大制度创新

我国城乡高质量融合发展在制度和体制层面,重点在于推进六大方面改革和创新:

第一,行政体制层面,增加农民群体在政策决策层面的制衡力和影响力,将政策制定引向中立。农民本应是城乡高质量融合发展过程的主体,但是在目前"三农"改革和城乡发展过程中,对主体的认识模糊,其原因在于忽视农民群众的首创精神和缺乏对农民在农业经营中主体地位的有效保障。任何改革都是一个利益重构的过程,应有不同利益集团之间的制衡机制,但是我国"三农"长期处于被动、弱势地位,同时欠缺成为改革主体的条件和形成机制,这就造成了城乡分割过程中城市群体单方面有决策权,缺少了在制定城乡融合发展的政策过程中的利益制衡机制,从而导致城乡分离。除了从农民自身出发增强其主体意识之外,更重要的是构建以城乡高质量融合发展为基本目标的利益分享机制。要实现这一目标,必须辅之以一定的行政体制改革。

第二,户籍制度层面,逐渐改变城市户籍制度刚性,让"体制内"和"体制外"的社会群体共同成为经济发展成果的分享者。我国的户籍问题是由于以户籍制度为中心,在就业制度、医疗保险制度、社会保障制度等一系列制度的支撑下形成的制度集合。由于这个制度集合经过几十年的计划经济和改革开放以来市场经济对城乡分割的不断发展和强化,已经成为一个难以打破的、对改革有加大反弹性的体制问题。从这个意义上说,户籍制度改革缓慢,是一个群体维护其特权的选择,这点在报告前文中已有论述。因此,需要对户籍制度进行大规模改革:

其一,功能改革在先,结构改革在后。也就是在不改变户籍制度的基本框架结构的情况下,先改进制度的功能,削弱户口身份的区隔功能以及户口的价值功能,更多体现户口的信息功能。其二,加强替代性制度建设,逐渐弱化直至彻底改革原有户籍管理体制。通过构建新的、更合理的户籍管理体系来替代原有的户籍制度,才能为彻底地改革户籍制度创造条件。其三,观念改变与技术性改革协同进行。户籍制度以及由户籍体制所带来的一系列社会制度安排、群体划分和利益分配格局,已经带来了持续相当长时间的意识形态和观念上的分割、歧视和不平等,成为户籍制度改革过程中最难改的障碍和壁垒。因此,改制度的同时,必须推进在观念和意识上的城乡居民公平、平等理念的形成。

第三,土地制度层面,以"三权分置"改革为突破,做好新时代土地制度改革。"土地制度是中国政治经济制度的基础性安排",其制度改革"是中国全局改革的关键而敏感的领域"[①]。其实,中国土地制度至少包含农地制度、农村宅基地制度、土地转用制度和城市土地制度这四方面内容。改革开放之后,中国土地制度改革和相关权力安排,通过促进城市化、支持工业化,极大地拉动了中国经济增长。但是,现行土地制度也难以持续,存在以地谋发展模式难

---

① 刘守英:《中国土地制度改革:上半程及下半程》,《国际经济评论》2017 年第 5 期。

以为继和农村土地制度安排落后于"三农"现代化发展两大问题。①

应对上述问题,新时代下,我们要按照党的十九大报告"巩固和完善农村基本经营制度,深化农村土地制度改革,完善承包地'三权'分置制度"②的总要求,做好以下工作。其一,推进适应城乡高质量融合发展的土地改革。一是改革现行的土地征用制度和转用制度。实现征用土地的市场化价格补偿,对城乡房屋征收进行同价同权补偿。二是建立城乡统一的建设用地市场,允许集体土地所有权人采取多种方式出让土地,允许集体经营性建设用地使用权转让。其二,继续完善农地"三权分置"改革。2016 年,国务院颁布《关于完善农村土地所有权承包权经营权分置办法的意见》,第一次提出了所有权、承包权、经营权三权分置的改革意见;2017 年党的十九大提出"完善承包地'三权'分置制度"③;2018 年中央"一号文件"《关于实施乡村振兴战略的意见》进一步明确,"在依法保护集体土地所有权和农户承包权前提下,平等保护土地经营权"④。新时代下,一要明确农村集体所有权的概念,如明确集体经济组织的市场地位、区分农村集体和村民委员会之间的关系。同时严控土地流转改革中的私有化趋势,防止集体所有权虚化私化。⑤ 二要处理好承包农户与经营主体之间的关系。兼顾土地对农户的收益、社会保障功能和对经营主体的收益功能。三要通过立法等手段控制土地流转后大规模的非农业应用,并确

----

① 就第一方面问题而言,造成问题的主要原因是继续加大土地供应难以拉升 GDP 增长;以土地招商引资的效力减退;土地供应结构扭曲加剧,与结构性改革背道而驰;土地出让成本上升,土地净收益下降,土地抵押上升;政府债务风险与银行金融风险加大等方面;而就第二方面问题而言,造成问题的主要原因是集体地权制度安排妨碍农业经营方式变革;宅基地制度安排失效;集体建设用地通道关闭阻碍乡村发展。具体参考刘守英:《中国土地制度改革:上半程及下半程》,《国际经济评论》2017 年第 5 期。

② 习近平:《决胜全面建成小康社会　夺取新时代中国特色社会主义伟大胜利——在中国共产党第十九次全国代表大会上的报告》,人民出版社 2017 年版,第 32 页。

③ 习近平:《决胜全面建成小康社会　夺取新时代中国特色社会主义伟大胜利——在中国共产党第十九次全国代表大会上的报告》,人民出版社 2017 年版,第 32 页。

④ 《中共中央国务院关于实施乡村振兴战略的意见》,人民出版社 2018 年版,第 32 页。

⑤ 彭海红:《中国农村改革 40 年的基本经验》,《中国农村经济》2018 年第 10 期。

保家庭联产承包责任制的基础性地位。[①] 其三,探索做好农村宅基地"三权分置"改革。不同于农地的所有权、使用权和经营权,宅基地三权指所有权、资格权和使用权。因为改革开始较晚,而且作为"中国的农村几项土地安排中,最落后的一项制度安排"[②],已经出现了宅基地大量入市、宅基地无偿取得制度弊端凸显、现实中管理失控、大城市周边宅基地无序扩张等问题。新时代下,一要加强制度供给,加快《中华人民共和国物权法》《中华人民共和国土地管理法》等法律法规的修订;二要在工作中坚持确权之后再"分权"的原则,做好宅基地确权工作;三要进一步明确和赋予宅基地财产权,完善宅基地权利体系。

第四,教育制度层面,改革现有的教育体制。重新调整教育资源分布和配置水平,提高教育资源的利用效率,完善基础教育和继续教育体制,不断提高农民和社会弱势群体的教育水平,为他们的纵向社会流动创造条件。主要从以下几个方面着手:

其一,教育经费的来源体制上,逐渐改变义务教育投资由地方政府承担的现状,转而由高层政府负担义务教育投资。特别是在农村,改变目前的以县财政承担为主的投资体制,减轻县域经济负担。同时在区域之间教育经费的投资主体不应当采取"一刀切"的模式,而可实行弹性标准,即发达地区的义务教育投资以省级政府为主体,落后地区的义务教育投资以中央政府为投资主体。同时,要"健全学生资助制度,使绝大多数城乡新增劳动力接受高中阶段教育、更多接受高等教育"[③]。其二,义务教育的城乡配置上,在对偏远、贫困农村地区的教育资源有效整合的前提下,优先保证这部分群体的义务教育经

---

① 郑忠良:《稳步推进和完善农村土地"三权分置"制度》,《光明日报》2018年11月13日。

② 刘守英:《中国土地制度改革:上半程及下半程》,《国际经济评论》2017年第5期。

③ 习近平:《决胜全面建成小康社会　夺取新时代中国特色社会主义伟大胜利——在中国共产党第十九次全国代表大会上的报告》,人民出版社2017年版,第46页。

费投入。义务教育的本质是纯公共产品,强调的是受教育的机会均等。但是,在义务教育经费投入体系中也存在"大而全、小而全"的现象。尤其是偏远贫困地区的义务教育问题。这不仅会造成教育资源的浪费,还会降低义务教育的水平,不利于贫困人口的教育水平提升。因此,需要在教育资源整合的前提下,实现有限的教育资源高效率配置。其三,城市农民工子女教育问题。人口流入地和流出地政府应当在掌握流动适龄儿童受教育情况的前提下,在全国范围内统筹规划学校的建设,同时人口流入地学校不应当以户籍为由对流动人口适龄儿童进行排斥。此外,在公立学校的教育资源难以容纳的情况下,允许设立农民工学校,并赋予这些学校合法的地位,同时提供一定的财政支持。其四,城市中农民工继续教育问题。人口流入地政府应当通过政府作为投资主体,在城市中组建农民工继续教育培训机构,并通过组织考试,颁发相应的职业技能资格。这些机构的运营,既可以采用公有公营的方式,也可以采用公有私营、私有私营的方式。

第五,就业制度层面,维护城市农民群体的职业稳定性,提升城市农民群体和弱势群体的职业机会。其一,对于在城市工作的农民工群体,通过对他们教育水平的提升和基础教育覆盖的扩展,在提升农民工个人职业素质和文化修养的基础层面上,提高他们在劳动力市场中的竞争性和职业稳定性,从而帮助这部分弱势群体提升在职业市场的机会。其二,对于那些留在农村的劳动力,同样存在就业和职业的问题,关键在于将农民身份与农民职业相区分。除了转移为城市和小城镇的非农业人口之外,乡村中农民的身份与职业的分离主要沿着四个方向推进:转变为农业企业家、农业产业工人、现代兼业经营者以及服务于"三农"发展、乡村振兴的社会服务人员。

第六,政绩考核制度层面,改变各级地方政府唯 GDP 的发展目标。现行以 GDP 为核心的政绩评价体制的弊端显而易见,而对城乡发展,最直接的就是因为过分重视经济增长而带来的城市与乡村、经济与社会以及城市内部和乡村内部在经济、社会、文化、政治等诸多层面上的分割和断裂。具体来说,近年来一些地方出现的取消对 GDP 增速、工业增加值增速等指标的考核,就是这种转变的体现。同时,从 2013 年之后中国从上至下对农村扶贫工作的考核,更是对"以人民为中心"的发展理念和科学政绩观的确立。未来,为促进城乡高质量融合发展,需要再构建一套新的更多体现城乡高质量经济、社会、政治、文化、生态环境融合发展的政绩考核指标体系,增加新的考核指标、删除不合理的考核指标、加大关于城乡融合发展指标的权重,并严格考核流程,做大真实、客观、科学地反映各级党委和政府促进城乡高质量融合发展的工作和业绩。

六、城乡高质量融合发展的保障:公共服务均等化

公共服务是指"筹集和调动社会资源,通过提供公共产品这一基本方式来满足社会公共需要的过程"①。曾红颖(2012)提出我国基本公共服务包括九方面内容——"社会保障和就业、医疗卫生、公共教育、公共管理、城乡社区、文体传媒、环境保护、公共安全和交通运输"②。公共服务是公共产品的重要组成部分,因此具有公共产品的不可分割性、消费的非竞争性和收益的非排他性等特点。公共服务均等化是指"保障一国全体公民不论其民族、性别、收入及地位差异如何,都能公平地享有与经济发展水平相适应、结果大致均等的基本公共服务"③。城乡公共服务均等化更强调城市和农村在享受基本公共服务方面最终结果的相对公平,即特定时期城市和农村居民在公共服务供给数量大致相同、公共准入机会大致相同。

2008 年,胡锦涛在党的十七届三中全会的报告中明确提出到 2020 年,

---

① 孙晓莉:《中外公共服务体制比较》,国家行政学院出版社 2007 年版,第 1 页。
② 曾红颖:《我国基本公共服务均等化标准体系及转移支付效果评价》,《经济研究》2012年第 6 期。
③ 黄云鹏:《"十二五"促进城乡基本公共服务均等化的对策建议》,《宏观经济研究》2010年第 7 期。

"城乡基本公共服务均等化明显推进"①。习近平总书记在党的十九大报告中论述"过去5年的工作和历史性变革"时讲到过去5年②,"覆盖城乡居民的社会保障体系基本建立,人民健康和医疗卫生水平大幅提高"③。这一表述可以看作对十年前十七届三中全会提出目标的一种回应。但同时也要看到,我们现在距真正的城乡公共服务均等化还有较大差距,这种城乡公共服务非均衡的状态既受到造成城乡二元结构的历史因素的影响,又受到现实客观因素的制约。所以,在社会主义新时代,我们要采取多种措施化解均等化过程中所面临的难题,做好以下几方面工作,加速实现城乡公共服务均等化。

第一,制定明确的公共服务均等化战略。我们要按照习近平总书记在党的十九大提出的"兜底线、织密网、建机制的要求,全面建成覆盖全民、城乡统筹、权责清晰、保障适度、可持续的多层次社会保障体系"④的总要求,根据我国社会经济发展总体状况,进行新时代城乡公共服务均等化的顶层设计,制定均等化发展战略。首先要完善基本公共服务均等化的法律体系,从立法上确保将公共服务的供给作为政府法定的职责。其次要逐步加快社会保障制度的改革和创新,建立城乡一体化的保障制度。再次要明确中央、省、市、县各级政府间公共服务均等化的责权分工。最后要实施乡村建设行动,继续把公共基础设施建设的重点放在农村,在推进城乡基本公共服务均等化上持续发力,注重加强普惠性、兜底性、基础性民生建设。⑤ 重点提高农村公共服务的供给水平和质量。

---

① 《中共中央关于推进农村改革发展若干重大问题的决定》,人民出版社2008年版,第8页。

② 指2013—2017年。

③ 习近平:《决胜全面建成小康社会　夺取新时代中国特色社会主义伟大胜利——在中国共产党第十九次全国代表大会上的报告》,人民出版社2017年版,第5页。

④ 习近平:《决胜全面建成小康社会　夺取新时代中国特色社会主义伟大胜利——在中国共产党第十九次全国代表大会上的报告》,人民出版社2017年版,第47页。

⑤ 《习近平在中央农村工作会议上强调　坚持把解决好"三农"问题作为全党工作重中之重　促进农业高质高效乡村宜居宜业农民富裕富足》,《人民日报》2020年12月30日。

第二,有效转变政府职能,建设公共服务型政府。政府要积极转变职能,突出组织和提供公共服务的功能,这不仅是推进城乡基本公共服务均等化的重点,更是发展现代市场经济的必然选择。具体来说,一要促进政府由"经济管制型"转变为"公共服务型",并建立一套针对地方政府的基本公共服务均等化的考核制度。二要注意创新公共服务供给模式:以城乡居民美好生活的需求为导向,创新供给模式,采用政府购买、管理合同外包、特许经营、优惠政策等方式,鼓励、支持和引导社会力量参与基本公共服务供给,形成政府主导、市场引导和社会充分参与的城乡基本公共服务供给体系。

第三,建立向农村倾斜的公共服务保障制度。区别于新中国成立后,特别是改革开放后相当长一段时间我们在社会公共服务建设中更加偏向城市的做法,新时代要建设向农村倾斜的公共服务保障体系和制度,以扭转这种城市偏向、缩小公共服务的城乡差距。具体来说,至少应包括以下具体内容:在养老保险方面,"完善城镇职工基本养老保险和城乡居民基本养老保险制度,尽快实现养老保险全国统筹"[1];在医疗保险方面,"完善统一的城乡居民基本医疗保险制度和大病保险制度。完善失业、工伤保险制度。建立全国统一的社会保险公共服务平台"[2];在社会救助方面,"统筹城乡社会救助体系,完善最低生活保障制度"[3];在关爱农村弱势群体方面,"健全农村留守儿童和妇女、老年人关爱服务体系"[4]。

第四,促进地方政府财政能力均等化。城乡公共服务均等化是以政府为主导推进的,因此,改善各级政府财政能力,特别是经济欠发达地区的地方政

---

① 习近平:《决胜全面建成小康社会　夺取新时代中国特色社会主义伟大胜利——在中国共产党第十九次全国代表大会上的报告》,人民出版社 2017 年版,第 47 页。
② 习近平:《决胜全面建成小康社会　夺取新时代中国特色社会主义伟大胜利——在中国共产党第十九次全国代表大会上的报告》,人民出版社 2017 年版,第 47 页。
③ 习近平:《决胜全面建成小康社会　夺取新时代中国特色社会主义伟大胜利——在中国共产党第十九次全国代表大会上的报告》,人民出版社 2017 年版,第 47 页。
④ 习近平:《决胜全面建成小康社会　夺取新时代中国特色社会主义伟大胜利——在中国共产党第十九次全国代表大会上的报告》,人民出版社 2017 年版,第 47 页。

府的财政能力是实现城乡公共服务均等化的重要前提。具体来说,一要评估各地区的财力,按照公共财政的理念,在城乡之间形成合理的财政资源配置格局,通过制度设计调整和完善政府间的转移支付。二要按照权责对等原则,划定政府间的供给责任,特别要优先保障乡镇一级政府在公共服务供给方面的能力。具体通过调整财税分配体制来保障各级政府,特别是乡镇政府的资金来源,保障公共服务的财政资金投入。三要改变当前公共服务领域的投资机制,按照国家 2015 年出台的《关于在公共服务领域推广政府和社会资本合作模式的指导意见》,择优选择项目合作伙伴,广泛采用政府和社会资本合作模式提供公共服务,积极运用转让—运营—移交(TOT)和改建—运营—移交(ROT)的方式,"将融资平台公司存量公共服务项目转型为政府和社会资本合作项目,引入社会资本参与改造和运营"[1],增加公共产品和公共服务的供给。

第三节　构建新型城乡关系的战略安排

构建新型城乡关系是以"实现城乡高质量融合发展"为终极目标的、涉及多空间、多维度的复杂动态过程,不可能一蹴而就,而应是分阶段、分步骤逐步实现的。按照之前提出的城乡高质量融合发展的空间、内容、终极三个层次的目标以及五方面的重点内容。我们认为,从 2012 年党的十八大之后中国进入社会主义新时代,到 2050 年我国建成富强民主文明和谐美丽的社会主义现代化强国,可以考虑按照三步来进行安排:第一步从 2012 年到 2022 年,是城乡高质量融合发展的基础奠定期;第二步从 2023 年到 2035 年,是城乡高质量融合发展的深入推进期;第三步从 2036 年到 2050 年,是城乡高质量融合发展的系统完善期。

---

① 《关于在公共服务领域推广政府和社会资本合作模式的指导意见》,人民出版社 2015 年版,第 11 页。

一、第一步:城乡高质量融合发展的基础奠定期(2012—2022 年)

2012 年党的十八大,特别是 2013 年党的十八届三中全会的召开,标志着我国改革从以建立和完善市场经济体制为重点的经济改革阶段逐渐转入以缩小各方面差距、促进更加平衡更加充分发展的中国特色社会主义新时代。就城乡问题而言,到了以解决"三农"问题为抓手、缩小各方面差距为重点的城乡综合改革新时代。自此拉开了新一轮的国家顶层设计,并从全局统一谋划推进城乡高质量融合发展的工作。所以,我们以 2012 年作为我国城乡高质量融合发展建设"基础奠定期"的起点。2020 年是以习近平同志为核心的党中央确定的全面打赢脱贫攻坚战、全面建成小康社会的完成时间;2021 年是中国共产党建党 100 周年;2022 年是《国家乡村振兴战略规划(2018—2022年)》和《中共中央 国务院关于建立健全城乡融合发展体制机制和政策体系的意见》两个重要文件中规定的第一阶段建设任务结束期,所以我们提出从 2012 年到 2022 年 10 年间,城乡高质量融合发展的基础应当初步奠定。

在这一时期,一是坚决彻底打赢脱贫攻坚战,使城乡差距扩大的势头得到明显扭转;二是乡村振兴取得重要进展,制度框架和政策体系基本形成;三是加快推进农业现代化、农村城镇化、农民市民化进程,初步破解城乡二元结构;四是要加快中西部地区"三农"发展;五是城乡融合发展体制机制初步建立。具体来说,到 2022 年,在制度破冰方面,户籍制度改革取得重大突破、城市落户限制要放开放宽(个别超大城市除外);土地"三权分置"改革见到成效,好的经验开始在全国推广;城乡要素自由流动的制度性通道基本打通,城乡统一建设用地市场基本建成。在产业发展方面,农业供给侧结构性改革初见成效;与富国产业相比,富民特别是富农产业快速发展,与一般性产业相比,农村特色优势产业快速发展;现代化、绿色、可循环农业生产体系建设取得明显进展,农业综合生产能力明显提高;形成一批农村一二三产业融合发展的好试点、好模式、好经验。在农村发展方面,城乡高质量融合发展体制机制基本建立;农村基本生活保障、基本医疗卫生制度、养老保障体系更加健全;农村产权保护和产权交易制度框架基本形成;党在农村基层治理组织得到巩固、治理水平和治理能力得到提高、专业化治理队伍得到充实;农村人居和生态环境明显改善,可持续发展能力不断增强。在农民发展方面,完全消灭现行标准下的农村居民绝对贫困,农民的收入水平、消费水平和生活水平"三个水平"都明显提高;城乡基本公共服务均等化明显推进;农民受教育、文化、民主和政治权利得到切实保障,逐步推进权利城乡均等。在中西部地区农村发展方面,中西部地区综合经济实力应大幅提升,地区经济总量和城乡居民收入大幅提升;人民生活水平和质量大幅提升,中西部地区与东部地区之间城乡差距开始收窄。

二、第二步:城乡高质量融合发展的深入推进期(2023—2035 年)

从 2023 年到 2035 年,是城乡高质量融合发展全面展开和深入推进时期,基本形成城乡高质量融合发展的新格局。在这一时期,一是"城乡区域发展差距和居民生活水平差距显著缩小,基本公共服务均等化基本实现"①;二是乡村振兴取得决定性进展,农业农村现代化基本实现;三是要进一步扩展城乡高质量融合发展的范围,重点破解城乡社会、政治、文化、生态等经济之外的二元结构,城乡融合发展体制机制更加完善;四是农村治理体系和治理能力现代化基本实现;五是城乡生态环境根本好转,美丽乡村、美丽中国目标基本实现。

具体来说,到 2035 年,在改革深化方面,全面深化改革深入推进,城乡统一建设用地市场全面形成,城乡普惠金融服务体系全面建成。在缩小城乡差距和实现整体发展方面,东中西部地区协调互动,城乡居民收入稳定增长,城乡发展差距和居民生活水平差距显著缩小;城乡面貌发生历史性变化,美丽乡

---

① 习近平:《决胜全面建成小康社会 夺取新时代中国特色社会主义伟大胜利——在中国共产党第十九次全国代表大会上的报告》,人民出版社 2017 年版,第 28 页。

村建设取得重大成效,建设目标基本实现。在产业方面,特色明显、符合比较优势的若干引领经济社会发展的富民、富农产业集群基本形成;农业产业化、科技化、规模化、生态化①建设成效明显;各类农产品期货市场基本建立,农民可以有效对冲农产品价格风险,我国在部分大宗农产品上拥有国际定价权;农副产品加工、仓储物流、特色文化旅游等富民产业发展迅速,绿色产业、生态产业发展取得显著进展;农业及其相关产业的新业态新模式大量涌现。在农村发展方面,农村经济体制逐渐健全,农产品市场完善,商贸流通体系基本完善;农村居住环境、工作环境、生态环境、休闲环境明显改善,和城市差距基本消弭;农业农村现代化基本实现;城乡基本公共服务均等化基本实现;农村治理体系和治理能力现代化基本实现。在农民发展方面,农业转移人口转化为市民的制度机制障碍完全破除,城乡有序流动的人口迁徙制度要基本建立;农民民主权利、政治权利、文化权利得到切实保障;农民基本上实现与城市居民机会均等。

三、第三步:城乡高质量融合发展的系统完善期(2036—2050年)

从 2036 年到 2050 年,是我国实现城乡高质量融合发展的系统完善期。在这一阶段,我国将最终基本形成城乡高质量融合发展新格局,一是城乡差距缩小到合理范围之内,包括城乡居民在内的"全体人民共同富裕基本实现,我国人民将享有更加幸福安康的生活"②;二是农业现代化、农村城镇化、农民市民化进程完成;三是城乡融合发展体制机制成熟定型,城乡经济、社会、政治、文化、生态五重二元结构完全破解;四是乡村全面振兴,农业强、农村美、农民

---

① 农业生态化至少包括农业产品绿色化、原产地化、有机化,农业生产过程的无污染,无农药、化肥使用,对水体、土壤、空气没有污染等方面。

② 习近平:《决胜全面建成小康社会 夺取新时代中国特色社会主义伟大胜利——在中国共产党第十九次全国代表大会上的报告》,人民出版社 2017 年版,第 29 页。

富全面实现;五是实现农村治理体系和治理能力现代化。

　　具体来说,到 2050 年,在城乡关系方面,我国经济发展速度和城乡居民收入保持合理增长,城乡差距完全消除,从城乡经济、社会、政治、文化、生态环境多重二元结构顺利转化为城乡一元社会,中部地区、西部地区与东部地区的城乡高质量融合发展水平基本相同。在"三农"发展方面,形成生产要素自由流动、三次产业协调发展、公共资源均衡配置、城乡收入基本均等、生态环境优美、社会和谐有序的城乡高质量融合发展新局面,包括城乡居民在内的中华民族以更加昂扬的姿态屹立于世界民族之林。

参 考 文 献

1.《2018 年农民工监测调查报告》,《中国信息报》2019 年 4 月 30 日。

2. 白永秀、任保平:《中国市场经济理论与实践》,高等教育出版社 2011 年版。

3. 白永秀、吴丰华:《中国城乡发展一体化:历史考察、理论演进与战略推进》,人民出版社 2015 年版。

4. 白永秀:《后改革时代的关键:城乡经济社会一体化》,《经济学家》2010 年第 8 期。

5. 白永秀等:《中国省域城乡发展一体化水平评价报告(2013)》,中国经济出版社 2013 年版。

6. 蔡昉、都阳、王美艳:《户籍制度与劳动力市场保护》,《经济研究》2001 年第 12 期。

7. 蔡昉、杨涛:《城乡收入差距的政治经济学》,《中国社会科学》2000 年第 4 期。

8. 蔡继明、李蒙蒙:《中国城乡融合发展的制度障碍及政策建议》,《河北学刊》2019 年第 4 期。

9. 蔡谦、郑友揆:《中国各通商口岸对各国进出口贸易统计》,商务印书馆 1936 年版。

10. 蔡武:《城镇化不能只有物质经济的现代化》,《中国文化报》2013 年 3 月 11 日。

11. 蔡云辉:《论近代中国城乡关系与城市化发展的低速缓进》,《社会科学辑刊》2004 年第 2 期。

12. 曾红颖:《我国基本公共服务均等化标准体系及转移支付效果评价》,《经济研究》2012 年第 6 期。

13. 陈斌开、林毅夫:《发展战略、城市化与中国城乡收入差距》,《中国社会科学》2013 年第 4 期。

14. 陈伯庚、陈承明:《新型城镇化与城乡一体化疑难问题探析》,《社会科学》2013 年第 9 期。

15. 陈丹、张越:《乡村振兴战略下城乡融合的逻辑、关键与路径》,《宏观经济管理》2019 年第 1 期。

16. 陈俭:《新中国城乡关系演变的特点及启示》,《河北经贸大学学报》2016 年第 6 期。

17. 陈建华、刘福健、顾鹏:《新型城镇化中的城市反哺农村》,《深圳大学学报(人文社会科学版)》2017 年第 5 期。

18. 陈立:《中国国家战略问题报告》,中国社会科学出版社 2002 年版。

19. 陈明:《国民经济恢复时期(1949—1952)的城乡关系研究》,《四川大学学报(哲学社会科学版)》2004 年第 S1 期。

20. 陈其南:《文化的轨迹》,春风文艺出版社 1987 年版。

21. 陈炜:《近代中国城乡关系的二重性:对立与统一》,《宁夏大学学报(人文社会科学版)》2008 年第 1 期。

22. 陈为忠:《近代山东经济格局变迁研究——以港口与腹地互动为视角》,《中国历史地理论丛》2005 年第 3 期。

23. 陈雯:《"城乡一体化"内涵的讨论》,《现代经济探讨》2003 年第 5 期。

24. 陈野:《"后城市化时代"村庄共同体重建的文化路向——以杭州市西湖区骆家庄为个案的研究》,《浙江社会科学》2016 年第 5 期。

25. 陈映芳:《征地农民的市民化——上海市的调查》,《华东师范大学学报(哲学社会科学版)》2003 年第 3 期。

26. 陈钊、陆铭:《从分割到融合:城乡经济增长与社会和谐的政治经济学》,《经济研究》2008 年第 1 期。

27. 陈钊:《中国城乡发展的政治经济学》,《南方经济》2011 年第 8 期。

28. 陈志钢、周云逸、樊胜根:《全球视角下的乡村振兴思考》,《农业经济问题》2020 年第 2 期。

29. 戴鞍钢:《近代上海与苏南浙北农村经济变迁》,《中国农史》1997 年第 2 期。

30. 戴鞍钢:《近代上海与周围农村》,《史学月刊》1994 年第 2 期。

31. 戴鞍钢:《近代中国城乡经济关系演进述论》,《安徽史学》2013 年第 3 期。

32. 戴鞍钢:《中国近代工业与城乡人口流动》,《云南大学学报(社会科学版)》

2011 年第 2 期。

33. ［德］卫理贤:《中国心灵》,王宇洁等译,国际文化出版公司 1998 年版。

34. ［德］余凯思:《在"模范殖民地"胶州湾的统治与抵抗——1897—1914 年中国与德国的相互作用》,孙立新译,山东大学出版社 2005 年版。

35. 董志凯:《工业化初期的固定资产投资与城乡关系——对 1950—1980 年代工业建设的反思》,《中国经济史研究》2007 年第 1 期。

36. 都阳、蔡昉、屈小博、程杰:《延续中国奇迹:从户籍制度改革中收获红利》,《经济研究》2014 年第 8 期。

37. 杜姣:《城乡关系的实践类型与乡村振兴的分类实践》,《求索》2020 年第 1 期。

38. 樊树志:《江南市镇:传统的变革》,复旦大学出版社 2005 年版。

39. 方堃:《城乡统筹的县域农村公共服务模式与路径探究——从"国家单方供给"到"社会协同治理"的逻辑变迁》,《天津行政学院学报》2009 年第 3 期。

40. 方显廷:《天津针织业之组织》,《清华大学学报(自然科学版)》1931 年第 0 期。

41. 费利群、滕翠华:《城乡产业一体化:马克思主义城乡融合思想的当代视界》,《理论学刊》2010 年第 1 期。

42. 费孝通:《江村经济——中国农民的生活》,商务印书馆 2005 年版。

43. 费孝通:《乡土中国》,上海世纪出版集团 2007 年版。

44. 冯雷:《中国城乡一体化的理论与实践》,《中国农村经济》1999 年第 1 期。

45. 付伟:《城乡融合发展进程中的乡村产业及其社会基础——以浙江省 L 市偏远乡村来料加工为例》,《中国社会科学》2018 年第 6 期。

46. 甘行琼、刘大帅:《论户籍制度、公共服务均等化与财政体制改革》,《财政研究》2015 年第 3 期。

47. 高伯文:《一九五三年至一九七八年工业化战略的选择与城乡关系》,《中共党史研究》2010 年第 9 期。

48. 高帆:《从割裂到融合:中国城乡经济关系演变的政治经济学》,复旦大学出版社 2019 年版。

49. 高帆:《中国城乡要素交换关系完善的理论研究与实证分析》,上海市人民出版社 2016 年版。

50. 高帆:《中国农村经济改革 40 年:实施逻辑与发展趋向》,《求是学刊》2018 年第 5 期。

51. 高佩义:《中外城市化比较研究》,南开大学出版社 1992 年版。

52. 高云台:《农村改革开放 40 年成就辉煌——改革铺展乡村振兴之路》,《人民日报》2018 年 12 月 29 日。

53. 葛绥成:《四川之行》,中华书局 1934 年版。

54. 宫玉松:《中国近代城乡关系简论》,《文史哲》1994 年第 6 期。

55. 辜胜阻、刘传江:《人口流动与农村城镇化战略管理》,华中理工大学出版社 2000 年版。

56. 顾龙生:《中国共产党经济思想发展史》,山西经济出版社 1996 年版。

57. 顾益康、邵峰:《全面推进城乡一体化改革——新时期解决"三农"问题的根本出路》,《中国农村经济》2003 年第 11 期。

58. 顾仲阳、沈亦伶:《中国创造了人类减贫史奇迹(大数据观察·辉煌 70 年)》,《人民日报》2019 年 6 月 13 日。

59.《关于全面深化农村改革加快推进农业现代化的若干意见》,人民出版社 2014 年版。

60.《关于在公共服务领域推广政府和社会资本合作模式的指导意见》,人民出版社 2015 年版。

61. 郭殿生、宋雨楠:《马克思恩格斯城乡融合思想的新时代解读》,《当代经济研究》2019 年第 2 期。

62. 郭剑雄:《人力资本、生育率与城乡收入差距的收敛》,《中国社会科学》2005 年第 3 期。

63. 郭书田、刘纯彬:《失衡的中国》,河北人民出版社 1990 年版。

64. 郭熙保、崔文俊:《我国城乡协调发展:历史、现状与对策思路》,《江西财经大学学报》2016 年第 3 期。

65. 国家发展改革委发展规划司:《统筹城乡发展,促进城乡经济社会一体化》,《宏观经济管理》2008 年第 6 期。

66. 国家发展改革委农村经济司:《农村一二三产业融合发展年度报告(2017年)》,《中国经贸导刊》2018 年第 13 期。

67. 国务院发展研究中心、中国农村劳动力资源开发研究会:《"三化带三农"实现城乡一体化》,《经济研究参考》2005 年第 11 期。

68. 国务院发展研究中心农村部课题组:《从城乡二元到城乡一体——我国城乡二元体制的突出矛盾与未来走向》,《管理世界》2014 年第 9 期。

69. 韩俊:《破除城乡二元结构走城乡融合发展道路》,《理论视野》2018 年第 11 期。

70. 韩俊:《中国城乡关系演变 60 年:回顾与展望》,《改革》2009 年第 11 期。

71. 韩文龙、吴丰华：《新时代城乡融合发展的理论内涵与实现路径》，《马克思主义与现实》2020 年第 2 期。

72. 韩文龙：《以城乡融合发展推进农业农村现代化》，《红旗文稿》2019 年第 1 期。

73. 何仁伟：《城乡融合与乡村振兴：理论探讨、机理阐释与实现路径》，《地理研究》2018 年第 11 期。

74. 何一民：《近代中国城市发展与社会变迁（1840—1949）》，科学出版社 2004 年版。

75. 何一民：《中国城市史纲》，四川大学出版社 1994 年版。

76. 洪银兴、陈雯：《城市化和城乡一体化》，《经济理论与经济管理》2003 年第 4 期。

77. 洪银兴：《工业和城市反哺农业、农村的路径研究——长三角地区实践的理论思考》，《经济研究》2007 年第 8 期。

78. 胡焕庸：《中国人口地理》（上），华东师范大学出版社 1984 年版。

79. 胡锦涛：《高举中国特色社会主义伟大旗帜　为夺取全面建设小康社会新胜利而奋斗——在中国共产党第十七次全国代表大会上的报告》，人民出版社 2007 年版。

80. 胡乃武、王辰：《均衡与非均衡基础产业发展理论模式与现实选择》，《江苏经济讨论》1994 年第 2 期。

81. 黄季焜等：《制度变迁和可持续发展》，格致出版社、上海人民出版社 2008 年版。

82. 黄少安：《改革开放 40 年中国农村发展战略的阶段性演变及其理论总结》，《经济研究》2018 年第 12 期。

83. 黄小明：《收入差距、农村人力资本深化与城乡融合》，《经济学家》2014 年第 1 期。

84. 黄云鹏：《"十二五"促进城乡基本公共服务均等化的对策建议》，《宏观经济研究》2010 年第 7 期。

85. 姜作培：《城乡一体化：统筹城乡发展的目标探索》，《南方经济》2004 年第 1 期。

86. 蒋梦麟：《西潮与新潮——蒋梦麟回忆录》，东方出版社 2006 年版。

87. 金成武：《城乡融合发展的理论基础：财富可积累性视角》，《经济学动态》2018 年第 12 期。

88. 金人庆：《扩大公共财政覆盖农村范围，建立支农资金稳定增长机制》，《求是》2006 年第 8 期。

89. 居占杰：《我国城乡关系阶段性特征及统筹城乡发展路径选择》，《江西财经大学学报》2011年第1期。

90. 孔祥智：《改革开放以来国家与农民关系的变化》，《中国人民大学学报》2018年第3期。

91. 孔祥智：《新中国成立70年来城乡关系的演变》，《教学与研究》2019年第8期。

92. 匡家在：《中国五年计划的演进——制度变迁与经验研究》，人民出版社2020年版。

93. 李爱民：《我国城乡融合发展的进程、问题与路径》，《宏观经济管理》2019年第2期。

94. 李春玲：《高等教育扩张与教育机会不平等——高校扩招的平等化效应考查》，《社会学研究》2010年第3期。

95. 李飞、杜云素：《城镇定居、户籍价值与农民工积分落户——基于中山市积分落户入围人员的调查》，《农业经济问题》2016年第8期。

96. 李金铮：《浅谈二三十年代定县的家庭手工棉纺织业》，《河北学刊》1991年第3期。

97. 李力：《亿万农民得到更多实惠》，《经济日报》2011年2月16日。

98. 李楠、李源峰：《40年农村改革发展的成就与经验》，《湖北日报》2018年10月9日。

99. 李同升、库向阳：《城乡一体化发展的动力机制及其演变分析——以宝鸡市为例》，《西北大学学报（自然科学版）》2000年第3期。

100. 李澂：《农业剩余与工业化资本积累》，云南大学出版社1993年版。

101. 李文治：《中国近代农业史资料》第一辑，三联书店1957年版。

102. 李一花、李静、张芳洁：《公共品供给与城乡人口流动——基于285个城市的计量检验》，《财贸研究》2017年第5期。

103. 李岳云、陈勇、孙林：《城乡统筹及其评价方法》，《农业技术经济》2004年第1期。

104. 厉以宁：《论城乡二元体制改革》，《北京大学学报（哲学社会科学版）》2008年第2期。

105. 梁方仲：《中国历代户口、田地、天赋统计》，中华书局1980年版。

106. 《列宁全集》第二卷，人民出版社2013年版。

107. 《列宁全集》第二十三卷，人民出版社2017年版。

108.《列宁全集》第七卷,人民出版社 2013 年版。

109.《列宁全集》第三卷,人民出版社 2013 年版。

110.《列宁全集》第四卷,人民出版社 2013 年版。

111.《列宁全集》第五卷,人民出版社 2013 年版。

112. 林矗:《通商口岸、新式教育与近代经济发展:一个历史计量学的考察》,《中国经济史研究》2017 年第 1 期。

113. 林星:《近代东南沿海通商口岸城市城乡关系的透视——以福州和厦门为个案》,《中国社会经济史研究》2007 年第 2 期。

114. 林毅夫、蔡昉、李周:《中国的奇迹:发展战略与经济改革》,格致出版社、上海三联书店、上海人民出版社 1999 年版。

115. 林志鹏:《乡村振兴战略需要坚持城乡融合发展的方向》,《红旗文稿》2018 年第 18 期。

116. 刘纯彬:《走出二元——根本改变我国不合理城乡关系的唯一途径》,《农业经济问题》1988 年第 4 期。

117. 刘克崮、张桂文:《中国"三农"问题的战略思考与对策研究》,《管理世界》2003 年第 5 期。

118. 刘克祥、吴泰昌:《中国近代经济史(1927—1937)》下册,人民出版社 2010 年版。

119. 刘明辉、卢飞:《城乡要素错配与城乡融合发展——基于中国省级面板数据的实证研究》,《农业技术经济》2019 年第 2 期。

120. 刘守英:《城乡中国的土地问题》,《北京大学学报(哲学社会科学版)》2018 年第 3 期。

121. 刘守英:《中国土地制度改革:上半程及下半程》,《国际经济评论》2017 年第 5 期。

122. 刘守英:《撞城:一位经济学人的乡城心路》,译林出版社 2019 年版,第 155 页。

123. 刘维新:《城乡一体化的"三位一体"发展模式》,《城市发展研究》1996 年第 6 期。

124. 刘彦随:《中国新时代城乡融合与乡村振兴》,《地理学报》2018 年第 4 期。

125. 刘应杰:《中国城乡关系演变的历史分析》,《当代中国史研究》1996 年第 2 期。

126. 刘震、徐国亮:《新型城镇化中的城市反哺农村》,《甘肃社会科学》2017 年第 6 期。

127. 卢汉超:《开埠初期的上海》,《史林》1986 年第 1 期。

128. 卢汉超:《西方物质文明在近代上海》,《史林》1987 年第 2 期。

129. 陆铭、陈钊:《在集聚中走向平衡:城乡和区域协调发展的"第三条道路"》,《世界经济》2008 年第 8 期。

130. 陆学艺、李培林:《中国社会发展报告》,辽宁人民出版社 1991 年版。

131. 陆益龙:《户籍制度:控制与社会差别》,商务印书馆 2003 年版。

132. 吕新雨:《近代以来中国的土地问题与城乡关系再认识》,《开放时代》2012 年第 7 期。

133. 吕新雨:《乡村危机与新乡土主义——一个世纪以来的中国城乡关系》,《21 世纪经济报道》2012 年 1 月 17 日。

134. 马军显:《城乡关系:从二元分割到一体化发展》,中共中央党校出版社 2008 年版。

135.《马克思恩格斯选集》第三卷,人民出版社 2012 年版。

136.《马克思恩格斯选集》第四卷,人民出版社 2012 年版。

137.《马克思恩格斯选集》第一卷,人民出版社 2012 年版。

138. 马晓河、蓝海涛、黄汉权:《工业反哺农业的国际经验及我国的政策调整思路》,《管理世界》2005 年第 7 期。

139.《毛泽东选集》第四卷,人民出版社 1991 年版。

140.《毛泽东选集》第一卷,人民出版社 1991 年版。

141. [美]杜赞奇:《文化、权力与国家:1900—1942 年的华北农村》,王福明译,江苏人民出版、凤凰出版传媒集团 2010 年版。

142. [美]刘易斯:《经济增长理论》,梁小民译,三联书店 1994 年版。

143. [美]瑟尔瓦尔:《增长与发展》,金碚、李扬译,中国人民大学出版社 1992 年版。

144. [美]施坚雅:《中华帝国晚期的城市》,叶光庭等译,中华书局 2000 年版。

145. 孟捷、吴丰华:《制度—垄断地租与中国地方政府竞争:一个马克思主义分析框架》,《开放时代》2020 年第 2 期。

146. 聂家华:《对外开放与城市社会变迁——以济南为例的研究》,齐鲁书社 2007 年版。

147. 宁夏、叶敬忠:《改革开放以来的农民工流动——一个政治经济学的国内研究综述》,《政治经济学评论》2016 年第 1 期。

148. 牛若峰、郭玮、陈凡:《中国经济偏斜循环与农业曲折发展》,中国人民大学出版社 1991 年版。

149. 欧阳志刚:《中国城乡经济一体化的推进是否阻滞了城乡收入差距的扩大》,《世界经济》2014 年第 2 期。

150. 彭海红:《中国农村改革 40 年的基本经验》,《中国农村经济》2018 年第 10 期。

151. 彭泽益:《鸦片战争十年间银贵钱贱波动下的中国经济与阶级关系》,《历史研究》1961 年第 6 期。

152. 皮建才:《中国工业反哺农业的政府作用机制及其福利效果》,《世界经济》2009 年第 7 期。

153. 齐涛:《中国古代经济史》,山东大学出版社 2011 年版。

154. 千家驹:《千家驹经济论文选》,中国国际广播出版社 1987 年版。

155. 邱国盛:《近代北京市、上海市城乡关系比较研究》,《西南民族大学学报(人文社科版)》2008 年第 6 期。

156. 曲青山:《新中国六十九年的成就、经验及历史启示》,《中共党史研究》2018 年第 9 期。

157. 全汉升:《上海在近代中国工业化的地位》,《"中央研究院"历史语言研究所集刊》1958 年第 29 辑。

158. 任吉东:《近代中国百年城乡关系的两极性衍化》,《中国社会科学报》2014 年 4 月 18 日。

159. [日]顾琳:《中国的经济革命——二十世纪的农村工业》,王玉茹、张玮、李进霞译,江苏人民出版社 2009 年版。

160. 沈清基:《城乡生态环境一体化规划框架探讨——基于生态效益的思考》,《城市规划》2012 年第 12 期。

161.《十六大以来重要文献选编》中册,中央文献出版社 2006 年版。

162. 石忆邵:《城乡一体化理论与实践:回眸与评析》,《城市规划汇刊》2003 年第 1 期。

163. 石忆邵:《关于城乡一体化的几点讨论》,《规划师》1999 年第 4 期。

164.《斯大林选集》上卷,人民出版社 1979 年版。

165.《斯大林选集》下卷,人民出版社 1979 年版。

166. 宋洪远:《加快户籍制度改革　推动城乡一体化发展》,《农业现代化研究》2016 年第 6 期。

167. 孙光英:《拉美城市化过快发展的负面效应值得关注》,《红旗文稿》2013 年第

17 期。

168. 孙久文、周玉龙:《城乡差距、劳动力迁移与城镇化——基于县域面板数据的经验研究》,《经济评论》2015 年第 2 期。

169. 孙晓莉:《中外公共服务体制比较》,国家行政学院出版社 2007 年版。

170. 孙中山:《孙中山选集》下,人民出版社 2011 年版。

171. 索小霞:《乡村振兴战略下的乡土文化价值再认识》,《贵州社会科学》2018 年第 1 期。

172. 唐宗力:《农民进城务工的新趋势与落户意愿的新变化——来自安徽农村地区的调查》,《中国人口科学》2015 年第 5 期。

173. 佟明忠:《论我国的城乡二元体制与城乡一体化道路》,《社会科学》1989 年第 6 期。

174. 完世伟:《当代中国城乡关系的历史考察及思考》,《贵州师范大学学报(社会科学版)》2008 年第 4 期。

175. 汪锋、刘旗、张宗益:《经济体制改革与中国城乡经济发展不平衡》,《中国软科学》2007 年第 5 期。

176. 汪汇、陈钊、陆铭:《户籍、社会分割与信任:来自上海的经验研究》,《世界经济》2009 年第 10 期。

177. 汪敬虞:《中国近代工业史资料》第二辑,科学出版社 1957 年版。

178. 汪敬虞:《中国近代经济史(1895—1927)》上册,人民出版社 2000 年版。

179. 汪敬虞:《中国近代经济史(1895—1927)》中册,人民出版社 2000 年版。

180. 王国敏:《城乡统筹:从二元结构向一元结构的转换》,《西南民族大学学报(人文社会科学版)》2004 年第 9 期。

181. 王建国、李实:《大城市的农民工工资水平高吗?》,《管理世界》2015 年第 1 期。

182. 王守中、郭大松:《近代山东城市变迁史》,山东教育出版社 2001 年版。

183. 王颂吉、白永秀:《城乡要素错配与中国二元经济结构转化滞后:理论与实证研究》,《中国工业经济》2017 年第 7 期。

184. 王颂吉、魏后凯:《城乡融合发展视角下的乡村振兴战略:提出背景与内在逻辑》,《农村经济》2019 年第 1 期。

185. 王学俭:《十八大以来党的治国理政思想研究》,人民出版社 2017 年版。

186. 王亚华、苏毅清:《乡村振兴——中国农村发展新战略》,《中央社会主义学院学报》2017 年第 6 期。

187. 王卓祺:《城乡统筹发展模式比较》,《开放导报》2007年第6期。

188. 卫兴华、洪银兴:《中国共产党经济思想史论》,江苏人民出版社1994年版。

189. 魏后凯:《深刻把握城乡融合发展的本质内涵》,《中国农村经济》2020年第6期。

190. 魏后凯:《新常态下中国城乡一体化格局及推进战略》,《中国农村经济》2016年第1期。

191. 温涛、何茜、王煜宇:《改革开放40年中国农民收入增长的总体格局与未来展望》,《西南大学学报(社会科学版)》2018年第4期。

192. 翁杰、张锐:《户籍制度影响要素收入分配的机制和效应》,《中国人口科学》2017年第1期。

193. 吴承明:《近代中国工业化的道路》,《文史哲》1991年第6期。

194. 吴承明:《中国资本主义与国内市场》,中国社会科学出版社1985年版。

195. 吴丰华、白永秀:《中国近代以来城乡关系变迁机理:一个文献综述》,《学术评论》2015年第4期。

196. 吴丰华、白永秀:《城乡发展一体化:战略特征、战略内容、战略目标》,《学术月刊》2013年第4期。

197. 吴丰华、韩文龙:《改革开放四十年的城乡关系:历史脉络、阶段特征和未来展望》,《学术月刊》2018年第4期。

198. 吴丰华:《中国近代以来城乡关系变迁轨迹与变迁机理(1840—2012)》,西北大学2013年博士学位论文。

199. 吴松弟、樊如森:《天津市开埠对腹地经济变迁的影响》,《史学月刊》2004年第1期。

200. 吴伟年:《城乡一体化的动力机制与对策思路——以浙江省金华市为例》,《世界地理研究》2002年第4期。

201. 武力:《1949—2006年城乡关系演变的历史分析》,《中国经济史研究》2007年第1期。

202. 武力:《中华人民共和国经济史》,时代经济出版社2010年版。

203. 武小龙:《城乡对称互惠共生发展:一种新型城乡关系的解释框架》,《农业经济问题》2018年第4期。

204. 习近平:《决胜全面建成小康社会 夺取新时代中国特色社会主义伟大胜利——在中国共产党第十九次全国代表大会上的报告》,人民出版社2017年版。

205. 习近平:《习近平谈治国理政》第一卷,外文出版社2018年版。

206. 习近平：《在全国脱贫攻坚总结表彰大会上的讲话》，人民出版社 2021 年版。

207. 夏怡然、陆铭：《城市间的"孟母三迁"——公共服务影响劳动力流向的经验研究》，《管理世界》2015 年第 10 期。

208. 谢志强、姜典航：《城乡关系演变：历史轨迹及其基本特点》，《中共中央党校学报》2011 年第 8 期。

209. 辛逸、高洁：《从"以农补工"到"以工补农"——新中国城乡二元体制述论》，《中共党史研究》2009 年第 9 期。

210. 邢祖礼、陈杨林、邓朝春：《新中国 70 年城乡关系演变及其启示》，《改革》2019 年第 6 期。

211. 徐建国、张勋：《农业生产率进步、劳动力转移与工农业联动发展》，《管理世界》2016 年第 7 期。

212. 徐明强、李卓：《"扶贫抗争"与农村反哺资源的分配治理——基于秦巴山区 T 镇的田野研究》，《浙江工商大学学报》2019 年第 4 期。

213. 徐永志：《开埠通商与津冀社会变迁》，中央民族大学出版社 2000 年版。

214. 徐勇：《马克思恩格斯有关城乡关系问题的思想及其现实意义》，《社会主义研究》1991 年第 6 期。

215. 许彩玲、李建建：《城乡融合发展的科学内涵与实现路径——基于马克思主义城乡关系理论的思考》，《经济学家》2019 年第 1 期。

216. 许涤新、吴承明：《中国资本主义发展史》，人民出版社 2005 年版。

217. 许涤新：《当代中国的人口》，中国社会科学出版社 1988 年版。

218. 许涤新：《中国资本主义的萌芽》，人民出版社 1985 年版。

219. 严中平：《中国近代经济史（1840—1894）》上册，人民出版社 2001 年版。

220. 杨继瑞：《城乡一体化：推进路径的战略抉择》，《四川大学学报（哲学社会科学版）》2005 年第 4 期。

221. 杨林、郑潇：《城市具备城乡融合发展的承载力吗？——来自 100 个地级市的证据》，《东岳论丛》2009 年第 1 期。

222. 杨荣南、张雪莲：《城乡一体化若干问题初探》，《热带地理》1998 年第 1 期。

223. 杨荣南：《关于城乡一体化的几个问题》，《城市规划》1997 年第 5 期。

224. 杨小军、刘诗阳：《基于公平与效率视角看我国城乡关系历史演变》，《湘潭大学学报（哲学社会科学版）》2012 年第 3 期。

225. 姚贤镐：《中国近代外贸史资料》第 3 册，中华书局 1962 年版。

226. 叶兴庆：《新时代中国乡村振兴战略论纲》，《改革》2018 年第 1 期。

227. 应雄:《城乡一体化趋势前瞻》,《浙江经济》2002 年第 13 期。

228. [英]埃比尼泽·霍华德:《明日的田园城市》,金经元译,商务印书馆 2010 年版。

229. [英]安格斯·麦迪森:《中国经济的长期表现——公元 960—2030》,伍晓鹰等译,上海人民出版社 2008 年版。

230. [英]弗兰克·艾利思:《农民经济学:农民家庭农业和农业发展》,胡景北译,上海人民出版社 2006 年版。

231. 于潇、孙悦:《城镇与农村流动人口的收入差异——基于 2015 年全国流动人口动态监测数据的分位数回归分析》,《人口研究》2017 年第 1 期。

232. 袁志刚:《中国的乡—城劳动力流动与城镇失业:一个经验研究》,《管理世界》2006 年第 8 期。

233. 张东刚等:《世界经济体制下的民国时期经济》,中国财政经济出版社 2005 年版。

234. 张凤超、张明:《乡村振兴与城乡融合——马克思空间正义视阈下的思考》,《华南师范大学学报(社会科学版)》2018 年第 2 期。

235. 张海鹏:《中国城乡关系演变 70 年:从分割到融合》,《中国农村经济》2019 年第 3 期。

236. 张合林:《以土地市场制度创新推动城乡融合发展》,《中州学刊》2019 年第 3 期。

237. 张晖:《马克思恩格斯城乡融合理论与我国城乡关系的演进路径》,《学术交流》2018 年第 12 期。

238. 张慧鹏:《城乡关系:以人为本还是以资为本? ——毛泽东构建新型工农城乡关系的探索与启示》,《马克思主义与现实》2017 年第 6 期。

239. 张家驹:《两宋经济重心的南移》,湖北人民出版社 1957 年版。

240. 张立艳:《建国以来城乡关系演变的历史考察与现实思考》,东北师范大学 2005 年硕士学位论文。

241. 张宁:《近代中国工业布局的演变》,《光明日报》2017 年 12 月 7 日。

242. 张涛、赵磊:《城乡发展一体化:解决"三农"问题的根本路径》,《农村经济》2017 年第 10 期。

243. 张晓山:《全面深化改革,构建新型城乡关系——从社会主义新农村建设到新型城镇化》,《学习与探索》2014 年第 1 期。

244. 张一平:《地权变动与社会重构——苏南土地改革研究》,上海人民出版社

2009 年版。

245. 张宇、谢地、任保平、蒋永穆等:《中国特色社会主义政治经济学》,高等教育出版社 2017 年版。

246. 张雨林:《论城乡一体化》,《社会学研究》1988 年第 5 期。

247. 张雨林:《我国城乡关系的历史考察》上,《中国农村经济》1989 年第 9 期。

248. 张雨林:《我国城乡关系的历史考察》下,《中国农村经济》1989 年第 10 期。

249. 张正河、杜凯:《中国工农城乡发展:滞后与同步推进》,《中国软科学》2019 年第 2 期。

250. 张忠民:《经济历史成长》,上海社会科学院出版社 1999 年版。

251. 张仲礼、熊月之、沈祖炜:《长江沿江城市与中国近代化》,上海人民出版社 2002 年版。

252. 张仲礼等:《长江沿江城市与中国近代化》,上海人民出版社 2002 年版。

253. 章莉、李实、小威廉·达里蒂(William A. Darity Jr.)、朗达·冯莎·夏普(Rhonda Vonshay Sharpe):《中国劳动力市场就业机会的户籍歧视及其变化趋势》,《财经研究》2016 年第 1 期。

254. 赵东明、白雪秋:《城乡协调发展的理论基础》,《经济纵横》2015 年第 4 期。

255. 赵红军:《小农经济、惯性治理与中国经济的长期变迁》,格致出版社 2010 年版。

256. 赵伟:《中国的城乡差距原因反思与政策调整》,《武汉大学学报(哲学社会科学版)》2004 年第 6 期。

257. 赵洋:《中国特色社会主义城乡关系变迁:历史、理论与现实》,《思想教育理论导刊》2016 年第 9 期。

258. 甄峰:《城乡一体化理论及其规划探讨》,《城市规划汇刊》1998 年第 6 期。

259. 郑功成:《新中国 70 年社会保障发展的理论与实践逻辑》,《光明日报》2019 年 10 月 8 日。

260. 郑瑞强、朱述斌:《新型城乡关系、乡村未来与振兴之路:寻乌调查思考》,《宁夏社会科学》2018 年第 3 期。

261. 郑有贵:《中国城乡经济的分割与一体化改革》,《中国经济史研究》2008 年第 4 期。

262. 郑忠良:《稳步推进和完善农村土地"三权分置"制度》,《光明日报》2018 年 11 月 13 日。

263.《中共中央关于经济体制改革的决定》,人民出版社 1984 年版。

264.《中共中央关于全面深化改革若干重大问题的决定》，人民出版社 2013 年版。

265.《中共中央关于深化文化体制改革推动社会主义文化大发展大繁荣若干重大问题的决定》，人民出版社 2011 年版。

266.《中共中央关于推进农村改革发展若干重大问题的决定》，人民出版社 2008 年版。

267.《中共中央国务院关于"三农"工作的一号文件汇编（1982—2014）》，人民出版社 2014 年版。

268.《中共中央国务院关于坚持农业农村优先发展做好"三农"工作的若干意见》，人民出版社 2019 年版。

269.《中共中央国务院关于建立健全城乡融合发展体制机制和政策体系的意见》，人民出版社 2019 年版。

270.《中共中央国务院关于全面推进乡村振兴加快农业农村现代化的意见》，人民出版社 2021 年版。

271.《中共中央国务院关于实施乡村振兴战略的意见》，人民出版社 2018 年版。

272.《中共中央国务院关于推进社会主义新农村建设的若干意见》，人民出版社 2006 年版。

273.《中共中央国务院关于抓好"三农"领域重点工作确保如期实现全面小康的意见》，人民出版社 2020 年版。

274. 中共中央文献研究室：《建国以来重要文献选编》第七册，中央文献出版社 1993 年版。

275. 中共中央文献研究室：《建国以来重要文献选编》第十册，中央文献出版社 1994 年版。

276. 中共中央文献研究室：《建国以来重要文献选编》第十三册，中央文献出版社 1996 年版。

277. 中共中央文献研究室：《建国以来重要文献选编》第十四册，中央文献出版社 1997 年版。

278. 中共中央文献研究室：《建国以来重要文献选编》第十一册，中央文献出版社 1995 年版。

279. 中共中央文献研究室：《毛泽东文集》第七卷，人民出版社 1999 年版。

280.《中共中央政治局召开会议分析研究二〇一六年经济工作 研究部署城市工作》，《人民日报》2015 年 12 月 15 日。

281.《中国共产党第十八届中央委员会第五次全体会议公报》，人民出版社 2015 年版。

282. 中国宏观经济研究院产业所课题组:《改革开放40年中国工农关系演变:从缓和走向融合》,《改革》2018年第10期。

283. 中国社会科学院经济研究所学术委员会:《中国社会科学院经济研究所集刊》第11辑,中国社会科学出版社1988年版。

284. 周立群、王向:《城乡融合、服务业增长与城乡居民收入差距——基于新兴古典经济学的经验研究》,《财经研究》2013年第10期。

285. 周其仁:《中国农村改革国家和所有权关系的变化(上)——一个经济制度变迁史的回顾》,《管理世界》1995年第3期。

286. 周其仁:《中国农村改革国家和所有权关系的变化(下)——一个经济制度变迁史的回顾》,《管理世界》1995年第4期。

287. 周忍伟:《举步维艰——皖江城市近代化研究》,安徽教育出版社2002年版。

288. 周天勇:《三十年前我们为什么要选择改革开放》,《学习时报》2008年8月26日。

289. 周文、赵方、杨飞、李鲁:《土地流转、户籍制度改革与中国城市化:理论与模拟》,《经济研究》2017年第6期。

290. 周月书、王悦雯:《二元经济结构转换与城乡资本配置效率关系实证分析》,《中国农村经济》2015年第3期。

291. 朱磊:《城乡一体化理论及规划实践——以浙江省温岭市为例》,《经济地理》2000年第3期。

292. 朱士光:《城头山并非中国最早的城市》,《中国社会科学报》2011年8月25日。

293. 朱志萍:《城乡二元结构的制度变迁与城乡一体化》,《软科学》2008年第6期。

294. 庄维民:《近代山东省市场经济的变迁》,中华书局2000年版。

295. 邹一南:《户籍制度改革的内生逻辑与政策选择》,《经济学家》2015年第4期。

296. A. O. Krueger, M. Schiff, A. Valdes, *The Political Economy of Agricultural Pricing Policy*, The Johns Hopkins University Press.

297. Bajracharya, B. N., "Promoting Small Towns for Rural Development: A View from Nepal", *Asia-Pacific Population Journal*, Vol.10, No.2, 1995.

298. Bates Robert, *Markets and States in Tropical Africa*, Berkeley, University of California Press, 1981.

299. Bates, Robert H., *Markets and States in Tropical Africa: The Political Basis of Agricultural Policies*, Berkeley, University of California Press, 2014.

300. Carlo M. Cipolla, "Before the Industrial Revolution: European Society and Economy, 1000–1700", *The Journal of Economic History*, Vol.37, No.2, 1977.

301. Cecilia Tacoli, Rural – Urban Linkages, Pro – Poor Agriculture Growth: An Overview: Prepared for OECD DAC POVNET Agriculture and Pro-Poor Growth Task Team, *Helsinki Workshop*, 2004.

302. Charles Sabel, Jonathan Zeitlin, "Historical Alternatives to Mass Production: Politics, Markets and Technology in Nineteenth–Century Industrialization", *Past & Present*, No.108, 1985.

303. David Satterthwaite, Cecilia Tacoli, "The Urban Part of Rural Development: The Role of Small and Intermediate Urban Centers in Rural and Regional Development and Poverty Reduction", 2003.

304. E.P.Thompson, *The Making of the English Working Class*, Victor Gollancz, 1963.

305. Ellis, Frank, "Household Strategies and Rural Livelihood Diversification", *Journal of Development Studies*, Vol.35, No.1, 1998.

306. G.William Skinner, "Marketing and Social Structure in Rural China", *The Journal of Asian Studies*, Vol.24, No.1, 1964.

307. Glaeser, Edward L., Mare, David C., "Cities and Skills", *Journal of Labor Economics*, Vol.19, No.2, 2001.

308. Glaeser, Edward L., "Learning in Cities", *Journal of Urban Economics*, Vol.46, No.2, 1999.

309. Huafeng Zhang, "The Hukou System's Constraints on Migrant Workers' Job Mobility in Chinese Cities", *China Economic Review*, Vol.21, No.1, 2009.

310. Jonathan Eatonand Zvi Eckstein, "Cities and Growth: Theory and Evidence from France and Japan", *Regional Science and Urban Economics*, Vol.27, No.4–5, 1997.

311. Katrina Mullan, Pauline Grosjean, Andreas Kontoleon, "Land Tenure Arrangements and Rural–Urban Migration in China", *World Development*, Vol.39, No.1, 2011.

312. Krueger, A. O., "Political Economy of Agricultural Policy", *Public Choice*, Vol.78, 1996.

313. Krueger, Anne, Maurice Schiff, Alber to Valdes (eds.), *The Political Economy of Agricultural Pricing Policy*, The Johns Hopkins University Press, 1991.

314. Lipton Michael, *Why Poor People Stay Poor: Urban Bias in World Development*, Harvard University Press,1977.

315. M.Douglass,"A Regional Network Strategy for Regional Reciprocal Rural-Urban Linkages: An Agenda for Policy Research with Reference to Indonesia", *Third World Planning Review*,Vol.20,No.1,1998.

316. Mc Gee T.G.*Labor Force Change and Mobility in the Extended Metro-Politan Regions of Asia*. In Roland Fuchs, eds. Mega-City Growth and the Future. UN: University Press,1994.

317. Mc Gee T.G.*Urbanisasi or Kotadesasi? Evolving Patterns of Urbanization in Asia*. In Costaf J.,Duttak,Mal J.C.,Noble A.G.,eds.Urbanization in Asia: Spatial Dimensions and Policy Issues.Honolulu:University of Hawaii Press,1989.

318. Robert E.Lucas,"Ideas and Growth",*Economica*,Vol.76,No.301,2009.

319. Robert E.Lucas,"Life Earnings and Rural-Urban Migration",*Journal of Political Economy*,Vol.112,No.1,2004.

320. Robert E. Lucas, "On the Mechanics of Economic Development", *Journal of Monetary Economics*,Vol.22,No.1,1988.

321. Rondinelli, D.A., H.Evans, "Integrated Regional Development Planning: Linking Urban Centres and Rural Areas in Bolivia",*In World Development*,Vol.11,No.1,1983.

322. Ruishan Chen,Chao Ye,Yunlong Cai,Xiaoshi Xing,Qiong Chen,"The Impact of Rural Out-Migration on Land Use Transition in China:Past,Present and Trend",*Land Use Policy*,Vol.40,2014.

323. Ruixue Jia,"The Legacies of Forced Freedom: Chinas Treaty Ports",*Reviews of Economics and Statistics*,Vol.96,No.4,2014.

324. Shiba Yoshinobu,"Rural-Urban Relations in Ningpo Area During the 1930's", *Memoirs of Research Department of the Toyo Bunko*,Vol.47,1989.

325. Stark,O.,Bloom,D.E.,"The New Economics of Labor Migration",*The American Economic Review*,Vol.75,No.2,1985.

326. Sylvie Démurger, HuiXu, "Return Migrants: The Rise of New Entrepreneurs in Rural China",*World Development*,Vol.39,No.10,2011.

327. Tscarlett Epstein, David Jezeph, "Development-There is another Way: A Rural-Urban Partnership Development Paradigm", *World Development*,Vol.29,No.8,2001.

328. Unwin, Tim., Urban-Rural Interaction in Developing Countries: A the-oretical

Perspective,In Potter,Unwin,eds.The Geography of Urban-Rural Interaction in Developing Countries: Essays for Alan B.*Mount Joy*,*Routledge*,London,1989.

329. W.B.Stöhr,D.R.Fraser Taylor,"Development from Above or Below? The Dialectics of Regional Planning in Developing Countries",*Population and Development Review*, Vol.8, No.1,1982.

330. Yaolin Liu, Ti Luo, Zhongqiu Liu, Xuesong Kong, Jiwei Li, Ronghui Tan, "A Comparative Analysis of Urban and Rural Construction Land Use Change and Driving Forces: Implications for Urban-Rural Coordination Development in Wuhan,Central China",*Habitat International*,Vol.47,2015.

331. Yinmei Wan,*Expansion of Chinese Higher Education Since* 1998:*Its Causes and Outcomes*,Asia Pacific Education Review,Vol.7,No.1,2006.

332. Yuheng Li,Yurui Li,Hans Westlund,Yansui Liu,"Urban-Rural Transformation in Relation to Cultivated Land Conversion in China:Implications for Optimizing Land Use and Balanced Regional Development",*Land Use Policy*,Vol.47,2015.

后　记

　　本书是我主持的国家社科基金项目——"近代以来中国城乡关系演进与新型城乡关系的形成研究"（14XJL013）的结项最终成果。同时，本书受到西北大学学术著作出版基金资助项目、陕西省高校"青年杰出人才支持计划"项目、西北大学"优秀青年学术骨干支持计划"项目的资助。本书源于我的博士论文，首先要感谢我硕士、博士阶段的导师白永秀教授，白老师深厚的政治经济学理论功底、对中国发展与改革历程的了如指掌、对中国城乡关系与"三农"问题的敏锐洞察都通过无数次与老师的讨论融入这本著作。更为重要的是，老师"超越认真　挑战极限"的精神深深影响着我。所以在一定程度上，这部著作是与导师"合作"完成的作品。本书分工情况如下：我完成导论、第二、第三、第四章第一节、第五章的初稿。我所指导的硕士研究生张雨完成了第一章第二节初稿；张柔完成了第一章第一、第三、第四节的初稿，并参与第四、第五章初稿的修改。宋丽婷博士完成第四章第二、第三节的初稿。全书由张柔、张雨协助校对、统稿，由我进行最终修改、定稿。因水平有限，本书不足之处在所难免，恳请读者批评指正。

吴丰华

2021 年 5 月 1 日